Tinten-klecks

Das Deutschbuch

4. Klasse

Erarbeitet von
Erika Altenburg, Andrea Gersch, Thomas Heinrichs,
Bärbel Klein, Anja Schneiders, Elke Winterscheid,
Christiane Ziemann

Illustriert von
Friederike Großekettler
Wiltrud Wagner

Auer Verlag GmbH

Inhalt

1  Gemeinsam sind wir stärker 4

2  In anderen Ländern zu Hause sein 24

3  Dickhäuter zu Wasser und zu Lande 42

4  Bauer, Turm und Bücherwurm 60

5  Von rostigen Rittern und listigen Leuten 80

6  Das Unsichtbare sichtbar machen 100

7  Wasser – kostbar, kraftvoll, köstlich 118

8  Nachrichten · Nachrichten · Nachrichten 136

9  Was ist wirklich wirklich? 154

10  Jahreszeiten – Lebenszeiten 174

11  Rechtschreib- und Grammatik-Training 190

Symbole

Abschreiben

Partnerdiktat

Abschreibheft

Schleichdiktat

Partnerarbeit

Gruppenarbeit

Zusatzaufgabe

Entdeckeraufgabe

Nachschlagen in der Wörterliste

Hinweise auf Seiten

Viele Texte erlauben Differenzierung: durch gelb unterlegte Textteile!

Gemeinsam sind wir stärker

Meinungstafel
KLASSE 4a

28.11.2006

Ich hatte mit Andre Streit, weil er mich gehauen hat. Dann haben wir uns geprügelt und ich habe geweint. Da ist Frau Lottes gekommen. Die hat gesagt: „Hört auf damit!"

ICH ANDRE

Dann haben wir geredet. Einer hat gesagt, dass wir uns entschuldigen sollen.

MANUEL

Angst, geh weg!

Ich kenne einen tollen Spruch.
Den sag ich immer dann, wenn ich mal richtig ängstlich bin.
Hör dir den Spruch mal an:

Grusel, Grusel,
Furcht und Schreck –
Angst, verschwinde, Angst, geh weg.

Knister

Die Wilden Hühner

„Ich geh zum Ballett!“, sagte Melanie schnippisch. „Und Gitarre hab ich auch.“

„Das hört sich ja sehr abenteuerlich an“, spottete Sprotte. „Das kannst du natürlich nicht mal ’ne Woche ausfallen lassen.“

„Klar geht das!“ Melanie kniff wütend die Augen zusammen. „Aber was dann?“
„Na, das werden wir sehen!“, rief Sprotte. „Abenteuer kann man doch nicht planen wie Ballett oder so was. Die warten um die Ecke und – zack!
Plötzlich sind sie da!“
Die drei andern sahen sich an. Ihre Köpfe waren plötzlich voller Bilder von Schätzen, Rittern und Piraten. Sprotte hatte es geschafft. Mit einem unsicheren Lächeln sah Trude Melanie an.
„Ich würd’s gern noch mal versuchen“, sagte sie.
Melanie zuckte die Achseln. „Okay. Eine Woche. Dann sehen wir weiter.“ Trude strahlte sie erleichtert an.
„Ich bin auch dabei“, sagte Frieda. „Kann allerdings sein, dass ich meinen kleinen Bruder mal mitbringe.“
„Also, es gilt dann.“ Sprotte holte tief Luft. „Dann treffen wir uns heute Nachmittag. So um drei. Einverstanden?“
„Meinetwegen“, sagte Melanie. „Aber ich zieh nicht wieder dieses blöde blaue Banden-T-Shirt an, in dem wir damals immer gerannt sind. Da drin seh ich unmöglich aus.“
„Irgendwas müssen wir aber gleich haben!“, sagte Sprotte ärgerlich. „Und ich zieh garantiert kein Rüschenkleidchen an, damit du gut aussiehst.“
„Kleidung als Erkennungszeichen ist doch langweilig“, sagte Frieda.
„Wie wär es mit ’ner Tätowierung oder so was?“
Entsetzt sah Trude sie an.
„War ja nur ’n Beispiel“, sagte Frieda.
„Vielleicht fällt ja irgendeiner noch was ganz Tolles ein“, sagte Sprotte. „Also, drei Uhr. Und vergesst das Codewort nicht.“

Cornelia Funke

Preiselbeersommer mit Oskar

„Wollen wir Krocket spielen?“, fragt Oskar nach einer Weile.
Josefin nickt und sie gehen in den Garten und bereiten die Bahn vor. Ja! Er will, dass ich bleibe, denkt Josefin. Sie spielen eine Weile, bis Oskar Josefins Kugel in einen Busch schießt und sie sie kaum wiederfinden. „Wie willst du mich denn heilen?“, fragt Oskar, als sie im Gras liegen und unter den Busch spähen. „Wie bitte?“ Josefin versteht nichts. „Von der Schüchternheit“, erklärt Oskar so leise, dass Josefin es kaum hört. „Du bist doch gar nicht besonders schüchtern“, sagt sie, und da wird Oskar knallrot. „Doch“, sagt er und richtet sich auf. „Wann denn?“ Josefin rollt sich auf den Rücken und guckt in den Himmel. „Na ja …“ Oskar kratzt sich in der Kniekehle. „Wenn ich fremde Leute treffe und so, wenn ich mit Leuten reden muss, die ich nicht kenne.“
„Ich finde es auch ziemlich anstrengend, wenn man in der Schule reden muss, wenn man ein Referat hält oder so“, sagt Josefin. Oskar nickt.
„Ja, das ist fast das Schlimmste.“ Josefin denkt nach. „Vielleicht sollte man tun, was man schrecklich findet, statt es nur immer schrecklich zu finden.“ „Wie meinst du das?“ Oskar hört auf, sich zu kratzen, und sieht Josefin an. „Wie im Ronja-Buch, als sie über diese Schlucht springen, den Höllenschlund. Man muss es vielleicht tun, damit man weiß, dass man es schafft, dass es irgendwie gut wird. Die sind dann ja Freunde geworden, Ronja und Birk.“
Josefin merkt erst hinterher, was sie gesagt hat, Freunde werden. Sie weiß gar nicht, wohin sie gucken soll. Aber Oskar schweigt eine Weile. Josefin reckt sich nach einem Blatt am Busch und zerreißt es in dünne Streifen.
„Ja, vielleicht muss man“, sagt Oskar schließlich mit einem Seufzer. „Wie wollen wir es machen?“ Josefin denkt nach. „Wir könnten anfangen zu üben, fremde Menschen zu begrüßen. Du kannst mit mir nach Hause gehen und meinen Papa begrüßen. Er ist sehr lieb“, fügt sie hinzu, damit Oskar keinen Rückzieher macht.
Bevor Papa endlich kommt, hat Josefin Oskar ziemlich nervös gemacht, obwohl sie das gar nicht wollte. Er kann nicht mehr still sitzen, läuft in der Küche herum

und bewegt die Lippen, ohne dass Josefin verstehen kann, was er sagt. Sie fängt an, in einem Werbeprospekt zu blättern.

Sie zucken beide zusammen, als Papa den Schlüssel ins Türschloss steckt. Oskar bleibt stehen und fängt an, seine Hände an den Hosenbeinen entlang zu reiben. „Ah, ihr seid hier, wie nett“, sagt Papa und wirft eine Tüte mit Essen auf den Küchentisch. „Und du musst Oskar sein, nicht wahr, hallo. Du, Josefin, wolltest du Erdbeer- oder Waldbeerenjoghurt haben?“ „Waldbeeren“, sagt Josefin. „Aha, dann ist es ja ein Glück, dass ich beide Sorten gekauft habe. Ich habe mir eingebildet, du hättest heute Morgen Erdbeer gesagt. Ich habe eine Pizza mitgebracht, die kannst du im Backofen aufwärmen, wenn du Hunger kriegst, das ist doch gut?“ Josefin nickt, noch hat sie keinen Hunger. Da geht Oskar auf Papa zu und streckt seine Hand aus. „Hallo, ich heiße Papa, nein, ich heiße, äh, ich heiße Oskar Söderström“, sagt er atemlos. Papa sieht ihn und die ausgestreckte Hand etwas verwundert an, dann nimmt er sie und schüttelt sie kräftig. „Ja, ich heiße Bengt“, sagt er und lächelt breit. Dann fängt er an, die Tüte auszupacken. Er öffnet eine Packung Fischgratin. Oskar ist feuerrot und Josefin kann kaum still stehen. „Wollen wir in mein Zimmer gehen?“, fragt sie Oskar. In Josefins Zimmer sinkt Oskar auf dem Fußboden zusammen. Josefin setzt sich auf ihr Bett. Oskar hat sie fast angesteckt mit seiner Nervosität. Er seufzt schwer. „Du bist wirklich gut“, sagt Josefin kichernd, „Papa Söderström.“ Sie kann sich vor Lachen nicht halten. Da fängt Oskar auch an zu kichern. Er streckt seine Hand vor, bewegt sie auf und ab und sagt „Papa Söderström“, bis sie beide laut lachen. „Er war zu hungrig, um Fragen zu stellen“, sagt Josefin, als sie wieder reden kann. „Wir versuchen es ein bisschen später noch mal.“

Oskar blättert in einem Buch über Tierkinder, während Josefin ein bisschen auf ihrem Schreibtisch herumkramt. Dann beschließt sie, dass es Zeit ist, wieder in die Küche zu gehen. Papa Bengt ist gerade mit Essen fertig, als sie hereinkommen. Josefin rutscht auf ihren Stuhl am Tisch, aber Oskar bleibt an die Spüle gelehnt stehen. Papa sieht ihn einen Augenblick an. „Badest du gern?“, fragt er dann. Oskar nickt, oh ja, er badet gern. „Du kannst doch wohl schwimmen?“, fährt Papa mit dem Verhör fort.

Oskar nickt wieder, sein Blick flackert durch den Raum. Josefin lächelt ihn aufmunternd an. „Ich könnte dich und Josefin morgen zur Badebucht fahren, vorausgesetzt, dass du schon um halb acht auf bist.“ Oskar nickt und sieht erst Bengt, dann Josefin an. Josefin schweigt. Es ist ja Oskars Prüfung und sie kann jetzt nicht einfach drauflosreden. „Ich bitte Oma, dass sie mich weckt. Sie steht schon um fünf auf“, sagt Oskar mit rauer Stimme. Dabei guckt er aus dem Fenster. „Du kannst ja auch reden!“, sagt Papa Bengt und lacht. „Ach, ich mache nur Spaß. Ich weiß noch, dass ich auch nie Lust hatte, mit Eltern zu reden. Die wollen immer so viel wissen. Wie heißt deine Mama, was macht dein Papa, wohnt ihr in einer Wohnung oder in einem Haus? Alles so was.“
Oskar nickt und kichert. „Es sollte ein Formular mit Fragen geben, das kann man dann ausfüllen, wenn man jemand Neues kennen lernt, oder?“, sagt Papa.

Maja Hjertzell

1 Welches Problem hat Oskar?

2 Wie versucht Josefin, ihren Freund Oskar zu heilen?

3 Woran erkennt man Oskars Aufregung?
Nenne die Textstellen.

4 Spielt die Situation in der Küche nach.

5 Warst du auch schon einmal schüchtern?
Wie hast du dich verhalten?

Josefin und Oskar erleben noch viel in diesem Sommer.

Wunder des Alltags

Manchmal, da habe ich eine Angst.
Manchmal, da habe ich einen Zorn.
Manchmal, da habe ich eine Wut.

Manchmal, da habe ich keine Freude.
Manchmal, da habe ich kein Vertrauen.
Manchmal, da habe ich keinen Mut.

Aber manchmal,
da kommt plötzlich jemand
und fragt mich: „Komm, du, geht's dir nicht gut?"

Hans Manz

Ein Mädchen
war im Schwimmbad vom Brett gesprungen,
wieder hochgekommen
und hatte entsetzt den Mund aufgesperrt.
Es hatte bei seinem mutigen Sprung
den ersten ersten Zahn verloren,
und der war ihm sehr viel wert.

Ein Junge,
dem's vor dem Wasser grauste,
war ins verhasste Bad gerutscht,
hatte den Kopf ins Nass getaucht
und gleich zu suchen begonnen.
Er war – mit der Hand am Grunde tastend –
dem Zahn bald auf die Spur gekommen.
Da hatten beide etwas gewonnen.

Hans Manz

Nickel Vogelpfeifer

Nickels größter Geburtstagswunsch ist ein eigenes Fahrrad. Doch als die Waschmaschine kaputtgeht, müssen die Eltern das Geld, das für Nickels Geburtstagsgeschenk gedacht war, für die neue Waschmaschine ausgeben. Eines Tages sieht Nickel beim Einkaufen vor dem Grosso-Markt ein schönes rotes Fahrrad. Es ist nicht abgeschlossen. Ohne darüber nachzudenken, nimmt er es aus dem Ständer und fährt damit weg. Am Bahndamm, weit weg von den Häusern, versteckt er es hinter einem Stinkblütenbusch. Jeden Tag nach der Schule läuft er zu „seinem" Fahrrad, um es anzusehen. Nach einiger Zeit bekommt er ein schlechtes Gewissen und erzählt seinem Bruder Django von dem geklauten Fahrrad. Django hat eine Idee. An einem Nachmittag überredet Django ihn dazu, für ihn den Einkauf zu übernehmen.

Nickel biegt von der Waldhornstraße auf den Parkplatz vor dem *Grosso-Markt* ab. Vor dem Gebäude steht eine Gruppe Leute, sie reden, gestikulieren, lachen. Und immer wieder deuten sie nach oben. Da sieht Nickel es auch. Das rote Fahrrad. Es hängt an Stricken über einer der gebogenen Laternen vor dem *Grosso-Markt*-Eingang. Nickel stellt sich zu den Leuten. Hoch über seinem Kopf baumelt das Rad. „Wie ist das nur dort hinaufgekommen?", wundert sich eine Frau. „Und wem das wohl gehört?" Ein alter Mann sagt: „Einem Mädchen natürlich. Da haben sich ein paar Burschen einen Witz gemacht."

„Schöner Witz", sagt eine andere Frau. „Den Hals hätten sie sich brechen können." Sie sieht Nickel, der mit großen Augen und offenem Mund zu dem Rad hinaufstarrt. „Ein schönes Rad, was, Kleiner?", sagt sie und fährt ihm über den Kopf. „So ein schönes Rad hättest du bestimmt auch gern." Nickel weicht ihrer Hand aus. „Ich bin kein Kleiner", sagt er. Aber er sagt nicht, dass er gern so ein Rad hätte. Das will er ja auch nicht. Dieses Rad hat er schon einmal gehabt. Und so schön war das auch wieder nicht. Jedenfalls gefällt es ihm dort oben in der Luft viel besser als hinter dem Stinkblütenbusch. Er schaut noch eine Weile hinauf. Das Rad glänzt, es ist vom Regen sauber gewaschen. Nickel geht in den *Grosso-Markt* hinein. Den Einkauf hat er schnell erledigt. Sie brauchen nur Milch, zwei Joghurt und eine Leberwurst. An der Kasse muss er warten. Die Kassiererin, eine dicke Frau mit einem blau-weiß gestreiften Kleid, legt die Sachen nur sehr langsam von einem Wagen in den anderen, weil sie zwischendurch dauernd reden muss. Über das Fahrrad natürlich. „Heute Morgen war es plötzlich da", erzählt sie einer Frau mit einem Kopftuch. „Keiner weiß, wem es gehört oder wie es da hinaufgekommen ist. Verrückt, was?"

„Ja, wirklich verrückt“, sagt die Frau und schüttelt den Kopf mit dem Kopftuch. „Ideen haben die Leute.“ „Der Filialleiter hat es mit einer Kette festgemacht“, sagt die Kassiererin, hebt ein Paket Waschpulver hoch, tippt den Preis ein und legt das Paket in den anderen Wagen. „Mit einem Gabelstapler aus dem Lager hat er sich hinaufheben lassen und hat es höchstpersönlich festgebunden.“ „Warum denn das?“, fragt die Frau mit dem Kopftuch verwundert. „Damit es nicht irgendjemand wieder runterholen kann. Wenn es schon an unserer Laterne hängt, hat er gesagt, dann haben wir auch die Verantwortung dafür. Und hier wird es von so vielen Leuten gesehen, dass der Eigentümer bestimmt bald auftaucht.“ „Gar nicht so dumm“, sagt die Frau mit dem Kopftuch. Die Kasse rattert, die Frau bezahlt siebenundzwanzig Euro achtzehn. Mit viel Kleingeld. „Es ist ein Kinderrad“, sagt sie. Die Kassiererin nickt und zählt das Geld nach. „Aber die kosten heute auch schon ein Heidengeld. Ich habe meiner Tochter neulich erst eins gekauft.“

Sie sortiert die Münzen in die Kasse. Jetzt wäre Nickel an der Reihe. Aber er schiebt seinen Wagen zur Seite und geht zurück, zum Süßigkeitenregal. Er überlegt lange. Dann nimmt er die teuerste Tafel Schokolade, die da ist. Das Geld dafür wird er nachher der Pfennigsau abknöpfen. Er bezahlt, packt seine Sachen in die Einkaufstasche und verlässt den Laden. Draußen macht er noch einmal den Umweg zum Fahrradständer. Viele Räder stehen da. Neue und alte. Große und kleine. In allen möglichen Farben. Nickel betrachtet sie lange. Dann dreht er sich um und geht nach Hause.

„Den Hals hättest du dir brechen können“, sagt er zu Django. „Jedenfalls hat das eine Frau gesagt.“ Django lacht. „Ich doch nicht.“ „Wie hast du das gemacht?“, fragt Nickel. „Und warum an die Laterne?“ „Aus Spaß. Damit alle Leute es sehen und nicht der nächste Säftel es einfach mitnimmt.“ „Und wie?“, fragt Nickel. Django zuckt mit den Schultern. Dann grinst er und sagt: „Der Ballerer hat hinter seinem Schuppen eine hohe Leiter. Außerdem haben mir Mattes und Olaf geholfen.“ Nickel legt Django die Schokolade aufs Bett. Dann dreht er sich schnell um und geht raus. Django soll nicht merken, dass er irgendwie traurig ist. Manchmal weiß man nicht, was man will.

Mirijam Pressler

1 Warum hat Django seinen Bruder Nickel überredet, einkaufen zu gehen?

2 Wie findest du Djangos Idee? Begründe deine Meinung.

3 Was meint Nickel mit dem letzten Satz?

Die Wilden Fußballkerle

Die Wilden Fußballkerle, das sind 12 Freunde und ihr Trainer Willi. Für sie bedeutet Fußball das Leben. Gemeinsam haben sie ihren Club gegründet, nachtschwarze Wilde-Fußballkerle-Trikots organisiert und einen Spielervertrag verfasst. Der wichtigste Punkt dieses Vertrags lautet: ***Wer die Wilden Kerle jemals verlässt, ist ein Verräter.*** *Diese Vereinbarung stellt Fabi, den schnellsten Rechtsaußen der Welt, gerade vor eine schwierige Entscheidung. Und das jetzt, wo die Wilden Fußballkerle gemeinsam die Hallen-Stadtmeisterschaft gewonnen haben.*
Aber es ist noch eine Frage offen: Wer war der Top-Spieler des Turniers und gewinnt ein Training bei den Bayern? Ein Scout vom FC Bayern hat alle Spieler während des Turniers beobachtet.

Nach der Siegerehrung bat der Hallensprecher noch mal um Ruhe und sofort war es still. Mucksmäuschenstill. Jeder wusste sofort, um was es jetzt ging, und jeder war, wenn auch aus unterschiedlichen Gründen, bis zum Zerbersten gespannt. Leon trat neben mich. Er sagte kein Wort, aber ich spürte, wie er die Fingernägel in seine Handballen grub. Fingernägel, die ich nicht mehr hatte. Ich hatte sie abgenagt. In den Pausen, während die anderen *Wilden Fußballkerle* den Spielen der Gegner zuschauten, hatte ich nur ihm zugeschaut: dem hageren Mann mit der Adlernase und den dunklen Augen. Dem, der jetzt vor uns trat: dem Scout der *Bayern.* „Ich bin mir sicher, dass jeder weiß, wer ich bin“, sagte er mit eisiger Stimme. „Und ich bin mir auch sicher, dass jeder weiß, worum es jetzt geht.“ „Kacke, verdammte!“, zischte Leon. „Ist der arrogant!“ Ich zuckte zusammen. Verflixt! Ich hatte eine ganz andere Meinung. Ich fand den Scout cool. „Ja, und damit sich auch niemand von euch ärgern muss, nenn ich nur den, den ich ausgewählt hab. Die Entscheidung war nämlich sehr knapp.“

Dann erst nannte er den Namen: „Fabi Bau ist der Top-Spieler dieses Turniers.“ Der Satz traf mich wie ein Schlag von Mike „Iron Man“ Tyson frontal gegen die Stirn. Ich fühlte, wie Leon sich von mir abwandte, doch ich sah es nicht. Ich trat schon aus der Traube der *Wilden Fußballkerle* heraus und ging zum Scout vor. „Ich gratulier dir, Fabi Bau!“, sagte er und gab mir den kleinen Pokal. „Und ich erwarte dich übermorgen, am Montag, um 16 Uhr 30 beim Training der U 10. In der Säbener Straße. Auf dem Kunstrasenplatz des *FC-Bayern-*Geländes.“ Ich nickte. Ich konnte nichts sagen. Ich nahm nur den kleinen Pokal und während die ganze Halle aufstand und mir applaudierte, hob ich ihn hoch in die Luft.
„Heiliger Muckefuck! Leon! Ich hab es geschafft!“
Da sah ich in Leons Gesicht. Es war vor Schock kreidebleich und deshalb rannte ich los. Ich rannte an Leon und den *Wilden Kerlen* vorbei. Ich floh vor ihren Blicken aus der Halle hinaus. Doch die Zuschauer hielten meine Panik für Freude. Ihr Beifall brauste noch einmal auf. Es war ein ohrenbetäubender Lärm. Ich konnte ihn nicht mehr ertragen und schlug die Hallentür hinter mir zu.

Im Kabinengang blieb ich stehen. Ich stemmte mich mit dem Rücken gegen die Tür. Ich wollte verhindern, dass mich der Applaus mit seinen Monsterkrallen packen und zurückzerren würde. Zurück zu Leon und zu seinem kreidebleichen Gesicht.

„Ich will nicht, dass sich etwas verändert!" Genau das hatte mir Leon gesagt. „Ich will, dass wir immer zusammenbleiben!" Das hatte Leon gesagt. Gestern. In unserem Geheimversteck. In der *P 51 Twin Mustang*. Und ich hatte gelacht. „Oh Mann! Und au Backe! Leon, natürlich bleiben wir das. Wir bleiben zusammen, bis wir als die *Wilden Mumien* bei der Altersheim-Stadtmeisterschaft spielen."

Und so und nicht anders hatte ich es auch gemeint.

Hippelpott und Tamuskiste! Wie heißt dieses Schimpfwort von Raban, dem Held? Jetzt helft mir doch mal! Beim Schottenmottenalptraumschrank! Ich muss jetzt was Lustiges machen. Ich muss jetzt … Ich will nicht … Hatschi-Rizinus-Uups!

Ich spürte, wie jemand den Türknauf drehte, um die Tür von der Hallenseite zu öffnen. Da floh ich in die Kabine. Ich wollte nur raus! Raus aus der Halle! Auf die Straße! Nach Haus! Doch in der Umkleide saß Willi neben meinem Platz auf der Bank. „Ich gratulier dir, Fabi!", begrüßte er mich.

„Und ich bitte dich um Verzeihung, dass ich aus der Halle hinausgerannt bin. Das war respektlos von mir."

Er schaute auf den kleinen Pokal, der an meiner herabgesackten Hand wie etwas ganz Wertloses hing. „Du solltest ihn besser behandeln. Weißt du, du kannst stolz auf ihn sein." Willi sah mir direkt in die Augen. „Du hast ihn dir heute wirklich verdient!" „Danke!", flüsterte ich und stopfte den Pokal in meine Tasche.

„Obwohl, … ich hab damit gerechnet, dass Leon ihn kriegt! Ist das nicht komisch? Manchmal wusste ich gar nicht, wer wer von euch war."

„Ach ja!", zischte ich und stopfte meine Klamotten gleich hinterher. Ich zog mich gar nicht erst um. Ja, ich wusste, draußen ist Winter, aber ich wollte einfach nur weg.

„Und was meinst du?", blitzte ich Willi an. „Was hätte Leon an meiner Stelle gemacht?" Willi zuckte die Achseln. „Ich weiß nicht. Frag ihn doch selbst."

Ich fuhr erschrocken herum. Leon stand an der Spitze der anderen *Wilden Kerle* hinter mir in der Tür.

„Ich hätte ihm den Pokal zurückgegeben!", zerschnitt Leons Stimme die Stille. Er sah mich herausfordernd an. „Das hätten wir alle getan."

Joachim Masannek

1 Wie fühlt sich Fabi, als er den Pokal bekommt?

2 Welches Problem hat Fabi?

3 Spielt, wie die Geschichte weitergehen könnte. Überlegt zuerst gemeinsam eine Lösung.

Christina – Freunde gibt es überall

Kenan ist neu in Christinas Klasse. Er kommt aus dem ehemaligen Jugoslawien und spricht kaum Deutsch. Deshalb wissen die Kinder manchmal nicht, wie sie sich mit Kenan unterhalten sollen.

Streit auf dem Schulhof

Christina ist stolz auf ihre Freundin Radine. Die hat vielleicht Ideen!

Kenan lacht jetzt öfter. Er versteht viel mehr, als er sprechen kann. Und immer häufiger versucht er zu reden. Kenan klaut nicht. Jedenfalls ist noch keinem was weggekommen, seit er da ist. Über drei Monate schon. Christina versteckt schon längst nichts mehr vor ihm in ihrer Schultasche. Und Kenan singt inzwischen genau wie die anderen Kinder. Neulich hat er im Kanon mitgesungen: „Bruder Jakob, Bruder Jakob, schläfst du noch?“ Da hat Radine sich gefreut!

In der Pause spielt Kenan jetzt auch meistens mit. Fangen und Ballspiele.

Letzte Woche hat es leider nur Regenpausen gegeben. Das war blöd. Doch heute ist endlich wieder Sonnenwetter. Heute kann man auf dem Schulhof spielen.

Als es zur großen Pause klingelt, stürmen die Kinder nach draußen.

Warum schreit Kenan auf einmal so? Christina rennt hin. Kenan prügelt sich mit einem Jungen aus der Vierten. Boxt. Tritt. Schlägt wild um sich. Schreit immer noch wie verrückt. Warum denn das? Bis jetzt hat Kenan sich noch nie geprügelt!

„Tanz doch mal, Zigeunerchen, los, komm! Mach schon!“, ruft ein Junge aus derselben vierten Klasse. „Warum hast du heute bloß deine Geige zu Hause gelassen?“

Oh ja, jetzt versteht Christina. Wut schießt in ihr hoch wie die allerschnellste Rakete. Ha, die aus der Vierten haben keine Ahnung, wie stark Christina sein kann, obwohl sie erst in die dritte Klasse geht. Wenn es drauf ankommt, kann sie kämpfen wie ein Löwe. Schließlich hat sie zwei Brüder. Und Kai hilft ihr. Und Radine hilft Kenan. Und Lena und Pjotr … Oh Mann! Die Stinker aus der Vierten hauen ganz schnell ab.

„Was war denn los?“, will Frau Rengel wissen. Sie hat heute Pausenaufsicht und war gerade am anderen Ende des Schulhofs. Bis sie das Geschrei gehört hat. Da ist sie ganz schnell gekommen. Alle Kinder reden durcheinander. Schimpfen auf die aus der Vierten.

„Das gibt noch mal Rache!“, sagt Kai. Nur Kenan sagt nichts. Sein T-Shirt ist schmutzig und er hat einen Kratzer im Gesicht. Er presst die Lippen fest zusammen und guckt böse. Es tut richtig weh, ihn so zu sehen. Christina möchte ihn trösten. Aber wie? „Du, Kenan …“, sagt sie vorsichtig. „Lass mich in Ruh!“ Seine Augen funkeln zornig. Und er lässt Christina einfach stehen …

Inge Meyer-Dietrich

1 Wie geht die Geschichte weiter? Überlegt.

2 Erzählt anderen Kindern eure Fortsetzung.

Wir vermuten, wie ein Text weitergeht

1. Jedes Kind liest den Text.
Es ist nur der Anfang.

2. Stellt euch gegenseitig Fragen zum Text.

3. Überlegt gemeinsam, was ihr aus dem Text erfahren habt.
Schreibt dazu Stichworte auf kleine Kärtchen.

- Welche Personen handeln?
- Was ist bisher passiert?
- …

4. Überlegt, wie der Text weitergehen könnte.
Entwickelt Ideen und prüft jeden Einfall,
ob dieser tatsächlich zum Anfang
der Geschichte passt.
Hierbei helfen eure Stichworte.

5. Entscheidet euch für eine Fortsetzung
und notiert hierzu Stichworte auf Kärtchen.

6. Je zwei Paare stellen sich ihre Fortsetzung vor.
Prüft, ob die Fortsetzungen zum Anfang der Geschichte passen.

7. Formuliert gemeinsam Fragen
im Hinblick auf das Textende.

8. Lest das Ende des Originaltextes.
Sind eure Fragen beantwortet worden?

9. Vergleicht das Ende des Originaltextes
mit der von euch gewählten Fortsetzung
und mit den anderen Entwürfen.

10. Überlegt, warum die Autorin bzw. der Autor
gerade dieses Ende für diese Geschichte
gewählt hat.

Wie die Geschichte von Christina und den anderen weitergeht, kannst du hier nachlesen.

Der Löwe und die Maus

Ein Löwe lag im Schatten eines Baumes und schlief. Einige Mäuse liefen neugierig zu ihm hin, und weil sich das schlafende mächtige Tier nicht bewegte, hüpfte eine der Mäuse zwischen seine Pranken. Da wurden auch die anderen mutig und bald tanzten alle Mäuse auf dem schlafenden König der Tiere. Die tanzenden Mäuse auf seinem Körper aber weckten den Löwen auf, er schüttelte sich unwillig und fing eine von ihnen mit seiner Pranke. Es war jene Maus, die sich als Erste zu ihm gewagt hatte. Nun, unter der gewaltigen Pranke des Löwen zitterte die Maus wohl vor Furcht, versuchte aber, es nicht zu zeigen, und rief: „Ich bitte dich, schone mein Leben! Ich will es dir mit einem Gegendienst vergelten." Der Löwe hob verdutzt seine Pranke und musste wider Willen über die dreiste Rede des kleinen Tierchens lachen und ließ es laufen. Einige Zeit später geriet der Löwe in eine Falle. Es war aber nicht fern von jener Stelle, wo die Maus in ihrem Erdloch lebte. Als sie den Löwen hilflos in den Netzen der Jäger sah, lief sie zu ihm und nagte mit ihren spitzen Zähnen eine Schlinge entzwei. Dadurch lösten sich die anderen Knoten, und der Löwe konnte das Netz zerreißen und war wieder frei. Keiner ist so schwach, dass er nicht auch einmal einem Starken helfen könnte.

Nach Äsop

Der Löwe und der Bär

Ein Fuchs war einmal auf Jagd gegangen, einen guten Bissen zu erbeuten. Er war noch nicht lange unterwegs, als er ein lautes Streiten vernahm. Ein Bär schlug mit seinen Tatzen nach einem Löwen und fauchte ihn wütend an: „Ich war der Erste beim Hirschkalb. Die Beute gehört mir, ich habe sie gefangen.“ „Nein!“, brüllte der Löwe zornig zurück. „Du lügst! Ich war als Erster hier, und darum gehört die Beute mir.“ Er wehrte sich kräftig und schnappte mit seinen scharfen Zähnen nach dem Fell des Bären. Der Löwe und der Bär kämpften verbissen miteinander. Dem Fuchs erschien der Kampf endlos, denn nicht weit von ihm entfernt lag die Streitbeute, und er musste sich zusammenreißen, dass er sich nicht gleich auf das Hirschkalb stürzte. Aber er war klug und sagte sich: „Sind die Streitenden erst erschöpft, so können sie mir nichts mehr anhaben.“ Als der Bär und der Löwe nach unerbittlichem Kampf endlich kraftlos zusammenbrachen, waren sie tatsächlich nicht mehr fähig, sich zu rühren. Der Fuchs schritt an ihnen vorbei und holte sich die Beute. Er verneigte sich höflich und sagte: „Danke, meine Herren, sehr freundlich, wirklich sehr freundlich!“ Lachend zog er mit dem Hirschkalb ab.

Nach Äsop

1 Welche Eigenschaften haben die Tiere in den beiden Fabeln?

2 Der Autor will uns eine Lehre erteilen. Worüber sollen wir nachdenken?

Probleme gemeinsam lösen

Ich heiße Marie und gehe in die Klasse 4 a.

In unserer Klasse gibt es manchmal Streit. Mirko und Kemal zum Beispiel ärgern uns Mädchen oft in der Pause. Aber eigentlich haben sie gar keinen Grund dazu. Sie wollen uns nur nerven. Dann sind wir richtig sauer.

Seit dem zweiten Schuljahr haben wir eine „Meinungstafel“ in unserer Klasse hängen. Darauf schreiben wir während der Woche, was wir gut fanden, was uns geärgert hat und was wir uns wünschen. Einmal in der Woche setzen wir uns zusammen und besprechen das, was wir aufgeschrieben haben.

Wir beginnen immer mit den guten Dingen. Timo hat letztens zum Beispiel gesagt: „Ich finde es schön, dass Paul mich immer in seine Mannschaft wählt.“ Meine Freundin Tina hat auch etwas Schönes über mich gesagt: „Heute habe ich in der Pause einen Tanz von Marie gelernt. Danke!“

Wenn diese Runde vorbei ist, versuchen wir gemeinsam unsere Streitereien zu lösen. Zuerst hat unsere Lehrerin die Gespräche geleitet. Sie hat die Reihenfolge der Kinder bestimmt, die etwas sagen wollten, und uns nach Lösungen zu Problemen gefragt.

Vor einiger Zeit aber haben wir überlegt, ob nicht ein Kind aus der Klasse das Gespräch leiten kann. Das haben wir dann ausprobiert. Sabine wollte es als Erste versuchen. Wir haben uns darauf geeinigt, dass sie die Klassenpräsidentin ist. Max hat sogar ein Schild gebastelt, das sie sich um den Hals gehängt hat. Sabine hat das toll gemacht.

Zu Beginn unseres Gesprächs hat sie uns alle begrüßt und gefragt, wer anfangen möchte. Sie hat die Reihenfolge der Kinder festgelegt. Wichtige Ergebnisse hat sie auf kleine Zettel geschrieben und an die Tafel gehängt. So können alle Kinder überprüfen, ob Lösungen auch umgesetzt werden.

Als Mirko Quatsch gemacht hat und Paul beim Reden gestört hat, wurde Sabine richtig streng. Mirko hat sofort aufgehört mit dem Blödsinn. Das fand ich Klasse. Manchmal hat Frau Reimer uns geholfen, wenn wir nicht weiterkamen oder einen Rat brauchten.

Jetzt wird diese Stunde immer von einem Kind aus unserer Klasse geleitet. Der Klassenpräsident oder die Klassenpräsidentin entscheidet, wer das Amt beim nächsten Mal bekommt.

Tim hat vorgeschlagen, dass wir diese Sitzungen „Klassenrat“ nennen. Damit waren alle einverstanden.

1 Wie hat die Klasse 4 a wohl früher ihre Probleme gelöst?

2 Wie lösen die Kinder sie jetzt?

3 Wie löst ihr die Probleme in eurer Klasse?

Wir lösen Probleme im Klassenrat

So bereitet ihr eine Klassenrats-Sitzung vor

1. Schreibt eure Meinung zu Situationen, die euch gefallen oder nicht gefallen haben, auf kleine Zettel. Hängt diese an die „Meinungstafel".
2. Legt gemeinsam mit eurer Lehrerin oder eurem Lehrer eine Stunde in der Woche fest, in der der Klassenrat tagen soll.
3. Wählt ein Kind, welches das Amt des Klassenpräsidenten oder der Klassenpräsidentin einnimmt. Das Amt wird nach einer oder mehreren Sitzungen an ein anderes Kind weitergegeben.
4. Setzt euch in einen Kreis. Wichtig ist, dass sich jeder an die Gesprächsregeln eurer Klasse hält und kein Kind gestört wird.

So läuft eine Klassenrats-Sitzung ab

1. Der Präsident oder die Präsidentin begrüßt die Anwesenden.
2. Jedes Kind darf in der Ermutigungsrunde etwas Positives über andere Kinder sagen.
3. In der nächsten Runde werden die Probleme, die auf der Meinungstafel notiert wurden, angesprochen. Die beteiligten Kinder erzählen von der Situation. Alle Kinder dürfen zur Lösung beitragen.
4. Wichtige Ergebnisse werden auf kleinen Zetteln notiert und an die Tafel gehängt.

Subjekt und Prädikat

NICKEL | DAS FAHRRAD | LACHT
PFEIFT | DJANGO | GLÄNZT | DIE VERKÄUFERIN
GUCKEN | DIE LEUTE | STAUNT

1 Schreibe die Wörter auf Wortkarten.
Benutze nur Großbuchstaben.

2 Bilde Sätze mit den Wörtern.
Lege zuerst – schreibe dann: NICKEL PFEIFT Nickel pfeift.

Vollständige Sätze bestehen aus mindestens zwei Satzgliedern.

Bei allen vollständigen Sätzen gibt es ein Satzglied, das auf die Frage WER? oder WAS? antwortet.

3 Markiere das WER oder WAS -Satzglied blau .

WER pfeift? Nickel pfeift.

WAS glänzt? Das Fahrrad glänzt.

4 Schreibe Sätze mit zwei Satzgliedern.
Markiere das WER oder WAS -Satzglied.

Das WER oder WAS -Satzglied nennen wir Subjekt.
Das Subjekt enthält meist ein Nomen (mit oder ohne Artikel) oder ein Pronomen.

S. 208

1 Markiere das Satzglied mit dem Verb rot.

Nickel klaut.

Django hilft.
Die Leute lachen.
Nickel kauft Schokolade.

Das Satzglied, das ein Verb enthält, nennen wir Prädikat.
Das Prädikat sagt etwas über das Subjekt aus.

FREUT SICH | KAUFT EIN | DJANGO | NICKEL

2 Bilde Sätze.
Markiere das Prädikat rot.
Was fällt euch auf? Sprecht darüber.

Nickel träumt.
Er wünscht sich ein Fahrrad.
Fahrräder kosten viel Geld.
Vor dem Supermarkt sieht Nickel ein rotes Rad.
Er klaut es.
Dann versteckt er das Fahrrad hinter einem Busch.
Jeden Tag läuft Nickel zu dem Versteck.

3 In jedem Satz gibt es ein Subjekt und ein Prädikat.

Markiere das Subjekt blau.

Markiere das Prädikat rot.

S. 208

Wörter mit ie

1 Sprecht euch die Wörter gegenseitig vor. Was fällt euch auf?

2 In welchen Wörtern wird das i lang gesprochen?
Schreibe sie auf. *das Fieber*

Wörter, in denen das i lang klingt, werden sehr oft mit ie geschrieben.

3 Schreibe die Reimwörter auf. Markiere das ie.

4 Bilde zu jedem Wort ein zusammengesetztes Nomen.
Schreibe auf und markiere das ie. *die Biene – der Bienenstock*

Telefon | Kasse | Nummer | Notiz

notieren | nummerieren | telefonieren | kassieren

5 Ordne jedem Nomen das richtige Verb zu.
Schreibe auf und markiere das ie. *das Telefon – telefonieren*

Probe | Radiergummi | Training | Interesse | Musik

6 Bilde zu jedem Nomen ein Verb mit -ieren.
Schreibe auf und markiere das ie. *die Probe – probieren*

S. 218

Lernwörter-Training

1 2 3

4 Ordne die Lernwörter nach dem Abc.

5 Bilde Sätze mit den Lernwörtern.
Du kannst in einem Satz
auch mehrere Lernwörter benutzen.

6 Schreibe die Nomen in Einzahl und Mehrzahl auf.

die Gemeinschaft – die Gemeinschaften

7 Schreibe Sätze mit den Verben.
Benutze dabei die Pronomen ich du ihr.

Ich löse das Problem morgen.

8 Schreibe die Adjektive
mit ihren Steigerungsformen auf.

Gemeinschaft
langweilig
lösen
beraten
verhalten
Verein
vertragen
notieren
vertrauen
Aufregung
Problem
Gespräch
freundlich

S. 190

voll
Verkehr
Vulkan
vielleicht
Vase
vorsichtig
Video
Ventil
Vetter
Vitamine

Merkwörter mit V/v

9 10

11 Bilde Sätze mit den Merkwörtern.
Du kannst in einem Satz
auch mehrere Merkwörter benutzen.

12 Ordne die Merkwörter nach dem Abc.

In anderen Ländern zu Hause sein

Wenn Menschen reisen

Wenn wir auf Reisen sind, begegnen wir immer vielen Menschen.

Manche sprechen eine andere Sprache, glauben an einen anderen Gott und einige haben sogar eine andere Hautfarbe. Trotz dieser Unterschiede lachen und weinen sie wie wir, freuen und ärgern sich wie wir, wünschen sich Gesundheit, Glück und Liebe wie wir.

Und immer wieder wird uns klar, dass wir auf unseren Reisen keinen Fremden, sondern Menschen begegnen. Doch um sie kennen zu lernen, brauchst du nicht zu verreisen, denn sie leben mit uns in einem Land, einer Stadt, einer Straße, vielleicht sogar im selben Haus.

Sie alle haben
einmal voller Hoffnung
eine Reise begonnen und sie
hier bei uns beendet.
Willst du mehr über Menschen aus
fremden Ländern wissen?
Dann geh auf sie zu, sie warten darauf.
[Wir wünschen dir viele neue,
spannende Freundschaften.]

Johanna Christine Gehlen/
Marco Rima

Das Ausland

Ein Mann war in schweren Schuhen
und seit vielen Wochen unterwegs.
Im Ausland, hatte er gehört, sei es fast
wie im Paradies, und dahin wollte er.
Der Mann ging von Land zu Land.
Keines glich dem Ausland, das man
ihm beschrieben hatte.
Er stapfte über Weiden und Wiesen.
Was suchen Sie?, rief ein Bauer,
der sich auf einen Spaten stützte.

Seine Sprache klang fremd,
als käme sie aus einem breiten
Mund mit flacheren Zähnen.
Das Ausland, sagte der Mann.
Das was?
Das Ausland.
Ho, rief der Bauer, nur immer der Nase
nach, so können Sie es nicht verfehlen.
Der Mann griff sich an seine Nase.
Er lachte, winkte und ging weiter –
zuerst einen Acker entlang, dann in
den Wald hinein.

Er hatte auf einmal einen traurigen
Verdacht:
Vielleicht gibt es das gar nicht, sagte er
zu sich selbst, dieses Ausland.
Der Bauer nahm an, der Fremde sei
nicht recht im Kopf.
Und dann seine Sprache: Sie klang,
als käme sie aus einem schmaleren
Mund mit spitzeren Zähnen.

Er brachte den Motor zum Schweigen.
Wenn man Ihnen zuhört, sagte er –
Sie sind wohl Ausländer, wie?
Kehren Sie nach Hause zurück,
da ist das Ausland!

Jürg Schubiger

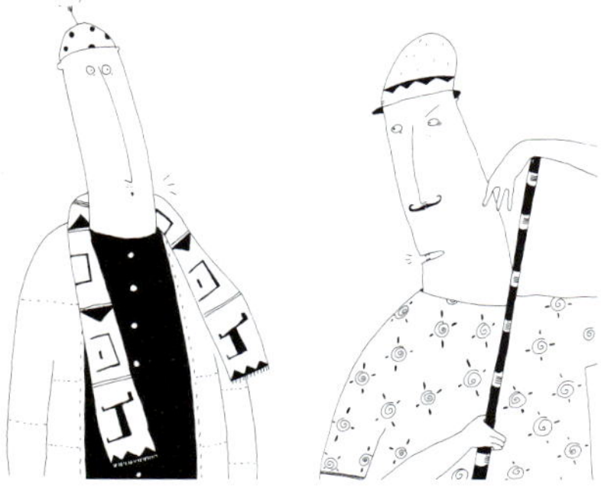

Am folgenden Morgen war er
über der Grenze.
Es sah hier nicht aus wie im Paradies,
auch nicht fast wie im Paradies, eher
noch fast wie zu Hause.
Zur Sicherheit fragte er doch einen
Straßenarbeiter, der sich auf eine
Schaufel stützte und ihm entgegensah:

Entschuldigung, ist hier das Ausland?
Fehlte gerade noch!, war die Antwort.
Der Arbeiter wies ihm den Weg:
Nur immer der Nase nach.

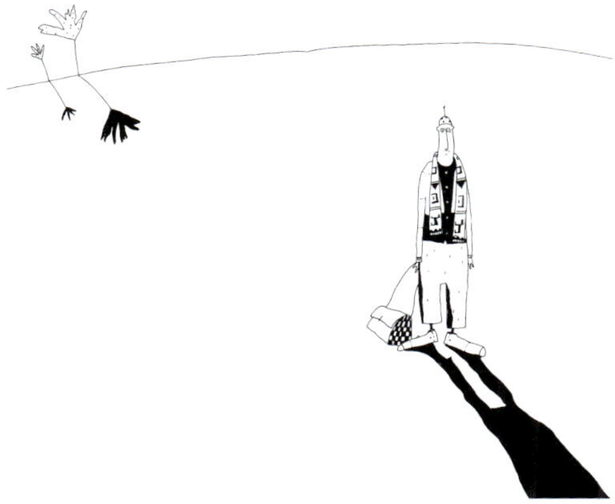

Das war aber genau die Richtung,
aus der der Mann gekommen war.
Er kehrte um, müde und verwirrt.

So geriet er bald darauf wieder auf
die Wiesen des Bauern, der diesmal
auf einem Traktor saß und vom
rumpelnden Motor geschüttelt wurde.
Der Bauer beugte sich herab: Schon
zurück aus dem Ausland?
Zurück schon, stotterte der Mann.

1 Wie würdet ihr dem Mann erklären, wo das Ausland ist?

2 Spielt die Geschichte.
Wie viele Kinder braucht ihr? Verteilt die Rollen.

Wer wohnt wie?

Überall auf der Erde bauen Menschen Häuser. Seit Jahrtausenden suchen sie dort Schutz vor Wetter und Gefahren. In den verschiedenen Teilen der Erde ist es ganz unterschiedlich, wie und woraus Häuser gebaut werden. Das wird durch das Klima, die Umgebung, die Baustoffe, den Geschmack und das Einkommen der Menschen bestimmt.

Bereits vor 8000 Jahren

formte man aus Ton oder Lehm Ziegel, die man in der Sonne trocknete oder im Feuer brannte.
Häuser aus Ziegeln oder Natursteinen trotzen den Stürmen und überstehen oft auch Erdbeben, wie die Pueblos der Indianer.

Leichte Behausungen

baut man aus Tierhäuten, Pflanzenfasern und Blättern.
Sie halten selbst langen Monsunregen, heftigen Sandstürmen oder dem eisigen Wind der Hochebenen stand.
Zum Schutz vor Tieren stellt man Häuser manchmal auch auf Pfähle.

Die Eskimos*

finden Schutz vor Kälte und Sturm in Iglus, die sie aus Schneeblöcken bauen. Diese Unterkünfte bewohnen sie aber nur, solange sie auf der Jagd sind. Sonst leben sie in Häusern aus Fellen und Rinden, heute auch in Blockhäusern und Wohnwagen.

* Die Eskimos möchten **Inuit** genannt werden, weil Eskimo „Fleischfresser" bedeutet.

In den Millionenstädten Asiens

schwimmen ganze Stadtteile auf dem Wasser.
Das Leben spielt sich dort auf Hausbooten ab.
Kinderscharen tummeln sich zwischen Hühnern, Gänsen, Schweinen und Hunden.
Händler preisen von Kähnen aus lautstark ihre Waren an.

Japan

wird immer wieder von heftigen Erdbeben erschüttert.
Um nicht von einstürzenden Gebäuden erschlagen zu werden, baute man Häuser, die ein Grundgerüst aus Holz und eine Bespannung aus Papier haben. Das Dach wird mit Holz- oder Tonschindeln gedeckt.

Die Elendsviertel

am Rand vieler Großstädte wachsen ständig.
Die Hütten werden aus Blechkanistern, Kartons oder anderen Abfällen gebaut.
Es gibt kaum Trinkwasser, keine Kanalisation und keine Müllabfuhr.

Siegfried Aust/Matthias Beck

1 Warum gibt es so viele unterschiedliche Häuser?

2 In welchem Haustyp würdest du gern einmal ein paar Tage wohnen? Warum?

3 Sucht weitere Informationen zu den verschiedenen Wohnformen.

Ein Haussa-Dorf in Niger

Viele afrikanische Völker ziehen als Nomaden mit ihren Viehherden umher. Die Haussa dagegen sind Bauern und ernähren sich von den Früchten ihrer Felder. Sie leben jahraus, jahrein in ihrem Dorf. In ganz Afrika sind sie für die Qualität ihrer handwerklichen Erzeugnisse und für ihre Geschäftstüchtigkeit bekannt.
In einem Haussa-Dorf ist jedes Familiengrundstück mit einem Mäuerchen aus Lehmziegeln abgegrenzt. Bei Einbruch der Nacht treiben die Menschen ihre Ziegenherden in den Schutz dieser Mauern zurück. Die kleinen kastenförmigen Gebäude sind die Häuser der Dorfbewohner. Sie haben jeweils eine Tür und ein Fenster. Auf den Flachdächern der Häuser lagern die Menschen das Feuerholz. Die eiförmigen Gebilde sind Getreidespeicher. Sie haben einen gewissen Abstand zum Boden, damit die wertvolle Ernte vor Nagetieren und Insekten geschützt ist. Alle Gebäude sind aus einem Gemisch von Lehm, Stroh und Mist gebaut.
Die Ziegen streifen auf der Suche nach ihrer kärglichen Nahrung im Dorf umher. Aber sie sind schon mit wenig zufrieden: Genauso wie das Kamel erträgt auch die Ziege hartes Klima, Hunger und Durst. Sie kann selbst mit dornigen Sträuchern überleben, und sie kann sich an Stämmen aufrichten, um an die Blätter der Bäume heranzukommen.

Arthus-Bertrand Yann

1 Schlage in einem Atlas nach, wo das Land Niger liegt.

2 Was gehört zu einem Familiengrundstück in einem Haussa-Dorf?

3 Welche Informationen findest du über die Gebäude?

Der Wettlauf um den höchsten Wolkenkratzer

Wolkenkratzer kamen vor rund 100 Jahren in Mode, aber nicht wegen des Ausblicks, sondern weil immer mehr Menschen in die Städte zogen und das Land knapp und teuer wurde. „Bauen wir halt in die Höhe!“, sagten sich die Architekten. So wurde 1885 in Chicago der erste Wolkenkratzer fertig gestellt, das Home Insurance Building, 55 Meter hoch, mit gerade mal neun Stockwerken.
Zwischen 1900 und 1902 entstand das Fuller-Hochhaus in New York mit 87 Metern; der Chrysler-Wolkenkratzer (1930) war schon knapp 319 Meter hoch. Und ein Jahr später wurde in New York das Empire State Building eröffnet: 381 Meter hoch und mehr als 40 Jahre lang das höchste Bauwerk der Welt.
In den USA wurden übrigens viele Wolkenkratzer von Indianern vom Stamm der Mohawk gebaut. Lange Zeit glaubte man nämlich, dass die Mohawk schwindelfrei seien. In Wirklichkeit sind sie nicht schwindelfreier als wir – nur einfach viel mutiger.

Heute stehen die größten Himmelsstürmer in Asien: Die Petronas Twin Towers in Kuala Lumpur, der Hauptstadt von Malaysia, sind fast 452 Meter hoch. Doch anderswo wollen die Architekten dem Himmel noch ein Stückchen näher kommen. Ein Wolkenkratzer im australischen Melbourne soll 680 Meter hoch werden: mit 113 Stockwerken, 50 Fahrstühlen und einem Hotel mit 300 Zimmern.

Franz Lenze

Der Taipeh wurde 2004 mit 508 Metern als derzeit höchstes Gebäude der Welt in Taiwan fertig gestellt.

1 Warum kamen die Menschen auf die Idee, Wolkenkratzer zu bauen?

2 Welche bekannten Wolkenkratzer werden im Text genannt? Kennst du noch andere?

3 Wie viele Stockwerke hat das höchste Haus in eurer Stadt?

Meine Oma lebt in Afrika

Eric fährt mit seinem afrikanischen Vater und seinem Freund Flo nach Afrika. Die beiden Kinder freuen sich schon lange darauf, Erics Oma kennen zu lernen.

Schon als das Taxi hält, das uns nach der langen Fahrt mit dem Autobus von der Bushaltestelle bis in Omas Dorf gebracht hat, sehe ich sie. Oma steht in ihrem Hofeingang, eingerahmt von einer Schar Frauen und Kinder, und schaut uns entgegen. Über den Stoff ihres langen Kleides laufen die gleichen Schildkröten wie über mein Hemd. Sicher hat Oma das Kleid extra für unseren Empfang angezogen. Oma lacht mich an. Sie streckt uns die Arme entgegen. Sie ist viel kleiner, als ich sie mir vorgestellt habe. Ich bin sogar schon etwas größer als sie. Zuerst nimmt sie Papa in die Arme. Der küsst sie auf beide Backen und hebt sie dabei fast in die Luft. So, wie er es manchmal mit Mama macht, wenn er sie küsst.

„Herzlich willkommen, mein Sohn!“, sagt Oma jetzt wohl schon zum dritten Mal auf Englisch. Flo und ich sind plötzlich von vielen Kindern umringt. Sie unterhalten sich über uns. Die Kleineren berühren vorsichtig unsere Haut, die ja viel heller ist als ihre. Denken sie etwa, dass sich weiße Haut anders anfühlt als schwarze? Sie werden schon merken, dass das nicht stimmt. Jetzt streckt Oma ihre Arme nach mir aus. „Eric, mein Enkel, herzlich willkommen!“ Omas lange schmale Hände haben einen festen Griff. Es tut mir fast ein bisschen weh, als sie meine Hand drückt. Eigentlich wollte ich meine Oma umarmen, so, wie Flo das immer macht, wenn er zu seiner Oma Grete kommt. Aber ich schaue Oma nur an. In ihren Augen funkelt es. „Schön, dass du da bist, Eric“, sagt sie. Sicher hat Oma schon längst bemerkt, dass ich ihr Schildkrötenhemd anhabe. Doch sie sagt nichts dazu. Ich stehe etwas verlegen vor ihr und denke darüber nach, ob ich „Oma“ oder besser „Mum Jennifer“ zu ihr sagen soll. Da ruft sie plötzlich so laut, dass es alle Leute um uns herum hören: „Schaut, was für einen großen Enkel ich habe! Ich sehe ihn heute zum ersten Mal und ich kann ihn nicht auf meinem Rücken tragen.“ Oma bückt sich und tut so, als wollte sie mich wie ein Baby auf den Rücken nehmen. Alle lachen über Omas Spaß und ihre ulkigen Bewegungen. Ich schiele zu Flo hinüber, der zwischen den schwarzen Kindern wie ein helles Ausrufezeichen steht. Wie er sich wohl fühlt?
„Ich habe einen Freund mitgebracht. Er heißt Flo“, sage ich zu Oma. Mit einem lauten und herzlichen „Willkommen“ streckt sie nun auch Flo die Arme entgegen. Dann ruft Oma wieder in die Runde: „Mein Enkel Eric hat einen Freund aus Deutschland mitgebracht. Ist das nicht schön? Willkommen, willkommen!“ …
Es wird dämmrig. Oma ruft Aba zu sich und sagt ihr etwas in ihrer Stammessprache Nzema, die für mich wie eine Geheimsprache klingt. Ich höre es gern,

wenn die Leute sich in dieser Sprache unterhalten. Nur schade, dass ich sie nicht verstehe. Aba winkt uns. Sie führt uns zu einem der kleinen Häuser, in dessen Türrahmen bunte Plastikbänder hängen. Flo und ich treten ein. Erst allmählich gewöhnen sich meine Augen an den dämmrigen Raum. Zwei Betten stehen darin. Ein breites, wohl für Flo und mich, und ein schmales für Papa. „Das ist euer Zimmer, hier könnt ihr schlafen“, sagt Aba und verschwindet mit einem „Gute Nacht“. Ich gucke Flo an. So hat er sich unser Zimmer bestimmt nicht vorgestellt. Ich auch nicht: ohne Lampe, ohne Fenster, nur nackte Wände, die Betten an den Seiten. Unser Gepäck steht aufgereiht an der hinteren Wand.

Bald schwebt das große Moskitonetz über unserem Bett. Wir ziehen uns aus und kriechen vorsichtig darunter. Es ist eine Weile still zwischen Flo und mir. Ich möchte gerne wissen, ob es Flo hier gefällt. Ich habe Angst, ihn danach zu fragen. Es könnte ja sein, dass er lieber wieder nach Hause fahren würde. Und was mache ich dann?

„Eric? Hast du es dir hier so vorgestellt?“, fragt Flo plötzlich.

Ich drehe mich zu ihm herum. Wird er jetzt sagen, dass er nach Hause fahren will?

„Ich weiß gar nicht mehr genau, wie ich es mir vorgestellt habe. Es ist alles so anders“, sage ich. „Hauptsache, wir machen bald einen Ausflug in den Urwald.“

Flos Stimme klingt leise. Und dann ist es wieder still zwischen uns.

„Hast du Heimweh?“, frage ich ihn. „Ja, ein bisschen“, sagt Flo.

Da muss ich auch auf einmal an Mama zu Hause in Deutschland denken und einen kleinen Kloß im Hals herunterschlucken. Ich habe ja wenigstens Papa und meine Oma. Aber Flo hat niemanden aus seiner Familie hier, nur mich.

„Und wie findest du meine Oma?“, frage ich, um ihn ein bisschen von seinem Heimweh abzulenken. Doch als Antwort höre ich nur das gleichmäßige Atmen von Flo. Er muss wohl eingeschlafen sein.

Draußen vom Hof sind leise Stimmen zu vernehmen.

Ich lausche und glaube, Papa zu hören. Dann spricht eine andere Stimme, sie ist heller. Das könnte Oma sein.

Ohne lange zu überlegen, laufe ich zu ihnen.

Die kleinen Muscheln im Sand piksen in meine Fußsohlen.

„Oma“, rufe ich und hocke mich neben sie.

„Eric, mein Kind“, sagt sie mit leiser Stimme.

Ich lege meinen Kopf in ihren Schoß.

Ein bisschen schaukelt Oma mit den Knien hin und her und dann beginnt sie, eine Melodie zu summen.

Papa summt mit seiner tiefen Stimme mit.

Ich bin in Afrika angekommen, denke ich.

So schlafe ich ein.

Annelies Schwarz

Eric und Flo erleben aufregende Tage in dieser anderen Welt.

S. 121

Australische Weitspringer

Wie das Känguru zu seinem Namen kam

James Cook, ein Engländer, war ein großer Entdecker. Mit seinem Schiff, der „Endeavour“, segelte er über die Meere und suchte unbekannte Länder. Dabei entdeckte er auch Australien.
Am 11. Juni 1770 strandete er an der australischen Nordostküste. Kapitän Cook und seine Mannschaft gingen an Land. Sie wollten das unbekannte Land, die Tiere dort und die Eingeborenen studieren.
Am Abend trafen sie sich wieder auf dem Schiff und erzählten, was sie alles gesehen hatten.
Einige der Männer berichteten dabei von einem äußerst schnellen, grauen, komischen Tier, das sich mit großen Sprüngen fortbewegt.
Kapitän Cook versuchte die Eingeborenen zu fragen, was das für ein Tier sei.
Die Aborigines, so heißen die australischen Ureinwohner, antworteten ihm: „Kangaroo.“
Erst viel später stellte sich heraus, dass dieses Wort in der Sprache der Aborigines nur so viel bedeutet wie: „Ich verstehe dich nicht.“
Seitdem heißt dieses Tier „Känguru“ – „Ich verstehe dich nicht“.

Kängurus

Das Känguru gehört zur Familie der Beuteltiere.
In ganz Australien gibt es 45 Känguru-Arten, die zwischen 30 Zentimetern und zwei Metern groß sind. Kängurus finden auch bei extremer Trockenheit Wasser. Denn sie können bis zu einem Meter tief nach Wasser graben!
Riesenkängurus sind sehr gute Läufer.
Auf der Flucht springen sie manchmal fast neun Meter weit.
Zum Springen benutzen sie nur die Hinterläufe und den Schwanz.
Das sieht dann sehr elegant aus.

Vergleiche die Texte. Was erfährst du aus der Legende?
Was erfährst du aus dem Sachtext?

Wir vergleichen zwei Texte zu einem Thema

1. Sucht zwei Texte zu einem Thema:

entweder	**oder**
zwei Texte, die zu der gleichen Textsorte gehören:	zwei Texte, die zu unterschiedlichen Textsorten gehören:
zwei Gedichte oder zwei Sachtexte oder zwei Erzähltexte	ein Gedicht und einen Sachtext oder ein Gedicht und einen Erzähltext oder einen Erzähltext und einen Sachtext

2. Lest beide Texte.

3. Vergleicht den Inhalt und den Aufbau:

- Was ist gleich?
- Worin unterscheiden sich die beiden Texte?
- Worin besteht die wichtigste Aussage?
- Worin unterscheidet sich die Wirkung beider Texte?
- Wodurch entsteht die unterschiedliche Wirkung?
- An wen wenden sich die Texte?

4. Überlegt, warum es sinnvoll ist, unterschiedliche Textsorten zu einem Thema zu vergleichen.

Z Vergleicht drei Texte zu einem Thema.

Kinderspiele

Philippinen

Alle Mädchen und Jungen legen ihre Sandalen in einer langen Reihe auf den Boden (ihr nehmt einfach eure Schuhe, die ihr gerade anhabt). Einer nach dem anderen hüpft auf einem Bein durch diese Reihe. Auf keinen Fall darf man eine der Sandalen berühren oder gar hinfallen. Wenn das passiert, ist man ausgeschieden. Wem es gelingt, ohne Fehler durch die ganze Reihe zu hüpfen, darf sich eine Sandale aussuchen, die er dann so weit schleudert, wie er nur kann.

Auf den Philippinen tragen die Kinder leichte Plastiksandalen. Diese können beim Werfen nicht so leicht kaputtgehen und niemanden verletzen. Wenn ihr das Spiel nachspielt, ist es gefährlich, mit den Schuhen zu werfen. Denkt euch doch selbst aus, was das Kind tun darf, das gewonnen hat.

Indonesien

Mit zwei körperlangen Stöcken, meist aus Bambus, und einem Ball oder einer Kokosnuss wird in Indonesien das Glindingan-Spiel gespielt. Dabei treten zwei oder mehr Kinder gegeneinander an, die versuchen, mit den Stöcken den Ball über eine abgesteckte Strecke vor sich herzutreiben. Es gewinnt das Kind, dessen Ball zuerst die Ziellinie überrollt. Die Stöcke werden dafür gekreuzt mit einem festen Band zusammengebunden, sodass vorn eine Gabel entsteht. Ganz schwierig ist es, die Stöcke nur mit einer Hand zu führen. Deshalb ist es einfacher, erst mal mit beiden Händen zu beginnen.

Wenn du das Spiel nachbauen möchtest, kannst du anstatt der Bambusstöcke einfach Äste von Bäumen nehmen, die hier wachsen.

Antje Bartels

1 Überlegt, warum die Kinder mit Alltagsgegenständen spielen.

2 Erklärt, zu welchen Punkten in den Spielbeschreibungen etwas gesagt wird.

3 Beschreibt euer Lieblingsspiel.

Wir schreiben einen Sachtext

(Spielbeschreibung)

1. Text planen

Entscheide dich für ein Spiel, das du beschreiben möchtest.
Überlege genau:

- Wie viele Kinder braucht man mindestens für das Spiel?
- Welche Materialien oder Spielgeräte werden gebraucht?
- Wie fängt das Spiel an?
- Wie läuft es ab? Welche Regeln müssen beachtet werden?
- Wie endet das Spiel?

Notiere Stichworte auf Kärtchen. Lege die Kärtchen in eine Reihenfolge.

2. Text schreiben

Schreibe deinen Text und nutze dabei die Kärtchen.
Denke daran:
Bei einer Spielbeschreibung schreibt man in der Gegenwartsform, ohne wörtliche Rede, ohne Beschreibung von Gefühlen und Gedanken.
Erkläre so, dass man sich alles genau vorstellen kann.

3. Text prüfen

Lies deinen Text mehrmals und prüfe, ob alles stimmig und verständlich ist.

4. Text vorstellen

Lest euch eure Texte gegenseitig vor und prüft die Verständlichkeit.
Muss ein Text korrigiert oder überarbeitet werden?

5. Text veröffentlichen

Jeder Text wird rechtschreiblich korrigiert und sauber geschrieben oder getippt.

Weitere Ergänzungen

Meine Oma lebt in Afrika

Eric besucht. Oma drückt. Die Kinder berühren. Flo gibt.

1 Ergänze.
Schreibe die Sätze: Eric besucht seine Oma in Afrika.

Oma | schenkt | wem? | wann? | was?

Eric | fährt | wohin? | womit? | wann? | mit wem?

Flo | sucht | wo? | was? | wen? | wann? | wie?

2 Ergänze die Sätze.
Schreibe sie auf.

Die Kinder	sitzen	auf dem Hof	unter dem Dach	.
Papa	summt	mit Oma	ein Lied	.
Eric	liegt	mit seinem Kopf	in Omas Schoß	.
Flo	träumt	in der Nacht	von seiner Mutter	.

1 Schreibe die Satzglieder auf Wortkarten.

2 Stelle die Satzglieder mehrmals um. Bilde möglichst viele verschiedene Sätze. Schreibe sie auf.

3 Lest euch die Sätze nacheinander vor. Was fällt euch auf?

- Eric fährt mit seinem Freund Flo nach Afrika.
- Die Jungen wandern mit Oma in den Urwald.
- Sie trägt einen schweren Korb auf dem Kopf.
- Alle überqueren mit einem Boot den breiten Fluss.
- Mittags brennt die Sonne den Kindern auf der Haut.
- Im Urwald erleben sie ein Gewitter.
- Plötzlich steht Eric allein im Urwald.
- Er bekommt große Angst.
- Der Junge versteckt sich in einer Hütte.

4 Schreibe die Sätze ab.
Markiere die Satzglieder.

Subjekt | Prädikat | weitere Ergänzung

Eric | fährt | mit seinem Freund Flo | nach Afrika | .

S. 209

Nachschlagen in der Wörterliste

Flipp hat eine geheime Botschaft aufgeschrieben.
Statt des richtigen Buchstabens hat er den Buchstaben aus dem Alphabet genommen, der direkt danach folgt.

Geheim!	Geheim!
EJF VSFJOXPIOFS BVTUSBMJFOT TJOE EJF BCPSJHJOFT.	JO EFS GSFNEF JTU KFEFS FJO GSFNEFS.

1 Finde heraus, was Flipp geschrieben hat.
Schreibe die Lösungen auf.

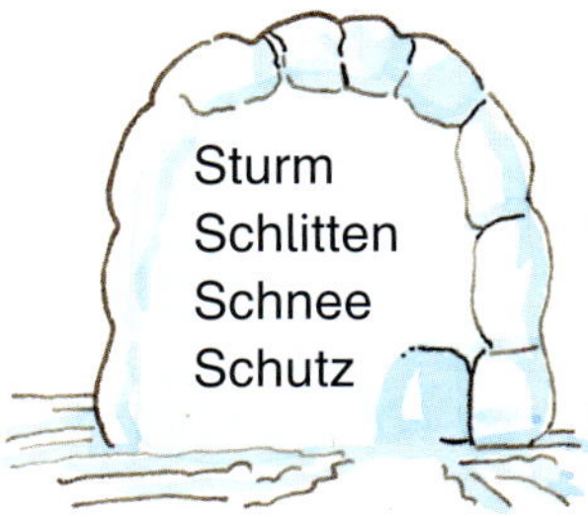

2 Ordne die Wörter nach dem Abc.
Schreibe sie geordnet auf.

Dächer	Häuser	älter	floss
kam	half	las	am sonnigsten

3 Suche die Wörter in der Wörterliste.
Schreibe sie mit ihren verwandten Wortformen auf.

die □reme

die □alle

der □or

der □orken

der □ent

4 Finde die richtigen Anfangsbuchstaben.

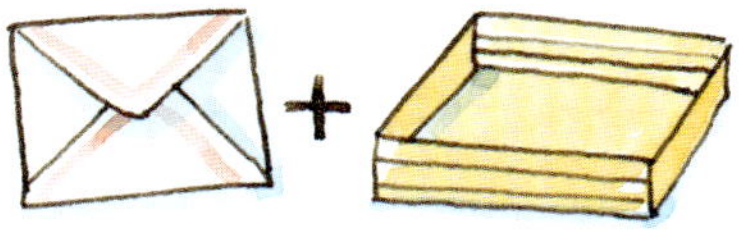

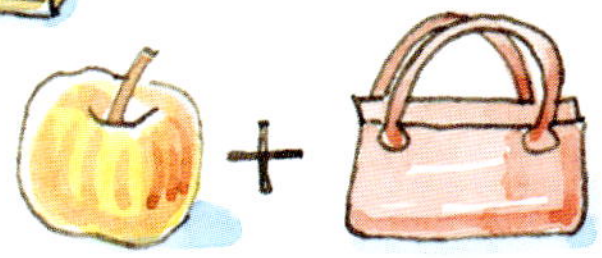

5 Schlage die beiden Teile der Wörter nach.
Schreibe die zusammengesetzten Nomen auf.

S. 194

Lernwörter-Training

1  2  3 

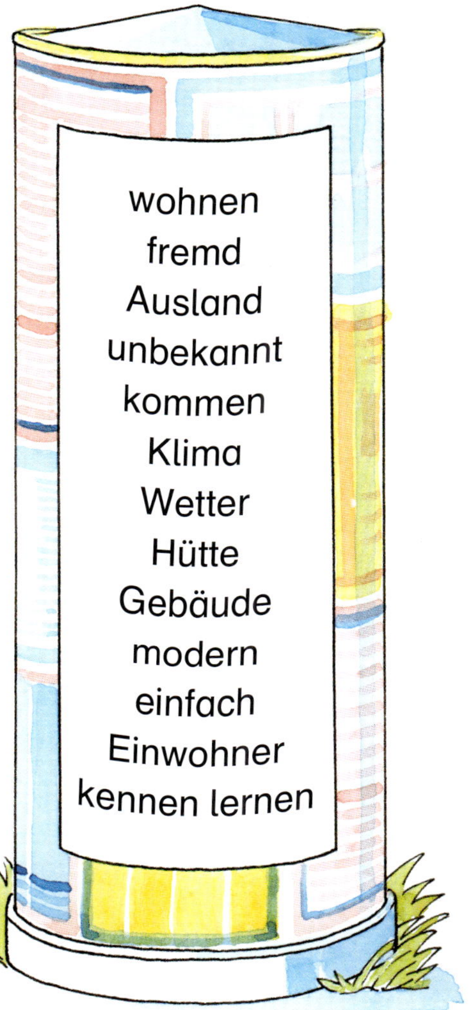

4 Ordne die Lernwörter nach dem Abc.

5 Schreibe die Wörter mit doppeltem Mitlaut auf.
Suche verwandte Wörter.
unbekannt: bekannt, kennen …

6 Bilde möglichst viele zusammengesetzte Nomen mit diesen Lernwörtern:

Einwohner | Gebäude | Klima

die Einwohnerzahl …

7 **Meine afrikanische Oma**

Meine Oma lebt im Ausland. Ich habe sie noch nie gesehen. Auch das Land, in dem sie lebt, ist mir unbekannt. Papa hat mir erzählt, dass die Einwohner dort in einfachen Hütten wohnen. Die Gebäude haben oft keine Fenster. Ich möchte meine Oma und ihr Land so gern einmal kennen lernen. Im nächsten Jahr wollen wir nach Afrika reisen.

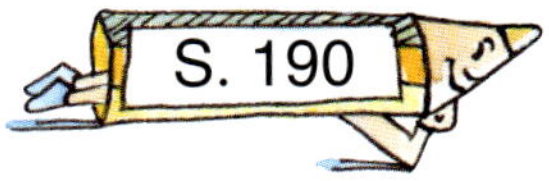
S. 190

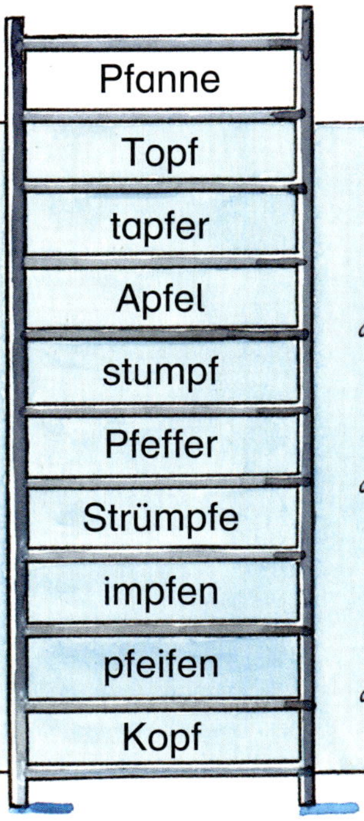

Merkwörter mit Pf/pf

8  9 

10 Bilde Sätze mit den Merkwörtern. Du kannst in einem Satz auch mehrere Merkwörter benutzen.

11 Ordne die Merkwörter nach dem Abc.

Dickhäuter zu Wasser und zu Lande

Riesen der Meere

Der größte Wal – und zugleich das größte Tier unserer Erde – ist der Blauwal.
Lediglich andere Bartenwale und der Pottwal erreichen annähernd seine Größe.
In seinem riesigen Maul hätte unser größtes Landtier Platz: ein afrikanischer Elefantenbulle.
Selbst Dinosaurier erreichten nicht das Gewicht von Blauwalen.
Tiere dieser Größe haben kaum natürliche Feinde.
Allerdings ist es schwierig, für diesen gewaltigen Körper genug Nahrung aufzutreiben.

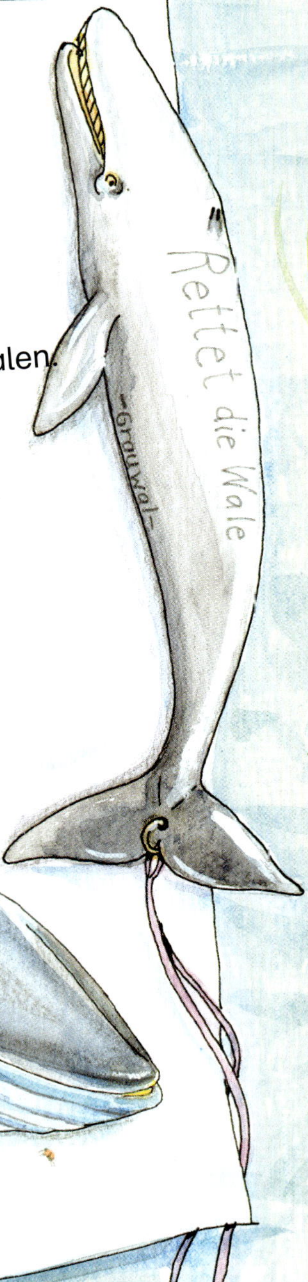

Der zart besaitete Elefant

Der Elefant ist dick und stark,
doch edel von Gemüt;
sein Herz ist wie aus Sahnequark,
die Seele veilchenzart erblüht.

Mal trat der schwere Elefant,
er hat's nicht so gemeint,
dem Herrn Direktor auf die Hand.

Die beiden haben sehr geweint.

Karlhans Frank

Leisetreter

Elefanten sind die schwersten Landsäugetiere der Erde. Obwohl sie allgemein gern „Dickhäuter" genannt werden, ist ihre zentimeterdicke Haut sehr empfindlich. Durch regelmäßiges Baden, Suhlen im Schlamm und Bepudern mit Sand pflegen die Tiere ihre Haut und schützen sie vor Insekten und Sonneneinstrahlung. Elefanten stehen auf weichen, gepolsterten Sohlen unter säulenartig geformten Beinen, was sie zu regelrechten „Leisetretern" macht.

Als die Elefanten kamen

Am liebsten schleicht sich Zawadi mit seinem Freund Omari in den Dschungel, um Tiere wie den schlauen Honigvogel zu beobachten oder – wenn sie sicher auf dem Tamarindenbaum sitzen – die Elefanten und Büffel. Seit es den Naturpark gibt, ist es verboten, das Wild zu jagen. Das erregt den Unmut der Dorfbewohner, denn sie haben Angst vor dem menschenfressenden Löwen und den Elefanten, weil sie die Felder zerstören. Trotz Jagdverbot werden jedoch eines Tages die Überreste einer Elefantenkuh gefunden.

Auch nachdem die Männer schon längst fort sind, bleibt Zawadi mit angehaltenem Atem liegen, den Körper dicht an die Erde gepresst. Die von den Wildhütern vertriebenen Geier halten sich nach deren Verschwinden noch zurück und für kurze Zeit herrscht eine Stille im Wald, die nur hin und wieder durch einen seltsamen Laut unterbrochen wird. Während Zawadi angestrengt darauf horcht, fragt er sich, ob das Geräusch nicht vorher schon da gewesen war, untergegangen im Flügelgeflatter der Vögel, der lauten Unterhaltung der Wildhüter und dem aufgeregten Pochen in seinen Ohren: ein eintöniges, tiefes Brummen, das abrupt aufhört und nach wenigen Sekunden neu beginnt. Die Geier scheinen nicht beunruhigt zu sein, denn sie sitzen bald wieder auf dem Kadaver und hacken mit ihren spitzen Schnäbeln durch die dicke Haut. Obwohl sich Zawadi vor Furcht die Haare sträuben, siegt seine Neugier. Er steht auf und pirscht sich an den Busch heran, aus dem das seltsame traurige Brummen kommt. Vorsichtig schiebt er ein paar Zweige auseinander und fast gleichzeitig stürmt ein kleiner Elefant mit aufgestellten Ohren auf ihn zu, droht ihn umzurennen. Mit einem Sprung weicht Zawadi dem Angriff aus, fällt hin, springt wieder auf die Füße und läuft hinter einen Baum. Verdutzt bleibt der Kleine stehen, scheint nicht zu begreifen, wohin der vermeintliche Feind so plötzlich verschwunden ist. Zawadi schätzt, dass das Elefantenkind ihm höchstens bis zur Brust reicht.

„Ganz ruhig“, sagt Zawadi hinter dem Baum hervor. „Ich tu dir nichts!“

Der kleine Elefant spreizt die Ohren, droht dem Baum.

„Ist ja gut“, sagt Zawadi leise, während er auf der Rückseite des Baumes hochklettert. „Ich lasse dich ja in Ruhe.“

Das Elefantenkind wirft unruhig den Kopf hin und her und macht leise Schnaufgeräusche. Als es mit dem Rüssel den Stamm betastet, erschrickt es, geht ein paar Schritte zurück und droht dem Geruch des Menschen, der an der Rinde haftet. Plötzlich dreht es sich um und greift die Geier an, die in Scharen auf dem Kadaver hocken. Doch diese lassen sich von ihm nicht stören, fliegen nicht einmal davon.

Niedergeschlagen und erschöpft gibt das Elefantenkind auf, zieht sich mit schleppenden Schritten in das dichte Buschwerk zurück, aus dem es sich traurig meldet. Es klingt, als würde es weinen.

Babu hatte Zawadi einmal erzählt, dass von der Herde getrennte Elefantenbabys ihre Angehörigen mit ihrem Brummen rufen. Hoffentlich hören dich deine Verwandten und holen dich bald!, denkt Zawadi und erinnert sich an die Worte des Lehrers, wonach Elefanten sich über weite Distanzen hinweg miteinander verständigen können: „Sie geben dabei tiefe Töne von sich, die für uns Menschen nicht mehr hörbar sind.“

Hyänen können dir wahrscheinlich nichts mehr tun. Für die bist du schon zu groß. Aber gegen Löwen bist du schutzlos, denkt Zawadi.

Da! Ein Knacken, das vom Fluss kommt. Die Elefanten sind in der Nähe, denkt er plötzlich. Sie haben den Kleinen schon längst gehört. Zawadi hält den Atem an, das Elefantenbaby verstummt … Besorgt schaut Zawadi sich den Baum genauer an, auf dem er sitzt und der der Wut der Tiere gestern standgehalten hat. Sicherheitshalber klettert er auf einen höheren Ast. Gerade noch rechtzeitig, denn plötzlich steht eine Elefantenkuh im Wald …

Nach allen Seiten sichernd, geräuschlos und mit schnellen Schritten kommen zwei weitere weibliche Elefanten dazu, ein Kleines immer ganz dicht zwischen ihren massigen Körpern. Als das klägliche Brummen die Stille durchbricht, gerät die Gruppe in Bewegung. Hastig drehen sich die Tiere um und spreizen die Ohren, um besser zu hören, laufen eilig zu dem Gebüsch hinüber. Eine Elefantenkuh schiebt mit ihren Stoßzähnen die Zweige beiseite, greift mit ihrem Rüssel wie mit einem langen Arm in das Gestrüpp und zieht das Elefantenkind hervor. Und dann geht alles ganz schnell: Die Elefanten schieben das Kleine zwischen sich, stupsen es an und mit raschen Schritten verschwinden sie im hohen Dickicht. Es ist, als hätte der Wald sie verschluckt. Nicht einmal die Äste bewegen sich mehr, halten still, verraten nicht ihren Weg.

Nachdenklich und froh bleibt Zawadi noch eine Weile auf dem Baum sitzen. Es ist in Sicherheit, denkt er erleichtert. Seine Tanten werden es säugen, es beschützen und ihm alles beibringen, was es wissen muss.

Nasrin Siege

1 Der kleine Elefant droht Zawadi. Woran kann man das erkennen?

2 Wie verständigen Elefanten sich untereinander? Belege am Text.

3 Wozu kann ein Elefantenrüssel dienen? Informiere dich auch in Sachbüchern oder im Internet.

Trompeten wie Presslufthämmer

Die Rufe der Dickhäuter dröhnen zehn Kilometer weit

Wenn Abu und Mongu spielen, sieht es aus, als würden zwei Sumoringer aneinander geraten. Mit gesenkten Köpfen prallen die Elefantenbabys gegeneinander und umschlingen sich mit ihren Rüsseln. Als der dreijährige Abu die Oberhand gewinnt und seine einjährige Spielkameradin in die Knie zwingt, hat Mongu genug. Ein tiefes Röhren dringt aus ihrer Kehle. „Eindeutig ein Protestruf“, diagnostiziert Angela Stöger-Horwath, die ihre Schützlinge aus fünf Metern Entfernung beobachtet. In der Hand hält sie ein Mikrofon, das sie den Elefanten fast auffordernd entgegenstreckt.
Sie nickt zufrieden: „Der Ruf war laut und deutlich.“ Tatsächlich findet Mongus Unmutsäußerung auch anderweitig Gehör: Eine Elefantenkuh eilt auf die Streithähne zu. Ungestüm drängt sie Abu beiseite. „Das ist Tonga, Mongus Mutter“, sagt Stöger-Horwath.

Seit drei Jahren belauscht die Zoologin die sieben afrikanischen Steppenelefanten im Wiener Zoo Schönbrunn. 900 Stunden lief der Rekorder. Dabei hat sie mehr als 2500 Rufe aufgezeichnet. Denn die Tiere verständigen sich nicht nur durch Trompeten, sondern auch durch Grollen und Brüllen, Grunzen und Kreischen. Zehn Grundtöne hat die Elefantenforschung bisher identifiziert.

Mongus Protestruf zählt zu den Gruff-Lauten, mit denen Kälber ihren Unmut kundtun. Jeder Laut ist an ein bestimmtes Verhalten gebunden. Lautes Trompeten kann sowohl Freude als auch Angst ausdrücken – je nachdem, ob das Tier heftig mit den Ohren flattert (Freude beim Begrüßen von Artgenossen) oder die Lauscher abspreizt (Angst vor einer Löwen-Attacke). Beim Versuch, sich Gehör zu verschaffen, nehmen die Elefanten auch die Beine zu Hilfe und stampfen und klopfen damit auf den Boden.

Die Elefanten müssen ihre Lautsprache mühsam erlernen. Das gilt insbesondere für die tiefen Töne, mit denen sich die Tiere ihres gegenseitigen Wohlbefindens versichern, auf Wasserquellen hinweisen oder vor Gefahren warnen.

Der Mensch kann solche Töne nicht hören. Daher rätselte man lange Zeit, wie es Elefanten schaffen, über kilometerweite Entfernungen zueinander zu finden oder ohne Sichtkontakt im Gleichschritt zu marschieren.

Man weiß heute, dass Elefanten bevorzugt mit tiefen Tönen kommunizieren. Anders als hohe Töne, die leicht von Hitze, Wind und Pflanzen verschluckt werden, dringen sie schätzungsweise bis zu zehn Kilometern durch die Savanne und werden deshalb für elefantöse Ferngespräche genutzt. Dabei gibt es, wie bei jeder Telekommunikation, Haupt- und Nebenzeiten: Vor allem wenn die Temperaturen sinken und der Wind nachlässt, bildet sich in Bodennähe ein hellhöriger Schallkanal. Die Elefanten schicken die meisten Signale in den kühlen Stunden der Morgen- und Abenddämmerung auf den Weg. Mit der Lautstärke eines Presslufthammers (112 Dezibel) breiten sich die Schwingungen nicht nur durch die Luft, sondern auch durch den Boden aus. Wahrscheinlich nehmen die Dickhäuter sie durch vibrationsempfindliche Organe an Zehen und Füßen wahr.

Bettina Gartner

1 Klärt schwierige Wörter.

2 Es werden einige Elefantenlaute genannt. Diese haben jeweils eine bestimmte Bedeutung. Notiere sie.

3 Zu welchen Zeiten nehmen die Elefanten vorzugsweise Kontakt miteinander auf?

4 Erkläre, warum das so ist.

Das Lied der Wale

Der Buckelwahl Hruna ist einer der sanften Riesen der Meere, die sich meilenweit durch ihren einzigartigen Gesang verständigen. Mit seinem Vater Hrunta taucht er eines Tages hinab zu dem großen Buckelwal Hralekana, um von ihm die Geschichte seines Volkes zu hören.

Bald nachdem wir die Krillschwärme erreicht hatten, vollendete ich mein erstes halbes Lebensjahr, und Vater deutete an, es würde Zeit für mich, Hralekana aufzusuchen, den ältesten aller Buckelwale und den größten in allen Meerestiefen. Es wurde sogar erzählt, er sei noch größer als der größte Blauwal. Hreelea widersprach zwar und meinte, ich sei noch zu jung, aber Vater blieb bei seiner Ansicht. „Hruna ist groß für sein Alter“, sagte er. „Eines Tages wird er der Anführer einer Herde sein.“

Wenig später verließen wir eines Morgens die Herde. Wir schwammen drei Tage und rasteten nur in der Nacht mitten im überreichen Krill. Ich war sehr neugierig auf den Großen Wal, wie er genannt wurde, aber ich fürchtete ihn auch. Hrunta sagte nicht viel und er sang auch nicht während unserer Reise, aber hin und wieder überraschte ich ihn dabei, dass er mich nachdenklich betrachtete.

Eines Morgens hörte ich einen seltsamen Gesang, einen einzigen Ton, der unablässig wiederholt wurde.

„Das ist Hralekana“, sagte mein Vater. „Wir sind ganz in seiner Nähe. Atme jetzt mehrmals tief ein. Wir werden länger unter Wasser sein als jemals zuvor.“

Ich sog viel Luft in meine Lungen, während wir noch ein Stück weiterschwammen. Mein Vater atmete noch einmal tief ein und tauchte dann. Seine Schwanzflossen winkten mir ihm zu folgen.

Hinab ging es in die grüne Tiefe, Hrunta war unter mir schon ganz klein; tiefer hinunter in das Blau; dann abwärts, immer abwärts in die schwarze Tiefe, wo er verschwand. Wir konnten nur noch durch Geräusche Verbindung halten. Ich fühlte, wie das Wasser mich schwer und kalt umschloss. Noch nie war ich so tief unten gewesen. Etwas Langes und Schleimiges streifte mich und ich geriet beinahe in Panik. Lichter tauchten auf, seltsame Lichter, als Schwärme von Leuchtfischen vorüberschwammen – Lichtfäden, die auf Tentakeln schwankten, leuchtende, dreiseitige Geschöpfe und allerlei blinkende und schwebende Gestalten. Sie entschwanden über uns wie Sterne am Nachthimmel. Wir sanken immer noch tiefer hinab. Der Druck dröhnte in meinen Ohren und meine Lungen fühlten sich kalt und bleischwer an, als Vater durch eine Öffnung im Meeresboden in eine Unterwasserhöhle hineinschwamm. Die Echos von den Wänden ließen mich erkennen, dass sie riesengroß sein musste. Und ich fürchtete mich.

Während dieser ganzen Zeit wurde der Gesang des einen ständig wiederholten Tones immer lauter. Die Höhle verlor sich in völliger Dunkelheit. Endlich sahen wir weit entfernt ein schwaches Licht. Wir erreichten eine große Unterwasserkammer, deren Wände, Decke und Boden einen kaum wahrnehmbaren Lichtschimmer aussandten – ich weiß nicht, ob er von Pflanzen oder von Felsgestein herrührte. Von der Decke hingen Reihen spitzer Steine herab wie Zähne oder

Barten. Doch um ehrlich zu sein, ich achtete nicht lange darauf, denn dort lag er. Als wäre er selbst Bestandteil eines Felsengebirges, füllte Hralekana die Länge der Höhle aus. Sein Bauch lag am Boden, sein Schwanz war uns zugekehrt. Der Rücken war warzig und bucklig, von jahrhundertealten Schichten kleiner Krebse verkrustet. Nur hier und da, wo er diese Kruste abgerieben hatte, schimmerte weißliche Haut hindurch. Die einzigen von Krebsen freien Körperteile waren seine weißen Flossen.

Jede von ihnen war länger als ich, und sie bewegten sich im Takt seines Gesanges. Er schien uns nicht zu bemerken, obwohl seine Augen offen waren, während er unablässig seinen klagenden Ton sang.

Selbst mein Vater schien kleiner geworden zu sein, als er sein Blasloch freiräusperte und den Großen Wal ansprach. Der Gesang endete und mit einer Stimme, die zugleich überraschend sanft und dabei doch distanziert und streng klang, hieß uns Hralekana willkommen und bat uns näher zu sich. Er wälzte sich herum und hörte zu, als mein Vater den Grund unseres Besuchs erklärte – den ich selbst bisher auch noch nicht kannte. Hralekana lag lange bewegungslos da und betrachtete uns über sein faltiges Kinn und den gewaltigen, knochigen Kiefer hinweg. Endlich zwinkerte er und deutete mit einer Flosse auf mich. „Es geschieht nicht häufig, dass ein so Junger zu mir kommt, um die Geschichte zu hören", sagte er, „obwohl alle irgendwann im Laufe ihrer Jugend kommen. So ist es nun schon seit zahllosen Jahren." Er schwieg ein Weilchen. Ich fragte mich, ob es wohl wahr sein konnte, was man von ihm sagte, nämlich, dass er schon die Lebenszeiten vieler Wale erlebt hatte. Er war größer, als es irgendeinem Buckelwal zustand. Vielleicht war er wirklich jahrhundertelang gewachsen.

Mich schauderte und ich drängte mich näher an Hrunta.

Der Große Wal fuhr fort: „So haben jene, die vor mir lebten, die Geschichte weitergegeben, und so werden jene, die nach mir kommen, es ebenfalls tun, bis einst das Meer austrocknen wird." Er rückte sich bequemer zurecht und lächelte. Auf dieses Lächeln war ich nicht vorbereitet. Eine Wand von elfenbeinernen, fleckigen und gebrochenen Barten tat sich vor mir auf und verlor sich zu beiden Seiten seines Maules im Dunkel. Ich kam mir vor wie Krill, der gleich verschluckt werden soll. Sogleich wurde sein Gesicht wieder ernst. „Vergiss nicht, was ich dir sagen werde. Das ist ein heiliger Auftrag."

Robert Siegel

1 Welchen Tieren begegnen Hruna und sein Vater im Meer?

2 Was gab den Buckelwalen ihren Namen?

3 Hruna soll eines Tages der Anführer einer Herde sein. Vermute, welchen Auftrag der alte Wal ihm geben könnte.

Die Laute des Meeres

Das Meer ist keineswegs ruhig, sondern mit Lauten von Tieren, die miteinander sprechen, erfüllt. Wale und Delfine sind richtige Plaudertaschen. Sie geben eine ganze Reihe von verschiedenen Geräuschen wie Quietscher, heisere Schreie, Pfiffe, Knattergeräusche und Seufzer von sich. Diese Laute helfen ihnen zusammenzubleiben, wenn sie als Gruppe schwimmen. Bei einer aufregenden Jagd können sie zudem besser zusammenarbeiten. Mitunter haben diese Laute auch eine ganz bestimmte __________, z. B.: vor Gefahren warnen, Hilfeschreie oder Rufe nach einem Partner, einen Feind erschrecken, ein Spiel vorschlagen oder sogar eine Diskussion über das Mittagessen. Möglicherweise tragen die Laute persönliche Merkmale, die es den Walen ermöglichen, einander zu erkennen, genauso wie wir verschiedene Menschen anhand ihrer Stimmen auseinander halten können. Viele Arten haben zudem raffinierte Wege gefunden, mit ihren Fluken, Flippern, Kiefern und anderen Körperteilen auffällige Geräusche zu machen. Auch diese Geräusche haben eine bestimmte __________.

Mark Cawardine

1 Ergänze das fehlende Wort.

2 Welche Geräusche geben Wale und Delfine von sich? Was drücken sie damit aus?

3 Die Wale und Delfine machen auch mit anderen Körperteilen Geräusche. Nenne die Fachbegriffe und versuche, sie zu erklären.

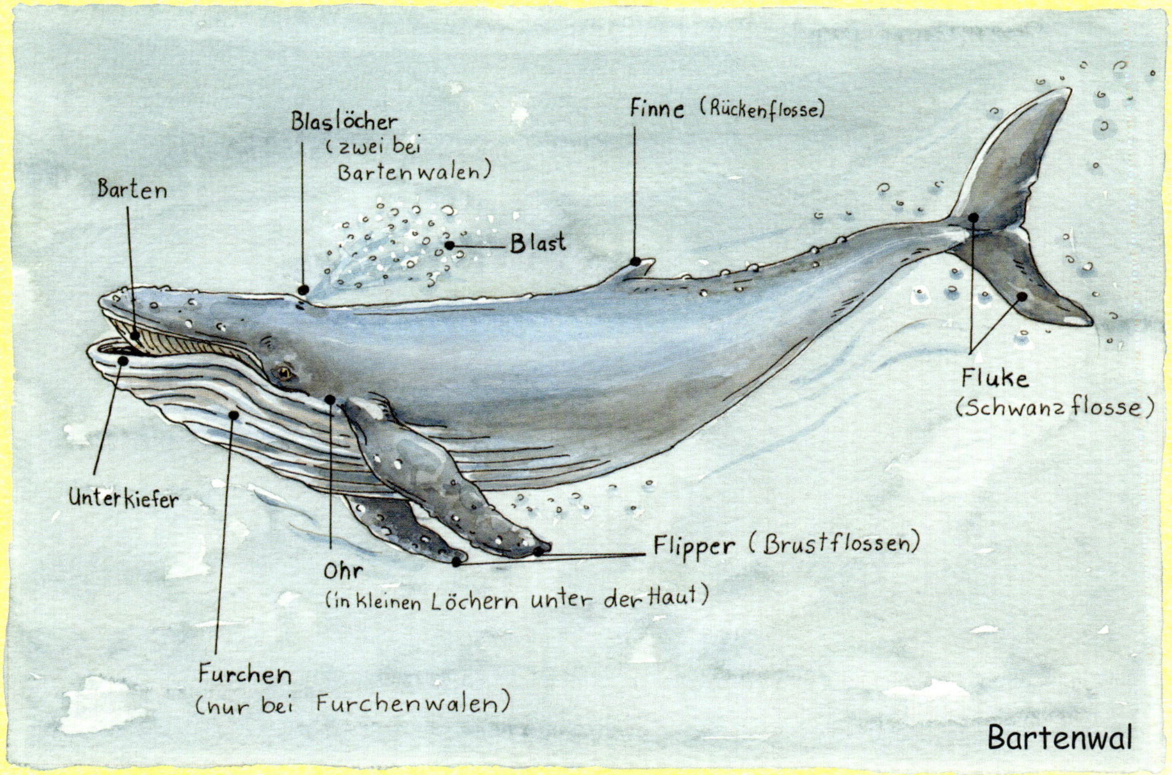

Wir ergänzen ein fehlendes Wort

1. Wählt einen kurzen Text aus.
Überlegt gemeinsam, welches Wort man löschen
und aus dem Zusammenhang herausfinden könnte.

2. Kopiert diesen Text.
Überklebt das Wort mit einem Klebestreifen oder löscht es.

3. Tauscht die Texte aus, sodass alle Kinder
einen unbekannten Text haben.

4. Lest den Text still.
Anschließend überlegen die Partner
gemeinsam Satz für Satz, was sie bisher
erfahren haben und was jetzt hinzukommt.

5. Entscheidet euch gemeinsam für eine Lösung
und überprüft eure Ideen.
Ergänzt das fehlende Wort und
begründet die gemeinsame Entscheidung.

6. Stellt eure Texte und Lösungen gegenseitig vor.
Beschreibt eure Überlegungen
und begründet eure Entscheidungen.

Das fehlende Wort kann man heraus-finden, wenn man den Text sorgfältig liest.

Weißes Gold

Die Stoßzähne des Elefanten sind nicht die Eckzähne, wie die meisten annehmen, sondern die beiden einzigen erhalten gebliebenen oberen Schneidezähne. Sie sind wurzellos und wachsen ständig nach, ungefähr 2–5 cm jährlich. Sie sind nicht mit hartem Zahnschmelz überzogen und deshalb schon seit dem Mittelalter ein gesuchtes Material für Schnitzarbeiten. In der freien Natur dienen die Stoßzähne ihren Trägern zum Abschälen von Baumrinde, Aufrauen von Holzmasse und Ausheben von Erdreich bei der Suche nach Wasser oder Nahrung. Sie eignen sich auch als Waffen bei Rivalitätskämpfen und bei Angriffen.

Den Elefanten werden heute immer noch ihre Stoßzähne zum Verhängnis. Wilderer jagen und töten sie, um an das wertvolle Elfenbein zu gelangen. Die daraus geschnitzten Souvenirs werden an Touristen verkauft. Oft wissen diese gar nicht, dass dafür manchmal sogar junge Elefanten haben sterben müssen. Solche Schnitzereien dürfen nicht nach Deutschland eingeführt werden. Sie werden vom Zoll beschlagnahmt. Nur wenn niemand mehr solche Gegenstände kauft, werden die Wilderer aufhören, Elfenbein für den Souvenirmarkt zu beschaffen. Erst dann werden sich auch die Elefantenbestände Afrikas wieder erholen können.

Jana Horáčková

Rekord

Das längste Paar Zähne hatte eine Länge von 320 cm und 311 cm Länge und wog 97 kg und 102 kg. Der Umfang der Zähne betrug 62 cm und 60 cm.

Was haben Einhörner mit Walen zu tun?

Eines der seltsamsten Gebilde, das die wunderbare Welt der Wale hervorgebracht hat, ist der Stoßzahn des Narwals. Zweieinhalb Meter lang wird dieser Elfenbeinstab, der dem etwa fünf Meter langen Walmännchen aus dem Maul wächst. Im Mittelalter hatten die Menschen feste Vorstellungen, woher das seltsame gewundene Horn kommt. Sie hielten es für das heilkräftige Horn des sagenhaften Einhorns, und die Walfänger und Händler hatten kein Interesse daran, ihre Kunden auf dem Festland über die wahre Herkunft des teuren Materials aufzuklären. So erzählte man sich bald blühenden Unsinn. Wer sich mit Einhornpulver stärke, sei gegen Gifte ebenso gefeit wie gegen Wahnsinn und Herzkrankheiten. Es wurden deshalb enorme Beträge für das Horn des Einhorns bezahlt. Narwale wurden daher nach Kräften gejagt, obwohl ihre Hörner nicht mehr Heilkräfte haben als zum Beispiel die Backenzähne eines Menschen.

Norbert Landa

Dame mit Einhorn

Auf diesem mittelalterlichen Wandteppich ist das sagenhafte Einhorn abgebildet.

1. Aus welchem Material sind die Stoßzähne der Elefanten und Narwale?
2. Wozu benutzen die Elefanten ihre Stoßzähne in freier Wildbahn?
3. Warum sind die Stoßzähne bei den Menschen so begehrt?
4. Wozu die Narwale ihre Stoßzähne benutzen, ist noch ungeklärt. Welche Vermutungen hast du?

Wale

Genau wie Menschen sind die Wale Säugetiere und Warmblüter, die Luft atmen und ihre Jungen mit Milch säugen. Alle Meeressäuger tauchen und schwimmen hervorragend. Ein Pottwal zum Beispiel kann bei einem Tauchgang die Luft über eine Stunde lang anhalten. Doch früher oder später muss auch er – wie alle anderen Meeressäuger – zur Wasseroberfläche zurückkehren, um Atem zu holen.
Die etwa 90 Walarten teilt man in zwei große Gruppen ein: Zahnwale und Bartenwale. Die Zahnwale wie z. B. Delfine und der Pottwal leben räuberisch von Fischen und Tintenfischen, während die riesigen Bartenwale, wie z. B. der Blauwal, sich von mehreren Arten kleiner Krebse, die unter dem Namen Krill zusammengefasst werden, ernähren. Um Krill zu fangen, nimmt der Wal mit geöffnetem Maul gewaltige Mengen Wasser auf, das er anschließend durch seine Barten presst. Die Barten sind sein „Zahnersatz“ und hängen als ausgefranste Hornplatten wie ein Vorhang vom Oberkiefer herab. Während das Wasser aus dem Maul fließt, bleibt der Krill in den Barten hängen und wird vom Wal als nahrhafter Happen geschluckt.
Beim Auftauchen atmen Wale durch ihre Blaslöcher aus. Dabei schießt eine Fontäne aus feinen Wassertröpfchen in die Luft. Nach dem Einatmen verschließt eine Hautfalte das Blasloch, damit bei Tauchgängen kein Wasser eindringen kann.
Jedes Frühjahr kommen die Buckelwale zu den Küsten der Hawaii-Inseln, um ihre Jungen zur Welt zu bringen und sich bald wieder zu paaren. Während dieser Periode ist ihr „Gesang“ zu hören. Diese sonderbaren melodischen Töne reichen von einem hohen Quietschen bis zum tiefen Dröhnen. In der Regel dauert so ein Lied etwa zehn Minuten, kann sich häufig aber auch bis zu einer halben Stunde hinziehen. Gruppengesänge erklingen dann viele Stunden lang.
Nach einigen Monaten verschwinden die Wale, um nach ein paar Wochen vor Alaska aufzutauchen. Im darauf folgenden Jahr kommen sie nach Hawaii zurück – mit ganz neuen Liedthemen, die aber alle versammelten Tiere benutzen. Warum die Wale singen, wissen wir bisher nicht. Zweifellos wollen sie sich miteinander verständigen und zusammenrufen. Im Wasser breitet sich der Schall besser aus als in der Luft, und so ist es sehr wahrscheinlich, dass die Wale besonders tiefe Töne 20–30 km weit und möglicherweise sogar bis in 50 km Entfernung hören können.

Haltet einen kurzen Vortrag zum Thema **Wale**.

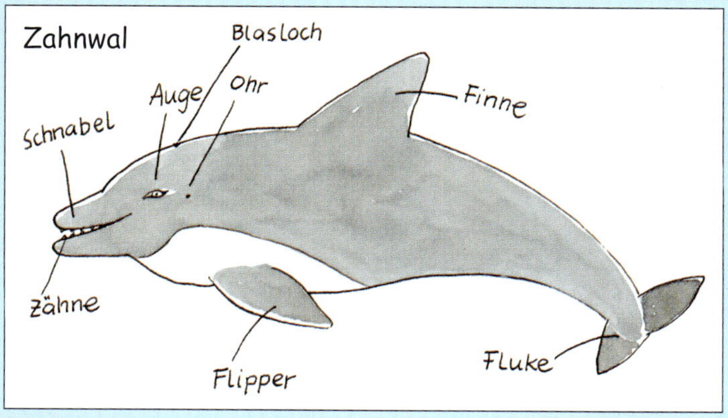

Wir halten einen Vortrag

1. Planen

- Überlegt, zu welchem Thema ihr einen Vortrag halten wollt.
- Überlegt dann, wo ihr Informationen zu eurem Thema finden könnt. Nutzt die Texte in euren Schulbüchern.
- Lest die Texte und schreibt jede wichtige Information als Stichwort auf ein Kärtchen.
- Bringt die Informationen auf den Stichwortkarten in eine sinnvolle Reihenfolge.
- Sucht Abbildungen bzw. Fotos oder Gegenstände, die ihr zum Erklären nutzen könnt.
- Überlegt, ob ihr bei eurem Vortrag die Tafel, Plakate oder Folien einsetzen wollt.

2. Vortragen

- Überlegt und entscheidet, wer welchen Teil vorträgt.
- Sprecht langsam und deutlich. Versucht, die anderen anzuschauen.
- Schwierige Begriffe könnt ihr wiederholen und zusätzlich anschreiben. Erklärt Fachausdrücke, die ihr nachgeschlagen habt.

3. Besprechen/Rückmeldungen geben

- Stellt Fragen zu dem Vortrag.
- Beschreibt, was ihr besonders gut verstanden habt.
- Gebt Rückmeldungen und Tipps zum Vortrag.

Sprachproben

Afrikanische Elefanten

Wir sahen eine Herde Elefanten, die zu einer Wasserstelle wanderten.
Die Tiere wanderten sehr gemächlich.
Je näher sie aber dem Wasser kamen, umso schneller wanderten sie.
Das letzte Stück wanderten sie richtig schnell.

1 Welches Wort taucht sehr häufig auf und passt nicht genau?

2 Ersetze und schreibe den neuen Text. gingen | liefen | ...

3 Vergleicht eure Ergebnisse.
Welche Wirkung wird durch das Ersetzen erzeugt?

Innerhalb eines Satzes können einzelne Wörter oder Satzglieder ersetzt werden, damit der Satz genauer oder spannender wird.

Vorsichtig stiegen die Elefanten nun ins Wasser, saugten die Rüssel voll und gossen das Wasser ins Maul.
Nach einer Weile stiegen die großen Tiere ans Land.
Mit der Zeit folgten auch die kleinen.
In Einer-Kolonne marschierte nun die ganze Gesellschaft davon.

Die Elefanten stiegen nun vorsichtig ins Wasser, saugten die Rüssel voll und gossen das Wasser ins Maul.
Die großen Tiere stiegen nach einer Weile ans Land.
Die kleinen folgten auch mit der Zeit.
Die ganze Gesellschaft marschierte nun in Einer-Kolonne davon.

4 Vergleicht die beiden Texte.

5 Lest euch beide Texte vor.
Was klingt besser? Begründet eure Meinung.

Innerhalb eines Satzes können einzelne Wörter oder Satzglieder umgestellt werden. So entsteht eine neue Wirkung.

Wortfelder

1 Zu welchen Tieren passen diese Bewegungen?

Schreibe: *Kaninchen hoppeln.*

Auf dem Land

schweineineineineineineineinE
grunununununununununZEN

hununununununununDE
bellellellellellellellellEN

katatatatatatatatZEN
miauiauiauiauiauiauiauiauEN

ziegiegiegiegiegiegiegiegEN
meckeckeckeckeckeckeckeckERN

Ernst Jandl

2 Finde Lautäußerungen von Tieren.

Schreibe: *Löwen brüllen.*
Hühner gackern.

3 Wie heißt es richtig?

- Man **geht** wie die Katze um den heißen Brei herum.
- Man **schleicht** wie die Katze um den heißen Brei herum.
- Man **tanzt** wie die Katze um den heißen Brei herum.

- Man **setzt** jemandem einen Bären auf.
- Man **legt** jemandem einen Bären auf.
- Man **bindet** jemandem einen Bären auf.

4 Was bedeutet diese Redewendung **„den Stier bei den Hörnern packen“**?

5 Schreibt selbst solche Rätsel.

Wörter mit ß

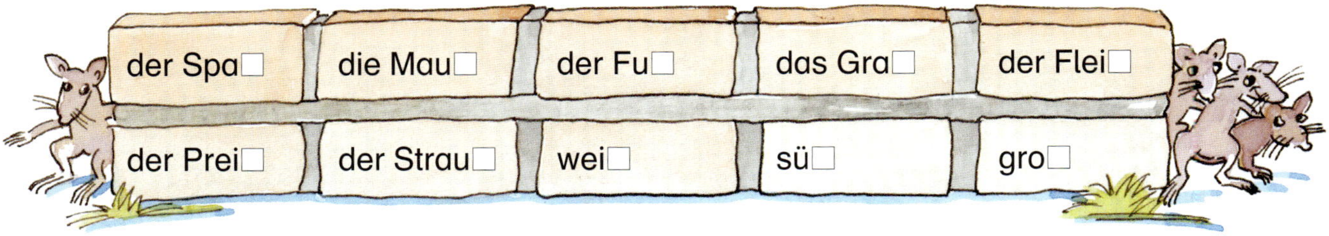

1 Setzt einen s-Laut ein und sprecht euch die Wörter gegenseitig vor. Verlängert nun die Wörter und sprecht sie euch noch einmal vor. Was fällt euch auf?

2 In welchen Wörtern hast du beim Verlängern den s-Laut scharf gesprochen? Diese Wörter werden mit ß geschrieben.
Schreibe sie auf und markiere: *die Späße – der Spaß*

Er gie□t die Blumen.	Sophie schlie□t die Tür auf.	Sie lie□t ein Tierbuch.
Der Elefant hei□t Toto.	Der Wal stö□t Luft aus.	Jana rei□t nach Mexiko.

3 Bilde die Grundform der Verben.
In welchen Wörtern wird der s-Laut scharf gesprochen?
Diese Wörter werden mit ß geschrieben.
Schreibe sie auf und markiere: *gießen – gießt*

ab · an · auf · be · um

stoßen · fließen · reißen · grüßen · schießen · beißen

4 Bilde sinnvolle Verben mit den Wortbausteinen.
Schreibe sie auf und markiere das ß. *umstoßen …*

5 Schreibe Sätze mit den neu gebildeten Verben und markiere das ß.
Der Elefant wollte den Wagen umstoßen.

S. 215

Lernwörter-Training

1  2  3 

4 Ordne die Lernwörter nach dem Abc.

5 Schreibe die Lernwörter auf Zettel und bilde eine Wörterkette.
KÖRPER – *RÜSSEL* – *...*

6 Suche passende Adjektive zu den Nomen.
Körper: der riesige Körper ...

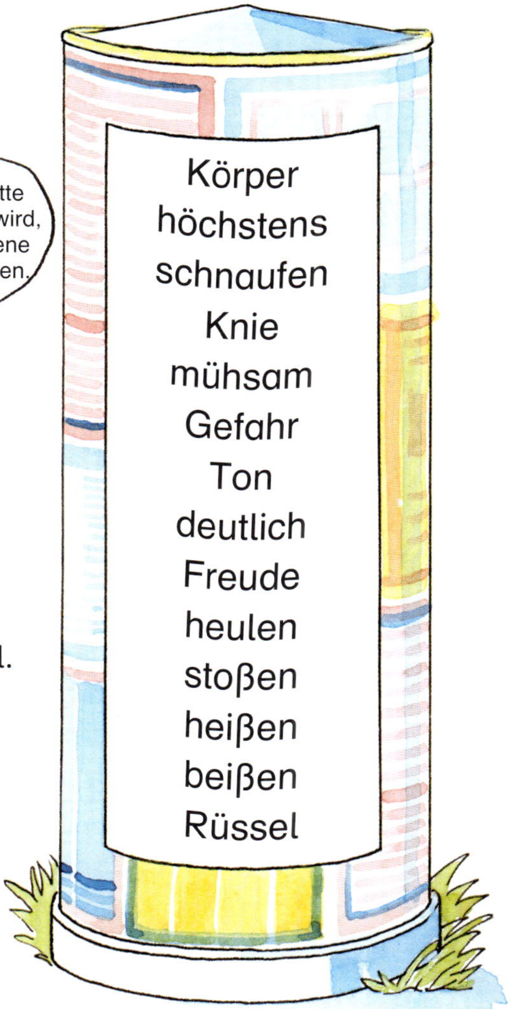

7 **Wörterräder**
Würfle mit zwei Würfeln.
Suche aus jedem Rad das Wort zur jeweiligen Zahl.
Bilde mit beiden Wörtern einen Satz.

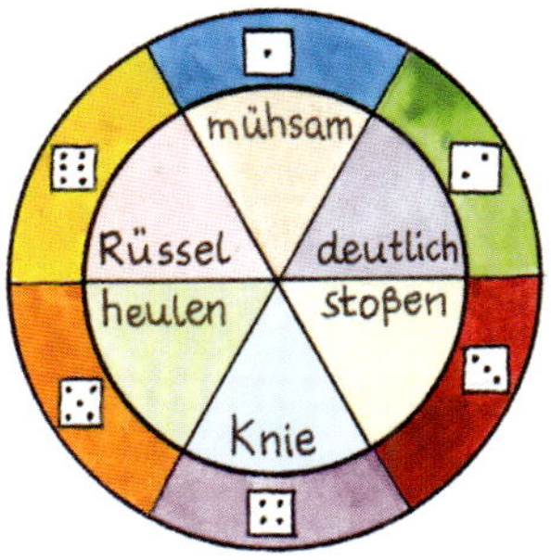

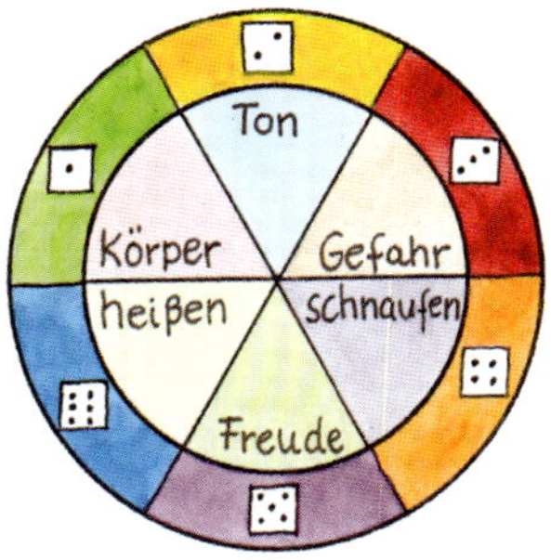

S. 191

Merkwörter mit Eu/eu

8  9 

10 Bilde Sätze mit den Merkwörtern. Du kannst in einem Satz auch mehrere Merkwörter benutzen.

S. 212

Bauer, Turm und Bücher

Der erste Computersieg

1997 gelang es zum ersten Mal einem Computer, einen Weltmeister beim Schachspiel zu besiegen. Es war Garri Kasparow, der gegen den IBM-Superrechner „Deep Blue" antrat. Aber wie hätte der Russe auch gewinnen sollen? Schließlich war der Computer in der Lage, in einer Sekunde 200 Millionen Spielzüge gegeneinander abzuwägen!

Schach-O-Mania

Der Denksport rund um Bauer, Läufer, König, Dame hat seine Fans schon zu so mancher Höchstleistung herausgefordert. Hier die interessantesten Rekorde.

Das größte Turnier: Am 24. Februar 1988 saßen sich in Hamburg 3616 Spieler gegenüber.

Die kürzeste Partie: Sie wurde 1959 bei den Meisterschaften von Omaha in den USA gespielt: Mayfield besiegte seinen Gegner Trinks nach nur drei Zügen.

Die längste Partie: 1980 in Israel gewann Spepak nach 24,5 Stunden mit 193 Zügen gegen Masian. Nach dieser Mammutpartie waren sicher beide Spieler schachmatt!

Die jüngste Weltmeisterin: Maja Tschiburdanidse aus Russland war gerade 17 Jahre jung, als sie 1978 weltbeste Spielerin wurde.

Der jüngste Weltmeister: Der Russe Rusian Ponomarjow holte am 25. Januar 2002 mit 18 Jahren den Titel.

Jörg Hilbert

Lesezeit

Lesezeit macht Räume weit,
lässt dich **träumen** ohne Zeit,
lässt dich in die Ferne schweifen,
lässt dich schnell Partei ergreifen
für Hexen, Zauberer und Feen,
für Kinder, die in die Schule gehn,
für nackte Kaiser nur mit Schuh,
für Menschen, die anders sind als du.

Lesezeit macht Räume weit,
informiert dich über Zeit.
Lässt dich in ferne Länder gehn,
lässt dich Land und Leute sehn,
lässt dich etwas wissen vom Leben,
kann Antwort auf manche Frage geben,
kann mit dir viele Künstler entdecken,
kann Neugier an Natur und Technik wecken.

Lesezeit macht Räume weit
und **vertreibt** dir oft die Zeit,
lässt dich lachen, weinen, schwitzen,
lässt dich staunen, träumend sitzen,
lässt Ideen dir für Taten,
kannst auch Witze lesen, raten,
auf dem Sessel oder auch –
auf dem Bauch.

Tintenherz

*In dem spannenden Buch **Tintenherz** von Cornelia Funke sind die Hauptfiguren Meggie und ihr Vater, den sie kurz „Mo“ nennt. Meggies Vater ist Buchbinder.*
*Er nimmt seine Tochter oft mit, wenn er beruflich verreisen muss, nämlich immer dann, wenn irgendein Antiquar, ein Büchersammler oder eine Bibliothek einen Buchbinder braucht und Mo den Auftrag erhält, ein paar wertvolle alte Bücher von Schimmel oder Staub zu befreien oder ihnen ein neues Kleid zu schneidern. Meggie findet, dass die Bezeichnung „Buchbinder“ Mos Arbeit nicht sonderlich gut beschreibt, deshalb hat sie ihm vor ein paar Jahren ein Schild für seine Werkstatt gebastelt, auf dem **Mortimer Folchart, Bücherarzt** steht.*
Mo wird von einigen Menschen auch „Zauberzunge“ genannt, weil er Personen oder auch Tiere und Dinge aus Büchern in die Wirklichkeit „herauslesen“ kann. So auch den Bösewicht Capricorn, der viel Unheil in das Leben von Meggie und ihrem Vater bringt. Er will sich Zauberzunges Kunst zu Nutze machen und zwingt einmal Meggies Vater, zur Probe aus einem Buch Gold und Silber für ihn „herauszulesen“.

Mo schlug das Buch auf seinem Schoß auf und begann mit gerunzelter Stirn darin zu blättern, als suche er zwischen den Seiten nach dem Gold, das er Capricorn herauslesen sollte … Kein Laut war zu hören außer Mos Stimme, die Buchstaben und Wörter zum Leben erweckte. Nur einer schien immun gegen den Zauber.
Mit ausdruckslosem Gesicht, die blassen Augen auf Mo gerichtet, saß Capricorn da und wartete: auf das Klirren der Münzen in all dem Wohlklang der Worte, auf Kisten aus feuchtem Holz, schwer von Gold und Silber. Mo ließ ihn nicht lange warten. Während er las, was Jim Hawkins, der Junge, der kaum älter als Meggie war, als er seine schrecklichen Abenteuer erlebte, in einer dunklen Höhle sah, passierte es: Goldene, silberne, kupferfarbene Münzen, sie klimperten auf den Steinboden, häuften sich klirrend unter den Bänken, mehr und immer mehr. Capricorn aber erhob sich von seinem Stuhl, das Gesicht immer noch so ausdruckslos, als sei nichts geschehen, das einer Regung wert wäre, und klatschte gönnerhaft in die beringten Hände. „Nicht schlecht für den Anfang, Zauberzunge!“, sagte er.

Meggie versucht später, ihren Vater nachzuahmen und aus Büchern Dinge herauszulesen.

Bevor sie zu lesen begann, sah sie über die Schulter, um sicherzugehen, dass Mo nicht vielleicht doch noch einmal heruntergekommen war. Sie wollte nicht, dass er sie bei dem ertappte, was sie vorhatte. Sie schämte sich dafür, doch die Versuchung war zu groß.
Als sie ganz sicher war, dass niemand kam, holte sie tief Luft, räusperte sich – und begann. Sie formte jedes Wort mit den Lippen, so wie sie es bei Mo gesehen hatte, fast zärtlich, als wäre jeder Buchstabe eine Note und jeder lieblos ausgesprochene ein Missklang in der Melodie. Doch bald merkte sie, dass, wenn sie jedem Wort Aufmerksamkeit schenkte, der Satz nicht mehr klang und dass die Bilder dahinter verloren gingen, wenn sie nur auf den Klang und nicht auf den Sinn achtete. Es war schwer …

Cornelia Funke

Wie es schließlich Meggie gelingt, Gegenstände aus Büchern zum Leben zu erwecken, und wie sie dadurch später der Geschichte zu einem glücklichen Ende verhilft, könnt ihr in diesem Buch nachlesen.

Stellt euch gegenseitig Fragen zum Text.

Wir stellen uns gegenseitig Fragen zu einem Text

1. Wählt einen kurzen Text aus.

2. Jedes Kind liest den Text still für sich.

3. Überlegt gemeinsam Fragen zu diesem Text.
Schreibt die Fragen auf.

- Beginnt mit einfachen Fragen, die direkt aus dem Text beantwortet werden können.
- Stellt dann Fragen, deren Antwort sich nicht wörtlich im Text finden lässt.

4. Tauscht die Texte und Fragen aus.
Beantwortet die Fragen schriftlich.
Schreibt Stichworte zu den Antworten auf.

5. Stellt euch die Fragen und die Antworten gegenseitig vor.
Erzählt von euren Überlegungen.

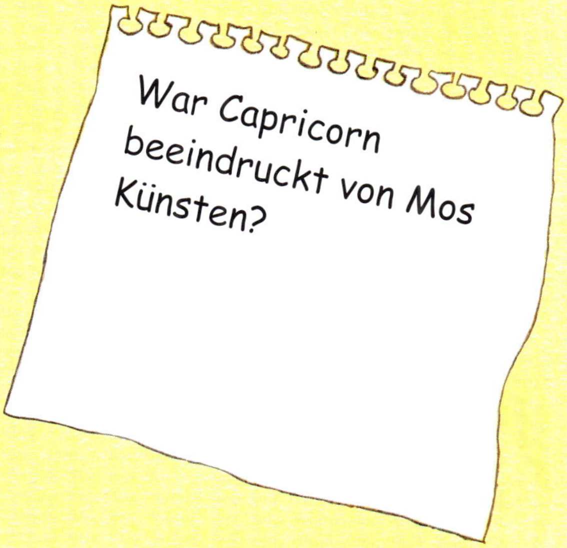

Der Zauberlehrling

Hat der alte Hexenmeister
Sich doch einmal wegbegeben!
Und nun sollen seine Geister
Auch nach meinem Willen leben.
Seine Wort' und Werke
Merkt' ich und den Brauch,
Und mit Geistesstärke
Tu ich Wunder auch.

Walle! Walle
Manche Strecke,
Dass zum Zwecke
Wasser fließe,
Und mit reichem, vollem Schwalle
Zu dem Bade sich ergieße!

Und nun komm, du alter Besen!
Nimm die schlechten Lumpenhüllen!
Bist schon lange Knecht gewesen;
Nun erfülle meinen Willen!
Auf zwei Beinen stehe,
Oben sei ein Kopf,
Eile nun und gehe
Mit dem Wassertopf!

Walle! Walle
Manche Strecke,
Dass zum Zwecke
Wasser fließe,
Und mit reichem, vollem Schwalle
Zu dem Bade sich ergieße!

Seht, er läuft zum Ufer nieder;
Wahrlich! Ist schon an dem
Flusse,
Und mit Blitzesschnelle wieder
Ist er hier mit raschem Gusse.
Schon zum zweiten Male!
Wie das Becken schwillt!
Wie sich jede Schale
Voll mit Wasser füllt!

Stehe! Stehe!
Denn wir haben
Deiner Gaben
Voll gemessen! –
Ach, ich merk es! Wehe! Wehe!
Hab ich doch das Wort vergessen!

Ach, das Wort, worauf am Ende
Er das wird, was er gewesen.
Ach, er läuft und bringt behände!
Wärst du doch der alte Besen!
Immer neue Güsse
Bringt er schnell herein,
Ach! und hundert Flüsse
Stürzen auf mich ein.

Nein, nicht länger
Kann ich's lassen;
Will ihn fassen.
Das ist Tücke!
Ach, nun wird mir
immer bänger!
Welche Miene!
Welche Blicke!

O, du Ausgeburt der Hölle!
Soll das ganze Haus ersaufen?
Seh ich über jede Schwelle
Doch schon Wasserströme laufen.
Ein verruchter Besen,
Der nicht hören will!
Stock, der du gewesen,
Steh doch wieder still!

Willst's am Ende
Gar nicht lassen?
Will dich fassen,
Will dich halten,
Und das alte Holz behände
Mit dem scharfen Beile spalten.

Seht, da kommt er schleppend wieder!
Wie ich mich nun auf dich werfe,
Gleich, o Kobold, liegst du nieder;
Krachend trifft die glatte Schärfe!
Wahrlich, brav getroffen!
Seht, er ist entzwei!
Und nun kann ich hoffen,
Und ich atme frei!

Wehe! Wehe!
Beide Teile
Stehn in Eile
Schon als Knechte
Völlig fertig in die Höhe!
Helft mir, ach, ihr hohen Mächte!

Und sie laufen! Nass und nässer
Wird's im Saal und auf den Stufen.
Welch entsetzliches Gewässer!
Herr und Meister! Hör mich rufen! –
Ach, da kommt der Meister!
Herr, die Not ist groß!
Die ich rief, die Geister,
Werd ich nun nicht los.

„In die Ecke,
Besen! Besen!
Seid's gewesen!
Denn als Geister
Ruft euch nur zu seinem Zwecke
Erst hervor der alte Meister."

Johann Wolfgang Goethe

1 Welche anderen Worte hat Goethe für den Besen benutzt? Schreibe sie auf.

2 Welche anderen Worte hat er für den Hexenmeister benutzt? Schreibe sie auf.

3 Übe den Lesevortrag gut. Stell dir vor, du seist der Zauberlehrling.
Deine Not ist groß. Beim Lesen soll man das spüren.
Man soll sich auch gut vorstellen können, wie das Wasser immer höher steigt.

4 Nimm das Gedicht auf Kassette auf. Suche gut gelungene Stellen. Begründe.

Wie der Zauberlehrling die Pommes frites erfand

Es ist immer dasselbe, dachte der Zauberlehrling. Der alte Hexenmeister amüsiert sich prächtig und ich muss die Dreckarbeit machen.
Eines Morgens sollte er doch tatsächlich ungefähr 384 Spinnenbeine der Größe nach sortieren und mit der Zahnbürste sauber schrubben. Ohne dass der Hexenmeister ihm gesagt hätte, wieso und weshalb und warum.
Da sagte der Zauberlehrling laut: „Ich will nicht mehr!" Aber der alte Hexenmeister setzte sich nur seinen albernen Raben auf die Schulter und knurrte: „Sieh zu, dass das Mittagessen fertig ist, wenn ich zurück bin."
Hau bloß ab!, dachte der Zauberlehrling und war stinksauer. Dann fing er an, die Kartoffeln zu schälen.
Jetzt musste er zum Fluss, um Wasser zu holen. Und stöhnend schleppte er den schweren Eimer wieder vom Fluss zurück – und stolperte über die Türschwelle! Flog der Länge nach hin, stieß sich die Knie und hatte nasse Hosenbeine.
„Jetzt reicht's!", schimpfte der Zauberlehrling, „und zwar endgültig!"
Und er verpasste dem Wassereimer einen ordentlichen Tritt, dass er mit Getöse in die Ecke knallte und den Besen zu Boden riss.
Moment, der Besen! Da war doch was gewesen …!
„Das ist es", sagte der Zauberlehrling, zog sich schnell die Jacke aus und hängte sie über den Besen und las aus dem Zauberbuch des Hexenmeisters vor:

„Auf zwei Beinen stehe,
oben sei ein Kopf,
eile nun und gehe
mit dem Wassertopf!"

Tatsächlich, es klappte! Der Besen schnappte sich den Eimer und rannte los. Runter zum Fluss und mit dem vollen Eimer zurück. Kippte das Wasser in den Kochtopf und raste wieder hinaus. Und kam mit dem nächsten Eimer.
Aber der Topf war ja schon voll! Dem Besen schien das ganz egal zu sein.
„He, warte", rief der Zauberlehrling, „es reicht!" Doch der Besen war schon wieder zur Tür hinaus. „Spinnst du?", rief der Zauberlehrling.
„Soll das ganze Haus ersaufen? Hör auf mit dem Quatsch!"
„Na warte", flüsterte der Zauberlehrling und packte das scharfe Beil, versteckte sich hinter der Tür und – schlug zu! Zack! Sauber getroffen!
Der Besen war in zwei Teile gespalten. „Das hast du nun davon", sagte der Zauberlehrling und wischte sich den Schweiß von der Stirn. Da rannten plötzlich beide Teile los, und beide hatten einen Eimer in der Hand, beide schleppten neues Wasser heran.

„Hilfe!“, schrie der Zauberlehrling.
„Hilfe!“, schrie er noch einmal, so laut er konnte.
„Meister, komm schnell, die Not ist groß!
Die ich rief, die Geister,
werd ich nun nicht los!“
Da kam aus dem Nichts der Hexenmeister,
packte die beiden Stecken und knurrte:

„In die Ecke, Besen!
Besen seid's gewesen!
Denn als Geister
Ruft euch nur der alte Meister!“

Und siehe da, schon standen beide Besen
wieder als einer in der Ecke.
Immer noch zitternd stieg der Zauberlehrling
vom Tisch. Jetzt gibt's Ärger, dachte er.

Aber der alte Hexenmeister knurrte nur: „Stell endlich die Kartoffeln aufs Feuer, ich hab Hunger.“ Mehr nicht. Der Zauberlehrling wusste nicht, was er davon nun wieder halten sollte. Immerhin hatte er sich ja heimlich das Buch geholt. Und die Spinnenbeine hatte er auch nicht sortiert. Und der Fußboden war ruiniert …
„Und ich werde nicht zum Fluss latschen und neues Wasser holen“, sagte der Zauberlehrling zu sich, stellte den Topf auf den Herd, warf die Kartoffelstücke hinein und griff nach dem Öl. Was soll's, dachte er, Hauptsache, sie werden weich. Ob Wasser oder Öl, kommt sicher ohnehin aufs Gleiche raus.

Der Zauberlehrling kramte Messer und Gabel hervor und schob den Teller zurecht. Da fing es hinter ihm an zu puffen und zu zischen, und das heiße Öl spritzte nur so durchs Zimmer! Egal, dachte er, häufte dem alten Hexenmeister den Teller voll und beschloss einfach abzuwarten, was passieren würde.
Eine Weile mampfte der alte Hexenmeister ohne ein Wort zu sagen vor sich hin. Und bei jedem Bissen krachten und knackten die Kartoffeln zwischen seinen Zähnen. Endlich legte der Meister die Gabel beiseite, rülpste zufrieden und sagte: „Hat lecker geschmeckt. Schön knusprig. Ich denke, wir nennen das Ganze ‚Knusprige Kartoffelstücke à la Zauberlehrling‘. Warte, ich hole das Zauberbuch, damit wir's aufschreiben. Der Zauberlehrling verstand im ersten Moment kein Wort. Etwas war anders, er wusste nur noch nicht, was. Halt, hatte der Hexenmeister eben WIR gesagt? Und holte er jetzt SELBER das dicke Zauberbuch, setzte sich wieder hin und wartete darauf, was ER ihm diktieren würde?!
„Also“, sagte der Zauberlehrling und grinste. „Zuerst mal muss man die Kartoffeln natürlich schälen. Dann in kleine Stücke schneiden. Stäbchen geht auch, ganz wie man will …“

Wolfram Hänel/Wolfgang Slawski

Vergleicht diesen Text mit Goethes Gedicht vom Zauberlehrling. Sprecht darüber.

Harry Potter und der Stein der Weisen

Wie ihr wisst, ist Harry Potter ein berühmter Zauberschüler in einer ebenso berühmten Zauberschule, der Hogwarts-Schule. Auf der Suche nach dem Stein der Weisen muss er viele Prüfungen bestehen.
Dabei helfen ihm sein Zaubererfreund Ron und seine Zaubererfreundin Hermine tatkräftig. Die drei müssen verzauberte Räume, Gänge und Gruften durchqueren und dabei Proben bestehen und Gefahren überwinden.
Nur durch Klugheit, Zauberei und Mut – und weil sie dabei fest zusammenhalten – überstehen sie alles.

Wie Rons Schachkünste dazu beitragen, dass Harry Potter beim Durchqueren einer Gruft im Zauberschach gewinnt und ihm so der Weg zum Stein der Weisen gebahnt wird, könnt ihr nun lesen.*

Die nächste Gruft war so dunkel, dass sie überhaupt nichts sehen konnten. Doch als sie einen Schritt hineintaten, flutete Licht durch den Raum, und ihnen bot sich ein verblüffender Anblick. Sie standen am Rande eines riesigen Schachbretts, im Rücken der schwarzen Schachfiguren, allesamt größer als sie und offenbar aus einer Art schwarzem Stein gemeißelt. Ihnen gegenüber, auf der anderen Seite der Gruft, standen die weißen Figuren. Harry, Ron und Hermine erschauderten – die riesigen weißen Figuren hatten keine Gesichter.

„Und was sollen wir jetzt tun?“, flüsterte Harry. „Ist doch klar“, sagte Ron. „Wir müssen uns durch den Raum spielen.“ Hinter den weißen Figuren konnten sie eine weitere Tür sehen. „Wie?“, sagte Hermine nervös. „Ich glaube“, sagte Ron, „wir müssen Schachmenschen werden.“ Er ging vor zu einem schwarzen Springer, streckte die Hand aus und berührte ihn. Sofort erwachte der Stein zum Leben. Das Pferd scharrte und der Ritter wandte seinen behelmten Kopf zu Ron hinunter. „Müssen wir – ähm – mit euch kämpfen, um hinüberzukommen?“ Der schwarze Ritter nickte.

Ron drehte sich zu den anderen um. „Lasst mich mal nachdenken …“, sagte er. „Ich denke, wir müssen die Plätze von den drei Schwarzen einnehmen …“ Harry und Hermine sahen schweigend zu, wie Ron nachdachte.

* Zauberschach geht genauso wie Muggelschach, also wie das Schachspiel der Menschen, nur dass die Figuren leben, und es ist fast so, als ob Truppen in eine Schlacht geführt werden.

Schließlich sagte er: „Hört mal, seid nicht beleidigt, aber keiner von euch beiden ist besonders gut im Schach.“

„Wir sind nicht beleidigt“, sagte Harry rasch. „Sag uns einfach, was wir tun sollen.“

„Gut. Harry, du nimmst den Platz dieses Läufers ein, und Hermine, du stellst dich neben ihn an die Stelle dieses Turms.“

„Was ist mit dir?“

„Ich bin ein Springer“, sagte Ron.

Die Schachfiguren hatten offenbar zugehört, denn in diesem Augenblick kehrten ein Springer, ein Läufer und ein Turm den weißen Figuren den Rücken und schritten vom Platz. Sie ließen drei leere Quadrate zurück, auf denen Harry, Ron und Hermine ihre Plätze einnahmen.

„Weiß zieht im Schach immer zuerst“, sagte Ron und spähte über das Brett.

„Ja, … schaut …“

Ein weißer Bauer war zwei Felder vorgerückt.

Ron begann, die schwarzen Figuren zu führen. Wo immer er sie hinschickte, sie rückten schweigend auf ihre Plätze.

Harry zitterten die Knie. Was, wenn sie verloren?

„Harry, rück vier Felder schräg nach rechts.“

Richtig mit der Angst zu tun bekamen sie es erst, als der andere Springer geschlagen wurde. Die weiße Dame schlug ihn zu Boden und schleifte ihn vom Brett, wo er mit dem Gesicht nach unten bewegungslos liegen blieb.

„Ich musste das zulassen“, sagte Ron erschüttert. „Deshalb kannst du jetzt diesen Läufer schlagen, Hermine, geh los.“

Wenn die Weißen eine ihrer Figuren schlagen konnten, zeigten sie niemals Gnade. Nach kurzer Zeit lagen haufenweise übereinander gekrümmte schwarze Spieler entlang der Wand.

Zweimal bemerkte Ron gerade noch rechtzeitig, dass Harry und Hermine in Gefahr waren.

Er selbst jagte auf dem Brett umher und schlug fast so viele weiße Figuren, wie sie schwarze verloren hatten.

„Wir haben es gleich geschafft“, murmelte er plötzlich.

„Lasst mich nachdenken … lasst mich nachdenken …“

Die weiße Königin wandte ihm ihr leeres Gesicht zu.

„Ja, …“, sagte Ron leise, „das ist die einzige Chance … Ich muss geschlagen werden.“

„NEIN!“, riefen Harry und Hermine.

„So ist es eben im Schach!“, herrschte sie Ron an. „Manchmal muss man Figuren opfern! Ich springe vor und sie schlägt mich, dann könnt ihr den König schachmatt setzen. Harry!“
„Aber –“
„Willst du Snape nun aufhalten oder nicht?“
„Ron –“

„Hör zu, wenn du dich nicht beeilst, dann ist er mit dem Stein auf und davon!“ Darauf gab es nichts mehr zu sagen.

„Fertig?“, rief Ron mit blassem Gesicht, aber entschlossen. „Ich springe, und trödelt nicht, wenn ihr gewonnen habt.“

Er sprang vor und die weiße Dame stürzte sich auf ihn. Mit ihrem steinernen Arm schlug sie Ron heftig gegen den Kopf und er brach auf dem Boden zusammen. Hermine schrie, blieb aber auf ihrem Feld. Die weiße Dame schleifte Ron zur Seite. Offenbar hatte sie ihn bewusstlos geschlagen. Harry ging mit zitternden Knien drei Felder nach links.

Der weiße König nahm seine Krone ab und warf sie Harry zu Füßen. Sie hatten gewonnen. Die Schachfiguren verbeugten sich zum Abschied und gaben die Tür auf ihrer Seite frei. Mit einem letzten verzweifelten Blick zurück auf Ron stürmten Harry und Hermine durch die Tür und rannten den nächsten Gang entlang.

Joanne K. Rowling

1 Was müssen die Kinder tun, um auf die andere Seite des Schachfeldes zu gelangen?

2 Welche Plätze nehmen Hermine, Ron und Harry ein?

3 Wer von den Kindern spielt am besten Schach? Begründe.

4 Ist Ron mutig? Belege am Text.

Wie alles anfing

Vor langer, langer Zeit, es muss wohl schon 2000 Jahre oder noch länger her sein, da regierte im Königreich Indien ein weiser und gütiger alter Herrscher. Er war bei Jung und Alt beliebt, denn er verwaltete das Land redlich und gerecht, führte keine Kriege mit den Nachbarvölkern und erhob auch nur wenig Steuern, sodass das Volk zufrieden war. Die großen Lastelefanten besorgten alle schwere Arbeit, die Menschen waren einander Freund und halfen sich, wo sie nur konnten. Der König hatte eine schöne Gemahlin, die im Volk ebenfalls sehr beliebt war.

Leider aber neigte sich das Leben des Herrschers seinem Ende entgegen, er legte sich zum Sterben nieder und vermachte sein Reich den beiden jungen Königssöhnen. Diese aber waren zwei rechte Heißsporne, immer zum Raufen und Streiten aufgelegt, und konnten sich nicht einigen, wie sie sich die Herrschaft teilen sollten. Da half kein guter Rat der Mutter, keine Bitte und kein Flehen, beide sammelten ihre Anhänger, riefen ihr Heer zusammen und zogen in die Schlacht, denn jeder wollte allein König sein. Der jüngere Bruder fiel, von einem verirrten Armbrustpfeil tödlich verwundet, mitten im Schlachtgetümmel. Die Schlacht wurde abgebrochen, und alle zogen nach Hause, wo die alte Königin vor Schmerz fast den Verstand verlor, als sie ihr Kind getötet sah. „Das hast du getan, du allein hast ihn erschossen, weil du alles für dich haben wolltest!“, schrie sie den ältesten Sohn an, dann schloss sie sich ein und aß und trank nichts mehr, da sie glaubte, ihr älterer Sohn hätte den jüngeren mit Absicht in eine Falle gelockt. Da endlich kam dem Königssohn die rettende Idee. Er verschwand mit seinem Schnitzmesser im Wald und kam am Abend mit einem seltsamen Brett und einem Beutelchen wieder nach Hause. Mit diesen Dingen betrat er die Gemächer der Königin.

„Endlich kann ich dir meine Unschuld beweisen“, rief er erfreut aus, „sieh her!“ Und er legte das seltsame Brett auf den Tisch und schüttete aus dem Säckchen eine ganze Anzahl seltsamer Figuren dazu. „Dieses Brett“, so erklärte der Königssohn, „soll das Kampffeld darstellen.

Die Schlacht fand auf einer großen Ebene statt, ich habe das Feld der Übersichtlichkeit halber in verschiedene Felder eingeteilt, du erkennst in jeder Reihe vier weiße und vier schwarze Felder, und da das Brett ein Quadrat ist, also alle Seiten gleich lang sind, besteht das Brett aus 8 mal 8 Feldern.“

„Diese 64 Felder“, fuhr der Königssohn in seiner Rede fort, „sind also unser Kampffeld. Auf ihnen nimmt das Heer Aufstellung.“ „Wie aber soll ich das Brett hinlegen, damit alles richtig ist?“, fragte die

Königin interessiert. „Das ist ganz einfach. Wir legen das Brett immer so hin, dass sich in der linken unteren Ecke ein schwarzes Feld befindet, in der rechten also ein weißes. Und nun zeige ich dir, wie unsere Streitkräfte Aufstellung genommen hatten.
Beide Heere waren nach Landessitte gleich ausgerüstet und standen sich genau gegenüber. Damit du alles unterscheiden kannst, habe ich die Soldaten meines Bruders weiß, meine aber schwarz dargestellt.
Den Offizieren voran schritt wie immer eine Reihe schützender Fußsoldaten, die mit Pfeil und Bogen auf den Gegner eindringen sollten. Diese Aufgabe mussten natürlich unsere armen Bauern übernehmen.
Wir stellten also auf die zweite Reihe eine gerade Bauernkette. Dahinter nahmen die anderen Waffengattungen Aufstellung. Ganz außen zogen unsere gepanzerten Kampfelefanten auf, um uns die Flanken freizuhalten. Daneben war die leichte Reiterei postiert.
Auf die Pferde folgten die Melder, schnelle Läufer, die mir sofort Meldung zu erstatten hatten, wenn sich etwas Wichtiges auf dem Kampfeld tat, und meinen beiden Flügeln auch meine Befehle überbringen mussten.
In der Mitte des Heeres, auf einem Hügel, geschützt von meinen Truppen, hatte ich mit meinem treuen Minister Aufstellung genommen, um alles übersehen zu können. Genauso verfuhr auch mein Bruder auf der anderen Seite. Meinen Ratgeber stellen wir auf ein schwarzes Feld, weil wir die schwarze Farbe gewählt haben, den Minister meines Bruders auf ein weißes, denn auch seine Streitkräfte sind ja weiß. So also hat alles angefangen, das war unsere Grundstellung vor der Schlacht, und wird es immer wieder sein, denn schon unsere Väter und Vätersväter zogen so in den Krieg." So sprach der junge Königssohn, und dann ging er daran, seiner Mutter den Kampfverlauf zu erläutern. Er zeigte ihr genau, wie sich die Schlacht entwickelt hatte, wo jemand gefallen war und wo sein armer Bruder stand, als ihn der tödliche Pfeil traf. So gelang es ihm, die Mutter von seiner Unschuld zu überzeugen. Ihr aber, so berichtet diese alte Sage weiter, soll das Spiel so gut gefallen haben, dass sie hinfort nur noch die Figuren über das Brett bewegte und sich um nichts anderes mehr kümmerte, bis sie ihrem alten Gemahl ins Grab nachfolgte.

Markus Spindler

1 Entnehmt der Erzählung des Königssohnes alle Informationen über das Schachspiel.

Z 2 Notiert diese auf einem Plakat.

Zwei starke Frauen im Schach

Das ist **Judit Polgar,** geboren am 23. 7. 1976 in Budapest (Ungarn). Seit ungefähr 10 Jahren führt sie die Weltrangliste der Damen an.
Weil es für sie bald keine gleichwertigen Gegnerinnen mehr gab, spielte sie in den letzten Jahren fast ausschließlich gegen Herren und gehört hier zu den Top Ten der Welt.
Schon im Vorschulalter wurde sie zusammen mit ihren beiden älteren Schwestern, Susan und Sofia, von ihrem Vater, einem Schachtrainer, trainiert. Alle drei Schwestern erreichten Welterfolge. Am berühmtesten ist aber Judit Polgar geworden.
Vater Laszlo Polgar, Lehrer von Beruf, setzte sich sogar über die in Ungarn bestehende Schulpflicht hinweg und unterrichtete seine drei Töchter zusammen mit seiner Frau Klara, die auch Lehrerin war, in allen Unterrichtsfächern selbst.
Heute besteht in Ungarn keine Schulpflicht mehr.

In einem Interview wurde Judit Polgar gefragt, was sie über das Mogeln beim Schach mit Hilfe des Schachcomputers denkt und was man dagegen unternehmen kann.
Hier ihre Antwort:
„Eigentlich ist es nur die neue Form eines alten Problems. Die Leute pflegten früher genauso zu mogeln. Was hat man vor zwanzig Jahren getan, wenn man eine komplizierte Eröffnungsvariante spielte und wusste, dass man einige entscheidende Züge vergessen könnte? Man hat sie auf einen Spickzettel geschrieben und ist in einem geeigneten Moment in den Waschraum verschwunden. Es gab immer Wege zu mogeln, und es wird immer Wege dazu geben. Aber in Bezug auf die Veranstalter: Wenn er beweisen kann, dass jemand betrogen hat, dann sollte dieser Spieler disqualifiziert werden.“

Das ist **Elisabeth Pähtz,** geboren am 8. 1. 1985 in Erfurt, Deutschlands beste Schachspielerin.
Ihr Vater, Thomas Pähtz, früher selbst Schachgroßmeister, bestritt viele Turniere. Elisabeth Pähtz begleitete ihn oft dorthin und wurde neugierig auf Schach. Ihr Vater war von Anfang an ihr Trainer.
Bereits mit fünf Jahren begann Elisabeth Pähtz in einer Trainingsgruppe ihres Vaters Schach zu spielen, dreimal die Woche, zwei Stunden lang.
Später besuchte sie das Sportgymnasium in Dresden.
Sie sagt von sich, dass sie nie gut in Mathe war. Mathe mag sie nicht, aber Schach!
„Ich fühle mich im Spiel ungeheuer frei, die Figuren machen, was ich denke, das funktioniert im normalen Leben nicht“, hat sie einmal in einem Interview gesagt.
Im Jahr 2002 wurde sie mit 17 Jahren Jugendweltmeisterin, war also weltweit die beste Spielerin unter 18 Jahren. Aber trotzdem hat sie noch Zeit für ihre Hobbys: Klavierspielen, Kino, Chatten und Telefonieren.

Bücher und Computerspiele

1 Welcher Buchempfehlung würdest du folgen?
Begründe deine Meinung.

Hallo, Isabell,
es ist toll, ein Harry-Potter-Buch zu lesen. Es ist wie im Märchenland. Man kann auf Besen fliegen und man kann zaubern und sogar ganz viele Freunde haben. Aber es gibt auch Feinde, zum Beispiel Draco Malfoy. Es gibt auch noch Voldemort, der Harry Potters Eltern umgebracht hat. Harry hatte sehr viel Glück. Er hat Voldemort die Kraft ausgesaugt und ist mit einer Narbe entkommen. Auf jeden Fall musst du das Buch lesen. Das ist spannend.

Marie

Titel: Das magische Baumhaus:
Im Reich der Mammuts
Autorin: Mary Pope Osborne

Die Hauptpersonen sind zwei Kinder. Die Kinder heißen Philipp und Anne. Das Buch spielt zwar in unserer Zeit, aber die Kinder reisen mit dem magischen Baumhaus in die Welt der Mammuts und erleben dort viele Abenteuer. In dieser Welt müssen sie auch eine Aufgabe lösen. Die verrate ich aber nicht, weil es sonst nicht mehr spannend wäre. Das sollt ihr selber lesen. Das Buch ist spannend, deshalb habe ich es gerne gelesen.

Jonas

2 Arne hat über ein Computerprogramm zum Schachspielen geschrieben.
Welche Meinung hat er dazu? An welchen Stellen bemerkst du sie?

Mit „Fritz und Fertig" kann jeder Schach lernen. Mir gefällt es gut, weil darin auch eine Geschichte vorkommt. Die einzelnen Spiele sind toll. Besonders gut gefällt mit das „Kloschüssel-Spiel", bei dem man mit einem Ball die Kloschüsseln auf den schwarzen Feldern des Schachbretts zerdeppern muss.

Arne

3 Würdest du dir das Computerprogramm wünschen, wenn du Schachspielen lernen wolltest?
Begründe deine Meinung.

4 Vergleicht alle drei Empfehlungen.
Beschreibt die Unterschiede und die Gemeinsamkeiten.

Wir schreiben einen Aufforderungstext

Einladung
Buchempfehlung
Meinungsäußerung
Bitte
Aufruf

1. Planen

- Wen willst du ansprechen?
- Was möchtest du erreichen?
- Welche Begründungen hast du?

2. Schreiben

- Fertige dir Notizen an.
- Schreibe dann deinen Text.
- Setze zum Schluss eine Überschrift.

3. Überprüfen

- Lies deinen Text mehrmals und überlege, ob alle die Absicht deines Textes verstehen können.
- Kann jeder deine Aufforderung, Meinung oder Bitte nachvollziehen?

4. Präsentieren

- Stellt euch eure Texte gegenseitig vor.
- Überlegt, ob der vorgestellte Text tatsächlich zu etwas auffordert.
- Untersucht, durch welche sprachlichen Mittel die Wirkung entsteht.

Zukunft

1 **Wann** wollen die Kinder Schach spielen?

2 Achte auf die Verben. Was fällt dir auf?

Es gibt verschiedene Möglichkeiten, Zukünftiges auszudrücken.
Die Verben können in der **Zeitform Zukunft** ich **werde spielen**
oder in der **Zeitform Gegenwart** ich **spiele** stehen.

Auch Zeitangaben weisen auf die Zukunft hin:

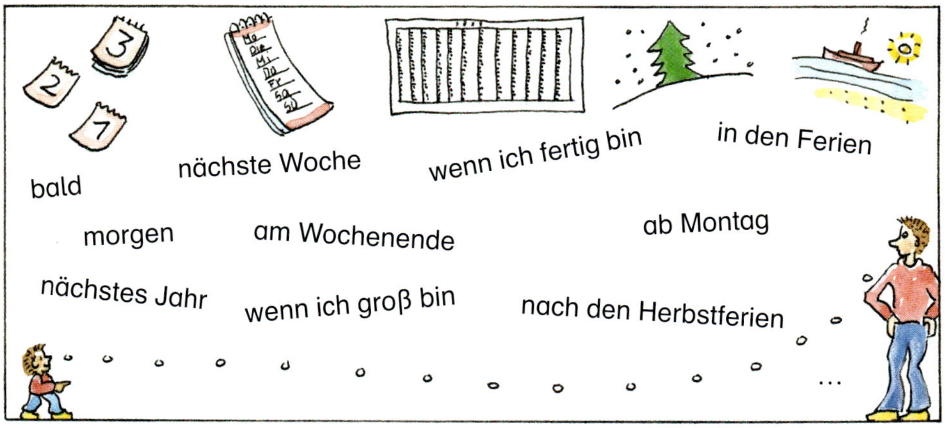

3 Bilde Sätze mit diesen Zeitangaben. Verwende Verben in der Zeitform Zukunft oder Gegenwart.

4 Unterstreiche die Zeitangaben gelb und die Zeitform Zukunft orange.
***Bald** werde ich mir ein Fahrrad kaufen …*

1 Was wirst du zukünftig in der Freizeit tun?
Schreibe einen Text dazu.

2 Untersuche deinen Text.
Findest du
- Verben in der Zeitform Zukunft,
- Verben in der Zeitform Gegenwart,
- Zeitangaben, die auf die Zukunft hinweisen?

3 Unterstreiche die Zeitform Zukunft orange.
Unterstreiche die Zeitangaben gelb.

4 Vergleicht eure Texte.

Am Montag werde ich Inliner kaufen
und damit über den Schulhof laufen.

Vielleicht werde ich morgen
Fußball spielen und ...

Am Dienstag werde ich mit Schach beginnen
und dann gegen meinen Vater gewinnen.

Am Mittwoch ...

5 Findet weitere Reime.

S. 202/203

Kontrollieren und korrigieren

1 Lies die Sätze.
Korrigiere durch Nachdenken und begründe.
schlägt – kommt von …

Der Bauer schläkt die Dame.	Sie zieht mit dem Leufer.	Schwarz spielt gegen Weis.
Er leuft zum Ufer.	Er hatte einen Eimer in der Hant.	Jetzt reicht es entgültig.

2 Welche Wörter sind falsch geschrieben?
Kontrolliere durch Nachdenken oder Nachschlagen. Beachte die Tipps.
Schreibe die falschen Wörter richtig auf.

Schach war bereits for langer Zeit ein beliebte Spiel.
Das wissen die forscher schon lange.
Denn bei Ausrabungen haben sie Schachfiguren entdeckt, die sie dem 12. Jahrhunedert zuordnen.
In Albanien wrde jetzt sogar ein Spielstein aus dem 6. Jahrhunderd entdeckt.
Als die arabischen Völker Äuropa eroberten, brachten sie auch das Schachspiel mit.
Und seidtem freuen wir uns über das spanende Spiel auf dem karierten Brett.

Tipps für das Kontrollieren und Korrigieren

Von vorne nach hinten lesen:
- Alle Punkte und Striche gemacht?
- Nomen und Satzanfänge großgeschrieben?
- Wörter verlängert?
- Verwandte Wörter gesucht?

Von hinten nach vorne lesen:
- Alle Buchstaben geschrieben?
- Keine Buchstabendreher?
- Keine Buchstaben zu viel?

Bei Unsicherheit nachschlagen!

S. 196/197

Lernwörter-Training

1 2 3

4 Ordne die Lernwörter nach dem Abc.

5 Bilde Sätze mit den Lernwörtern:

endlich seitdem matt

6 Schreibe einen kurzen Text mit den Nomen.

7 Schreibe zu den Verben die Zeitformen auf.
passieren: es passiert – es ist passiert – es wird …

8 Suche zu Lernwörtern verwandte Wörter.
gewinnen – der Gewinner …

9 Stellt euch gegenseitig Wörterrätsel.
Zum Beispiel: Bei meinem Lernwort kann man das d nicht deutlich hören.

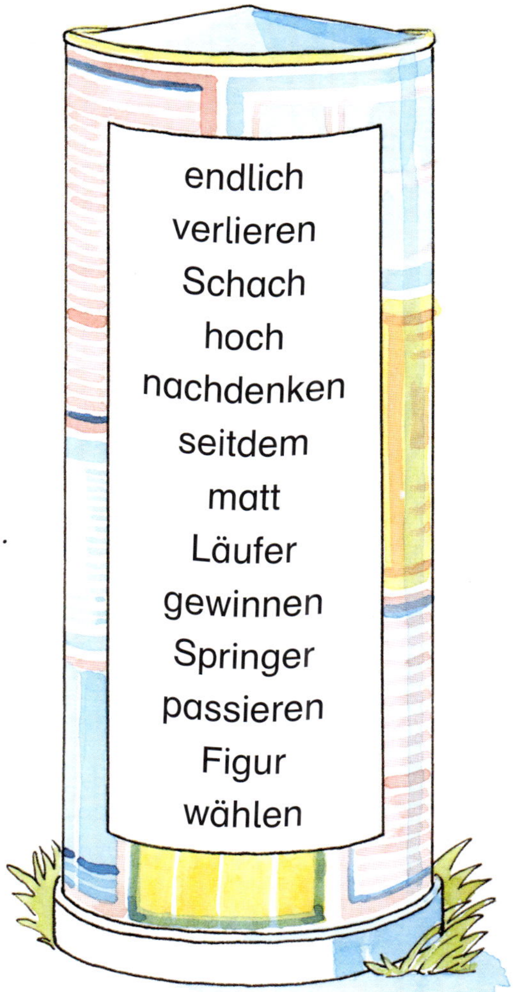

S. 191

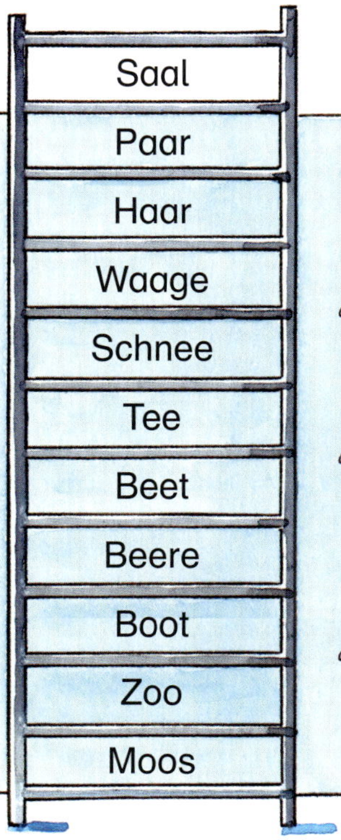

Merkwörter mit aa, ee, oo

10 11

12 Bilde Sätze mit den Merkwörtern. Du kannst in einem Satz auch mehrere Merkwörter benutzen.

13 Bilde zusammengesetzte Nomen und markiere den Doppelvokal.
Saal: Speisesaal, Tanzsaal …

S. 217

Von rostigen und listigen Leuten

Wann lebten die Ritter?

Die Ritter lebten im Mittelalter. Das ist ungefähr die Zeit von 500 bis 1500 nach Christus.

Kein Ritter ohne Pferd

Ein Pferd war zwar sehr teuer, für einen Ritter jedoch unverzichtbar. Pferde brauchte man für den Krieg, für Turniere und die Jagd sowie für den Transport des Gepäcks.

Wie kleideten sich die Ritter?

Die Rittersleute liebten leichte Kleidung aus Wolle oder Seide. Und vor allem: Bunt musste sie sein! Aber auch damals wechselte die Mode häufig: Mal trug man lange, mal kurze Gewänder. Mal reichten die Ärmel bis zum Boden, mal nur bis zum Ellbogen.

Die bunten Kleider der Frauen waren an der Brust meist eng anliegend, weit ausgeschnitten und mit Bändern geschnürt. Der Rock war bodenlang, hatte viele Falten und oft eine lange Schleppe. Den Kopf der Ritterfrau bedeckte entweder eine hohe kunstvolle Haube oder ein Schleier.

Wie rüstete sich ein Ritter?

Ihre schwere Rüstung trugen die Ritter nur im Kampfspiel oder im Krieg. Das An- und Ablegen der Ritterrüstung war ein komplizierter Vorgang, bei dem der Knappe seinem Herrn helfen musste. Über seiner Unterwäsche aus Wolle oder Leinen trug der Ritter ein Eisenhemd aus etwa 1000 Ringen, den Kettenpanzer. Darüber wurden die anderen Teile der Rüstung angelegt. Der Helm war die Krönung.
So angekleidet wurde der Ritter noch mit Schild, Lanze und Sporen ausgestattet.

Wie Eulenspiegel einem Esel das Lesen beibrachte

Eine Zeit lang beschäftigte sich Eulenspiegel damit, dass er von Universität zu Universität zog, sich überall als Gelehrter ausgab und die Professoren und Studenten neckte. Er behauptete, alles zu wissen und zu können. Und er beantwortete tatsächlich sämtliche Fragen, die sie ihm vorlegten. Bei dieser Gelegenheit kam er schließlich nach Erfurt. Die Erfurter Studenten und ihr Rektor hörten von seiner Ankunft und zerbrachen sich den Kopf, was für eine Aufgabe sie ihm stellen könnten.
„Denn so wie denen in Prag", sagten sie, „soll es uns nicht ergehen. Er soll nicht uns, sondern wir ihn hereinlegen."
Endlich fiel ihnen etwas Passendes ein. Sie kauften einen Esel, bugsierten das störrische Tier in den Gasthof „Zum Turm", wo Eulenspiegel wohnte, und fragten ihn, ob er sich zutraue, dem Esel das Lesen beizubringen.
„Selbstverständlich", antwortete Till. „Doch da so ein Esel ein dummes Tier ist, wird der Unterricht ziemlich lange dauern."
„Wie lange denn?", fragte der Rektor der Universität.
„Schätzungsweise zwanzig Jahre", meinte Till. Und hierbei dachte er sich: Zwanzig Jahre sind eine lange Zeit. Bis dahin stirbt vielleicht der Rektor. Dann geht die Sache gut aus. Oder ich sterbe selber. Oder der Esel stirbt, und das wäre das Beste.

Der Rektor war mit den zwanzig Jahren einverstanden.
Eulenspiegel verlangte fünfhundert alte Groschen für seinen Unterricht.
Man gab ihm einen Vorschuss und ließ ihn mit seinem vierbeinigen Schüler allein. Till brachte das Tier in den Stall. In die Futterkrippe legte er ein großes altes Buch, und zwischen die ersten Seiten des Buches legte er Hafer. Das merkte sich der Esel. Und um den Hafer zu fressen, blätterte er mit dem Maul die Blätter des Buches um.
War kein Hafer mehr zu finden, rief der Esel laut: „I-a, i-a!" Das fand Eulenspiegel großartig, und er übte es mit dem Esel wieder und wieder.

Nach einer Woche ging Till zu dem Rektor und sagte:
„Wollen Sie bei Gelegenheit einmal mich und meinen Schüler besuchen?“
„Gern“, meinte der Rektor. „Hat er denn schon einiges gelernt?“
„Ein paar Buchstaben kann er bereits“, erklärte Eulenspiegel stolz. „Und das ist ja für einen Esel und für eine Woche Unterricht allerhand.“
Schon am Nachmittag kam der Rektor mit den Professoren und Studenten in den Gasthof und Till führte sie in den Stall. Dann legte er ein Buch in die Krippe. Der Esel, der seit einem Tag kein Futter gekriegt hatte, blätterte hungrig die Seiten des Buches um. Und da Eulenspiegel diesmal überhaupt keinen Hafer ins Buch gelegt hatte, schrie das Tier unaufhörlich und so laut es konnte: „I-a, i-a, i-a!“
„I und A kann er schon, wie Sie hören“, sagte Eulenspiegel. „Morgen beginne ich damit, ihm O und U beizubringen.“
Da gingen die Herren wütend fort. Der Rektor ärgerte sich so sehr, dass ihn bald darauf der Schlag traf. Und Till jagte den Esel aus dem Stall.
„Scher dich zu den anderen Erfurter Eseln!“, rief er ihm nach.
Dann schnürte er sein Bündel und verließ die Stadt noch am selben Tag.

Erich Kästner

1 Worin besteht die List von Till Eulenspiegel?

2 Warum gingen die Herren wütend fort?

Auch in den anderen Geschichten verspottet Till Eulenspiegel die Leute.

Die Sage vom Dombau

Einst wollte der Kaiser mit den Aachenern einen Dom bauen.
Doch während des Bauens ging das Geld aus, das Bauen musste unterbrochen werden.
Der Teufel, der ja stets sehr gerissen ist, sah das und witterte darin seine Chance.
Er unterbreitete den Räten einen Vorschlag und bot ihnen seine Hilfe an. Allerdings wollte er das nicht umsonst machen – Teufel machen nie etwas umsonst – er wollte eine lebendige Seele haben, und zwar die Seele von dem, der als Erster den fertigen Dom betreten würde.
Natürlich hoffte der Teufel darauf, dass ein hoher Kirchenmann als Erster den Dom betreten würde.
Die Aachener ließen sich auf diesen Handel mit dem Satan ein und vollendeten mit seinem Geld das Münster. Alle waren stolz und glücklich, als der Bau fertig war. Doch jetzt mussten sie dem Teufel als Gegenleistung eine lebendige Seele liefern. Natürlich wollte keiner der Aachener als Erster den Dom betreten, jeder wies bescheiden auf den anderen.
Und so wäre der Dom beinahe für immer verschlossen geblieben, hätten die Ratsherren nicht eine Idee gehabt: Im Aachener Wald fingen sie einen Wolf und den ließen sie als erstes Wesen in den Dom hinein. Der Satan hatte sich schon auf diesen Augenblick gefreut. Er sprang auf den Wolf zu und riss ihm mit einem einzigen Schlag seiner gewaltigen Pranken die Seele aus dem Leib.

Man kann noch heute beim Aachener Dom das bronzene Tier mit dem kreisrunden Loch auf der Brust sehen und gegenüber auf dem Sockel den Klotz: Das ist die Seele, die hat der Satan dort gelassen.
Und wie der Teufel nun einmal ist: klug und mit allen Wassern gewaschen, hat er es schnell gemerkt, dass er von den Aachenern betrogen worden ist.
Er schäumte über vor Wut, rannte zum Ausgang, riss das bronzene Tor auf und beim Zuschlagen blieb er mit dem Daumen im Tor hängen – und der Daumen ging ab. Noch heute steckt des Teufels Daumen im Bronzeportal des Aachener Doms und fromme Kirchenleute versuchen stets, das versteinerte Erinnerungsstück aus dem Löwenmaul zu entfernen.
Doch keinem gelingt das. Sollte es ein Mensch wirklich einmal fertig bringen, dann erhält er im Aachener Rathaus ein goldenes Kleid.

Die Sage vom Lousberg

Und was machte nun der Teufel, der sich total betrogen und hintergangen fühlte? Er wollte natürlich seine Rache und es den Aachenern heimzahlen. Er flog nach Holland an die Küste und holte sich zwei riesige Säcke mit Sand. Unter diesem Sand wollte er die Stadt Aachen begraben. Doch zum Glück für den Dom und für Aachen: Vor der Stadt traf der Teufel auf ein altes Weiblein und fragte es nach dem Weg. Die Alte jedoch war schlau und sah den Pferdefuß des Teufels und wusste deshalb, wen sie vor sich hat. Sie sagt zu ihm: „Bis zur Stadt musst du noch stundenlang laufen. Sieh dir meine Schuhe an, die ich in Aachen eben neu erstanden habe, sie sind ganz durchgelaufen und voller Löcher.“ Da gab der Teufel seinen teuflischen Plan, die Stadt zu vernichten, auf. Er hat die zwei großen Sandsäcke an der Stelle entleert, wo er gerade stand, ganz knapp am Rande der Stadt. Zwei große Hügel sind daraus entstanden: der Lousberg und der Salvatorberg. Die dankbaren Aachener haben dort ein lustiges Denkmal gesetzt. Es zeigt den betrogenen Teufel und die kluge Marktfrau.

1 Erarbeite dir einen „roten Faden“, mit dem du eine Sage nacherzählen kannst. Schreibe dazu den Verlauf der Geschichte in Stichworten auf Karten.

2 Erzähle die Sage nach. Nimm den „roten Faden“ zur Hilfe.

Die geraubten Prinzen

Es war einmal eine schreckliche Riesin namens Grauseldis, die sammelte schöne Prinzen. Sie raubte sie aus ihren Schlössern und grapschte sie von ihren Pferden. Sie stopfte sie in ihre riesige Handtasche und schleppte sie dann in ihr Schloss, hoch auf dem Gipfel eines Berges. Manche Prinzen schafften sich bissige Hunde an. Einige ließen ihr Schloss von hundert Rittern bewachen, andere verkleideten sich als arme Bauern, aber Grauseldis schnappte sie alle. In ihrem Schloss hatte die Riesin ein Puppenhaus mit vielen kleinen Zimmern. Dort steckte sie die Prinzen hinein. Die schönsten bekamen die größten Zimmer und die klügsten benutzte Grauseldis als Schachfiguren. Sie kochte ihnen köstliche Mahlzeiten und spielte ihnen auf der Laute vor, aber das Puppenhaus durften sie erst wieder verlassen, wenn sie der Riesin nicht mehr gefielen … Jahrelang ging das so. Bis Grauseldis eines Tages den schönen Prinzen von Kleinpistazien raubte. Er bewunderte sich gerade im Spiegel, als Grauseldis mit ihren Riesenfingern durchs Fenster griff und ihn in ihre Handtasche stopfte. Seine Mutter, Königin Adelheit, war verzweifelt. Eine Million Goldstücke bot sie dem, der ihren Sohn befreien würde.

Es meldeten sich viele Ritter, aber nicht einer kehrte vom Schloss der furchtbaren Riesin zurück. Grauseldis warf sie alle in einen dunklen, feuchten Kerker. Königin Adelheits Verzweiflung war grenzenlos und tränenreich. Aber eines Morgens wurde ihr wieder ein Ritter gemeldet. In roter Rüstung trat er vor ihren Thron. „Ich werde Euren Sohn befreien“, sagte er, ohne seinen Helm zu öffnen. „Aber nur unter einer Bedingung. Dass Ihr ihn mir zum Mann gebt.“ „Wie bitte?“, rief die Königin. Da nahm der blutrote Ritter seinen Helm ab, und zum Vorschein kam eine wunderschöne Frau. „Ich bin die Ritterin Frieda Ohnefurcht“, sagte sie. „Unbesiegt in vielen Kämpfen. Ich werde Euren Sohn befreien, wenn Ihr mir versprecht, was ich verlange.“ „Aber ja!“, rief die Königin. „Aber ja doch, alles, was Ihr wollt, meine Teure, nur bringt ihn zurück!“

Da schwang sich Frieda Ohnefurcht auf ihr schwarzes Pferd. Sie ritt drei Tage und drei Nächte, bis sie zu dem Berg kam, auf dem das Schloss der Riesin stand. Bleich stand der Mond über den spitzen Türmen. Das Schnarchen von Grauseldis war bis zum Fuß des Berges zu hören. Schnell wie der Wind ritt Frieda Ohnefurcht zum Schloss hinauf. Vor dem Tor sprang ihr knurrend der fünfköpfige Wachhund der Riesin entgegen. Aber die rote Ritterin knotete ganz einfach seine fünf Hälse zusammen und ließ ihn den steilen Berg hinunterrollen. Dann ritt sie in den großen Schlosssaal.

„Grauseldis!“, rief sie. „Komm her!“

„Wer brüllt so frech in meinem Schloss herum?“, knurrte die Riesin. Sie rollte aus ihrem Bett und polterte die Treppe hinunter.

„Rück die Prinzen raus, Grauseldis!“, rief die Ritterin. „Oder du wirst die Sonne nicht aufgehen sehen.“

„Hahaaa!“, lachte die Riesin und klatschte in die Hände. „Ich glaube, ich werde dich auch behalten. Du bringst mich zum Lachen!“ Frieda streifte sich einen Handschuh von der Hand. Aus ihrem Ärmel kroch eine kleine Spinne. Die Riesin wurde bleicher als der Mond. „Nimm sie weg!“, schrie sie und kletterte ängstlich auf einen Stuhl. „Nimm sie weg!“ Frieda Ohnefurcht flüsterte der Spinne etwas zu und setzte sie zu Boden. Das kleine Tier krabbelte auf die Riesin zu. Grauseldis sprang wild von einem Bein aufs andere und versuchte, die Spinne zu zertreten. Immer wilder stampfte die Riesin. Das Schloss bebte. Alle Kronleuchter fielen von der Decke und die Prinzen im Puppenhaus plumpsten aus ihren Betten. Die kleine Spinne krabbelte der Riesin ungerührt auf den Fuß und kletterte ihr Bein hinauf. „Aaaah!“, kreischte Grauseldis.

Und dann passierte es: Stück für Stück erstarrte die furchtbare Riesin zu Stein, bis sie grau und reglos in der Schlosshalle stand. „Geschafft“, sagte Frieda Ohnefurcht. Sie zog ihren Handschuh wieder an und klemmte sich den roten Helm unter den Arm. Dann befreite sie die Prinzen aus dem Puppenhaus und die Ritter aus dem Kerker. Und den schönen Prinzen von Kleinpistazien? Den hat sie doch nicht geheiratet, denn einer der Ritter gefiel ihr noch viel besser. Friedas Spinne blieb im Schloss und baute sich ein wunderschönes Netz. Direkt hinter dem Ohr der versteinerten Grauseldis.

Cornelia Funke

In diesem Buch findest du noch viele aufregende Geschichten.

Ballade

1 Was fällt euch beim Begriff **schwer** ein?
Notiert eure Ideen.

2 Lest das Gedicht und findet heraus, was mit **schwer** gemeint ist.

Ballade vom schweren Leben des Ritters Kauz vom Rabensee

Es war ein alter Ritter,
Herr Kauz vom Rabensee.
Wenn er nicht schlief, dann stritt er.
Er hieß: der Eiserne.

Sein Mantel war aus Eisen,
Aus Eisen sein Habit.
Sein Schuh war auch aus Eisen.
Sein Schneider war der Schmied.

Ging er auf einer Brücke
Über den Rhein – pardauz!
Sie brach in tausend Stücke.
So schwer war der Herr Kauz.

Lehnt er an einer Brüstung,
Es macht' sofort: pardauz!
So schwer war seine Rüstung.
So schwer war der Herr Kauz.

Und ging nach solchem Drama
Zu Bett er, müd wie Blei:
Sein eiserner Pyjama
Brach auch das Bett entzwei.

Der Winter kam mit Schnaufen,
Mit Kälte und mit Schnee.
Herr Kauz ging Schlittschuh laufen
Wohl auf dem Rabensee.

Er glitt noch eine Strecke
Aufs stille Eis hinaus.
Da brach er durch die Decke
Und in die Worte aus:

Potz Bomben und Gewitter,
Ich glaube, ich ersauf!
Dann gab der alte Ritter
Sein schweres Leben auf.

Peter Hacks

3 Vergleicht eure Ergebnisse.

Wir klären die Bedeutungsvielfalt eines Schlüsselbegriffs

1. Wählt einen kurzen Text aus.

2. Bestimmt gemeinsam ein Schlüsselwort.
Dieses Wort muss für den Text wichtig sein.

3. Nennt einem anderen Paar euren Schüsselbegriff.
Die anderen Kinder notieren die Bedeutungen,
die sie finden.
So ermittelt ihr die Bedeutungsvielfalt des Wortes,
das euch genannt wird.

4. Tauscht die entsprechenden Texte aus.

5. Jedes Kind liest den Text still für sich
und überlegt beim Lesen,
welche der gefundenen Bedeutungen zutrifft.

6. Sprecht über eure Überlegungen.
Entscheidet gemeinsam,
welche der gefundenen Bedeutungen
passt oder ob im Text eine ganz neue
Bedeutung vorkommt.

7. Vergleicht eure Ergebnisse
und begründet eure Meinungen.

Ritter Rost und Prinz Protz

Auf der Eisernen Burg des Ritters Rost war es ungewöhnlich still. Nur das Burgfräulein Bö war zu hören, wie es mit dem singenden Staubsauger und seinem sprechenden Hut die Säle putzte. Der Ritter selbst saß schon seit zwei Stunden auf der Toilette. „Du könntest mir ruhig mal helfen“, schimpfte Bö durch die Tür.

„Ich lese gerade Zeitung“, rief der Ritter zurück. In ihrer Verzweiflung eilte Bö zum Zauberspieglein in der Diele, das immer einen guten Rat wusste. „Spieglein, Spieglein, klar und hell“, rief sie, „ich brauch Hilfe, und zwar schnell.“ Und der Spiegel antwortete: „Einen Diener brauchst du, Kinde. Augenblick mal – ich verbinde.“ Und er zeigte Bö eine Auswahl von drei tollen Dienern zum Sonderpreis. „Den dritten Diener nehm ich“, rief Bö, „der ist genau, was ich brauche!“ Keine fünf Minuten später klingelte es an der Tür und ein außerordentlich gut aussehender Herr betrat die Burg. „Küss die Hand, gnäd’ Frau“, sagte er, „ich bin der neue Diener und heiße Schrottfried, Prinz von und zu Putz und Protz.“

„Ein Prinz als Diener“, staunte Bö, „wie kann denn so was sein?“

„Aus Liebe“, erklärte Prinz Protz. „Aus Liebe zur Sauberkeit.“

Inzwischen hatte sich das schmutzige Geschirr selbstständig gemacht und marschierte in langen Reihen durch die Eiserne Burg. „Wir wollen nicht gewaschen sein“, protestierte es, „schmutzig ist viel besser!“ Der Prinz fiel beinahe in Ohnmacht.
„Das ist entschieden zu viel für eine reinliche Seele wie mich“, stöhnte er. „Auf meinem Schloss würde so etwas nie passieren. Willst du nicht lieber gleich mit zu mir kommen? Ich würde mich so freuen!“
Bö zauderte, aber plötzlich stolperte der Ritter Rost aus dem Klo und fiel mitten zwischen das schmutzige Geschirr. „Potz Wellenblech und Stachelschwein“, brüllte er, „ich hab dir doch gesagt, dass du abwaschen sollst!“
Da wusste Bö, dass sie mit Schrottfried gehen würde.
So kam es, dass der Ritter Rost zum allerersten Mal in seinem Leben die Küche betrat, um das Gefecht mit Schmutz und Unordnung aufzunehmen.

Indessen ritt der Prinz mit dem Burgfräulein durch den abenteuerlichen Fabelwesenwald und erzählte ihm von seinem Schloss.
Auf einem abgestorbenen Baum am Wegesrand saßen ein paar alte Raben und beobachteten das dahinreitende Paar.
„Der schon wieder“, krähte einer.
„Und schon wieder mit ’ner Neuen.“
„Wie das wohl enden wird?“, fragte ein anderer.
„Schlecht“, prophezeite ein Dritter.
„Wie sonst?“ …

Jörg Hilbert/Felix Janosa

1 Wie geht die Geschichte wohl weiter? Schreibe.

2 Stellt euch die Texte vor.

Die ganze Geschichte – auch mit Liedern – findet ihr hier.

In einer Burg verirrt

Die Klasse 4 a möchte ein Geschichtenbuch zum Thema **Ritter und Burgen** erstellen.

Planen mit einer Straßenkarte für Geschichten
Wenn wir irgendwohin fahren wollen, kennen wir das Ziel und planen die Fahrstrecke. Wie mit einer Straßenkarte können wir planen, wenn wir eine Erzählung schreiben wollen.
Wenn du die **Idee** für eine Geschichte hast, musst du dir überlegen: **Warum** passiert das, was du schildern möchtest? **Wie** willst du die Lösung gestalten?

Beispiel:

Idee: Zwei Kinder verirren sich in einer unheimlichen Burg.
Warum? Weil sie ihre Klasse bei der Burgbesichtigung verloren haben.
Wie? Eine Rüstung wird lebendig. Ein alter Ritter rettet die Kinder.

Dann muss der Anfang der Geschichte gefunden werden. Anschließend das, was alles passiert, und zum Abschluss das Ende der Geschichte.

Beispiel:

Anfang: Die Klasse 4 a besichtigt eine alte Ritterburg. Tom und Anna sind plötzlich allein in dem Saal mit den Ritterrüstungen (im Schlossturm).
Was nun? Eine Rüstung fängt an zu klappern.
Was nun? Tom und Anna fürchten sich und wollen raus. Sie finden den Weg nicht.
Was nun? Ein echter Ritter steht vor ihnen und ist wütend wegen der Störung.
Was nun? Tom und Anna gelingt es, den Ritter zu besänftigen.
Ende: Der Ritter zeigt den Kindern den schwierigen Weg nach draußen. Die Klasse ist vollkommen überrascht, als Tom und Anna mit einem echten Ritter auftauchen.

1 Schreibe deinen Text und setze eine Überschrift.

2 Überprüft eure Texte.
Sind Anfang oder Ende zu lang geraten oder langweilig?
Ist die Geschichte interessant?

Wir schreiben einen Erzähltext

1. Überlegen

Überlege, zu welchem Thema du eine Geschichte schreiben möchtest.
Entscheide, welche Art Geschichte es werden soll:

eine realistische Erzählung	**eine fantastische Erzählung**
→ eine Geschichte, die passiert ist oder passiert sein könnte	→ eine Geschichte, die so nicht passieren könnte

2. Planen

mit einer Straßenkarte für Geschichten

Wenn man irgendwohin fahren will, kennt man sein Ziel und plant die Fahrstrecke.
Zuerst brauchst du eine Idee, zu der du dir selbst einige Fragen beantwortest.
Du musst ebenfalls überlegen, wie der Anfang und das Ende aussehen sollen.

Idee:	Hier wird die Grund- oder Kernidee für deine Erzählung notiert.
Warum?	Hier folgt die Begründung für die Kernidee.
Wie?	Hier wird notiert, wie die Lösung aussieht.
Anfang:	Der Anfang sollte nichts Nebensächliches enthalten. Also stehen dort wenige Sätze, die mitten in die Situation hineinführen.
Was nun?	Jetzt muss überlegt werden, was als Erstes passiert.
Was nun?	Was passiert noch alles? Es folgen der zweite,
Was nun?	der dritte,
Was nun?	der vierte und vielleicht weitere Schritte des Geschehens.
Ende:	Hier denkst du dir ein kurzes, überraschendes Ende aus.

3. Schreiben

Schreibe deinen Text und setze eine Überschrift.

4. Überprüfen

Überprüfe deinen Text. Ist er verständlich?

5. Präsentieren und Überarbeiten

Lest euch die Texte mehrmals vor. Was ist gut gelungen?
Ist die Geschichte interessant?

Eine Infothek

In einer Infothek kann man …

- **veröffentlichen,** was man zu einem Thema weiß.
- etwas zu einem Thema **mitbringen**.

- etwas **sammeln** und **ausstellen**.

- als Expertin oder Experte **Auskunft** zu einem Thema **geben**.

Wörtliche Rede

Paula fragt:	„Gab es im Mittelalter eigentlich schon Bestecke?“
Finn antwortet:	„Die Speisen wurden mit den Fingern gegessen.“
Lena meint:	„Lustige Vorstellung!“

1 Setze die fehlenden Redezeichen.

Kerim fragt	Wie schwer waren Ritterrüstungen eigentlich
Lisa antwortet	Ich glaube, Ritterrüstungen wogen fast 30 Kilogramm
Tanja staunt	Du meine Güte
Luca behauptet	Bei einem Tjost waren die Rüstungen wichtig
Kerim forscht nach	Was ist denn ein Tjost
Lisa sagt	Eine bestimmte Kampfart bei einem Ritterturnier

2 Markiere die Zeichen.

Die wörtliche Rede ist durch Redezeichen markiert. Wird der Begleitsatz **vor** der wörtlichen Rede geschrieben, folgt ihm ein **Doppelpunkt** : .
Anfang und Ende der wörtlichen Rede sind durch **Anführungszeichen** „…“ gekennzeichnet.

S. 205/206

„Kämpften die Ritter im Mittelalter auch gegen Drachen?“, **fragt Finn**.

„Ja, klar!“, **antwortet Lena**.

„Ich glaube nicht, dass es Drachen wirklich gab“, **sagt Paula**.

1 Setze die fehlenden Redezeichen.

Welche Tugenden musste eigentlich ein Ritter haben fragt Dennis

Er musste seinem König Treue und Gehorsam schwören antwortet Luca

Und tapfer musste er sein sagt Hannah

Außerdem musste ein Ritter höflich zu den Damen sein ergänzt Luca

2 Markiere die Zeichen.

Steht der Begleitsatz **nach** der wörtlichen Rede, folgt nach dem abschließenden Redezeichen ein **Komma**.
Fragezeichen und **Ausrufezeichen** werden vor dem abschließenden Redezeichen gesetzt „…?“, ___ „…!“, ___ ;
der **Punkt** hingegen entfällt „…“, ___ .

S. 207

Großschreibung

Nomen und Satzanfänge

1 Achte auf die Großschreibung der Nomen und Satzanfänge.

wie wurde man im mittelalter ein ritter?

im alter von sieben jahren kam der sohn eines ritters auf eine fremde burg.
man nannte ihn edelknabe oder page.
er hatte dort höflich die frauen zu bedienen, ihre schleppe zu tragen oder ihnen vorzulesen.
mit 14 jahren wurde der edelknabe zum knappen erhoben. er musste mit auf die jagd gehen oder im krieg kämpfen. der knappe trug dem ritter schild und speer nach.
mit 21 jahren wurde der knappe zum ritter geschlagen.

Sehr geehrter Herr Bürgermeister,

in der Schule haben wir sehr viel über das Mittelalter in unserer Stadt erfahren. Daher haben wir beschlossen, **Sie** einmal zu bitten …

Anredepronomen

2 Lies die beiden Briefanfänge.
Achte auf die Anredepronomen.
Was fällt dir auf?

3 Schreibe die Briefe weiter.
Markiere die Anredepronomen.

Lieber Vincent,

seit meinem letzten Besuch bei **dir** weiß ich, dass **du** ein richtiger Mittelalter-Experte bist. Daher habe ich beschlossen, **dich** einmal zu fragen …

Anredepronomen für Personen, zu denen man „Sie" sagt, schreibt man mit einem **großen** Anfangsbuchstaben:
Sie Ihr Ihre Ihnen …

Lernwörter-Training

1 

2 

3 

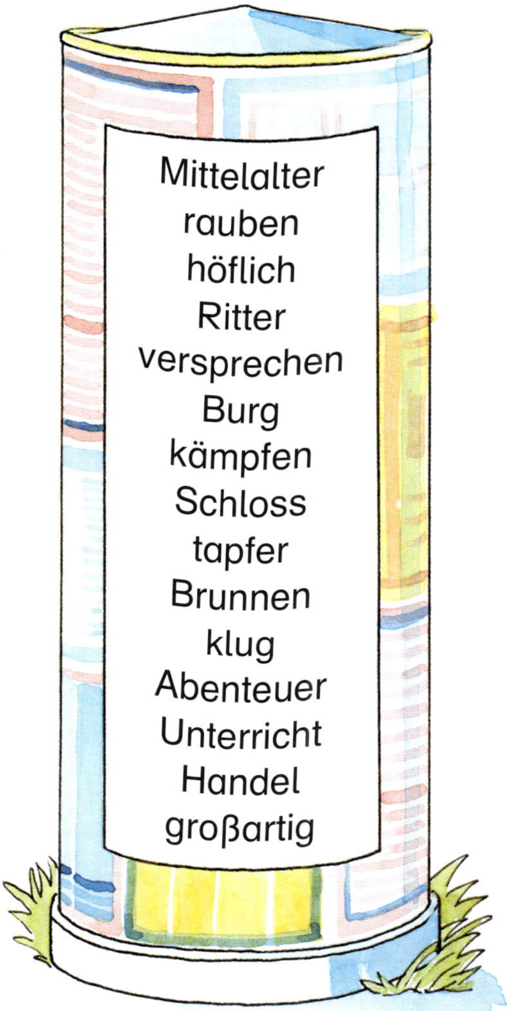

4 Ordne die Lernwörter nach dem Abc.

5 Bilde Fragesätze mit den Nomen.
Du kannst in einem Satz
auch mehrere Lernwörter benutzen.

6 Bilde möglichst viele zusammengesetzte Nomen
mit diesen Lernwörtern:
Schloss Ritter Abenteuer

der Schlossgraben, das Wasserschloss …

7 Schreibe Aussagesätze mit den Verben.
Benutze dabei die Pronomen er wir ihr .

Er kämpft tapfer um die Prinzessin.

8 Suche passende Nomen zu den Adjektiven.

höflich: der höfliche Ritter

Merkwörter mit Dehnungs-h

9 

10 

11 Bilde Sätze mit den Merkwörtern.
Du kannst in einem Satz
auch mehrere Merkwörter benutzen.

12 Ordne die Merkwörter nach dem Abc.

Das Unsichtbare sichtbar machen

Johann Wolfgang Goethe

Türmerlied

Zum Sehen geboren,
Zum Schauen bestellt,
Dem Turme geschworen
Gefällt mir die Welt.

Ich blick in die Ferne,
Ich seh in der Näh
Den Mond und die Sterne,
Den Wald und das Reh.

So seh ich in allen
Die ewige Zier,
Und wie mir's gefallen,
Gefall ich auch mir.

Unser Sonnensystem entstand vor etwa 4,6 Milliarden Jahren.

Es umfasst die Sonne und neun Planeten, die um sie kreisen.

Außerdem kreisen noch Tausende von kleinen Planeten (Asteroide) und andere Himmelskörper (Kometen, Meteore) um die Sonne.

Die Sonne ist der größte Himmelskörper in unserem Sonnensystem.

Die Planeten, die sich außerhalb der Erdbahn um die Sonne bewegen, laufen viel langsamer als die Erde.

Dort, wo die Welt aufhört

Dort, wo die Welt aufhört,
am Horizont,
habe ich die Sonne ins Wasser fallen sehen.
Von einer Sekunde zur anderen
sank sie hinter der glatten Meeresscheibe ins Nichts.
Wenn ich nicht wüsste,
dass die Erde rund ist,
würde ich denken,
die Sonne sei für immer versunken.
Aber Gott sei Dank habe ich ja gelernt,
nicht nur meinen Augen zu trauen.

Roswitha Fröhlich

Der Blick auf eine neue Welt

Galileos Tochter Livia setzte sich neben ihn. Es war eine sternenklare, warme Nacht. „Vater, wohnt da oben der liebe Gott?", fragte Livia auf einmal. Galileo lachte. „Nun ja", sagte er müde, „ich glaube, er wohnt dort überall." „Ihr könnt doch einmal nachschauen, Vater!", sagte Livia da. „Wie meinst du das?", fragte Galileo, ein wenig wacher. „Na schaut doch mal mit Eurem Fernrohr nach!", sagte Livia. Da sprang Galileo mit einem Satz auf. „Livia!", rief er und starrte sie mit aufgerissenen Augen an. Er hielt nun das Fernrohr wie einen heiligen Gegenstand und sah hoch zum Mond, der gerade hinter der Basilika hervorkroch und leuchtend über ihnen stand. Da war Galileo stocknüchtern. Zwar schwankte er noch ein wenig, aber das kam daher, weil ihm von seinen eigenen Gedanken ganz schwindelig wurde. Es dauerte lange Zeit, ehe er sich mit zitternden Händen das Fernrohr über den Kopf hielt und es auf den Mond ausrichtete. Er atmete tief durch, sah durch das Rohr, drehte daran und murmelte dann immer wieder: „Oh Dio!" Als Galileo endlich das Fernrohr wieder sinken ließ, sah er sich schnell um, wie um zu kontrollieren, ob die Welt um ihn herum noch dieselbe war. Dann sank er so schwer auf den Absatz, als könnten ihn seine Beine plötzlich nicht mehr tragen. Doch spürte er eine Kraft in sich wie nie zuvor. „Jetzt erst habe ich es geschafft!", sagte er und drückte Livia so fest an sich, dass sie fast keine Luft mehr bekam. Galileo wollte dann so schnell wie möglich nach Hause. Auch Livia spürte, dass es ihm fast um jeden Augenblick ging. „Was habt Ihr denn gesehen, Vater?", fragte sie ihn und gab Acht, dass er nicht wieder stolperte. „Ich habe eine neue Welt gesehen", murmelte Galileo. „Nein, ich habe die Welt neu gesehen." „Aber was war denn Besonderes an dem Mond?", fragte Livia. „Berge", antwortete Galileo, „es gibt dort Berge. Dabei soll doch der Mond rund sein, nämlich eine vollkommene Kugel, wie alle Objekte am Himmel. Aber der Mond ist wie die Erde, wild und zerklüftet. Und wenn er wie die Erde ist, gibt es dort vielleicht auch … Ach, ich muss zu mir kommen!" Dann versuchte Galileo seiner Tochter zu erklären, was das alles bedeutete. Er sprach von Kopernikus, immer wieder von Kopernikus. Der hatte schon vor über 50 Jahren erklärt, dass nicht die Erde der Mittelpunkt war, um den die anderen Himmelskörper kreisen, sondern die Sonne. So etwas zu behaupten, fanden die meisten Leute ziemlich lächerlich – doch abgesehen davon war es

auch gefährlich. Denn eine solche Aussage widersprach nach damaliger Lehrmeinung der Bibel.

Die offizielle Wahrheit lautete, dass der Himmel wie ein Räderwerk aufgebaut war, das sich ständig bewegte. Alles lief in Bahnen, Sphären genannt, mit den Fixsternen im Hintergrund und davor den Wandelsternen, den Planeten, die sich in einer eigenen Sphäre bewegten.

Doch wenn man den Himmel nur genau genug beobachtete, musste man erkennen, dass da einiges schlecht zusammenpasste. Einige Planeten bewegten sich etwa eine Zeit lang rückwärts. So musste das System immer wieder verbessert werden, damit man es richtig berechnen konnte. Das Resultat war eine komplizierte Maschinerie, mit Rädern hier und Kreisen dort – und trotzdem war dadurch nicht immer alles richtig erklärt.

Wenn man aber einfach davon ausging, dass die Erde nicht still im Mittelpunkt dieses ganzen Systems stand, sondern dass sie sich einmal im Jahr um die Sonne und einmal am Tag um sich selbst dreht, dass sich auch die Planeten wie die Erde um die Sonne drehen – dann war die ganze Himmelsmaschinerie plötzlich leicht zu erklären, sogar dass manche Planeten scheinbar rückwärts liefen. Nur wer wollte das glauben? Fast alle lachten ja sofort und erwiderten, dass einem wohl schwindelig sein müsste, wenn sich die Erde drehte.

Andreas Venzke

1 Was hat Galileo entdeckt?

2 Warum war diese Entdeckung in seiner Zeit gefährlich?

Fragen an den Mann, der den Himmel durchstieß

Was suchst du, Mann auf den Knien?
Willst du der Erde entfliehn?
Willst du, den Schuh schon gespannt,
verlassen Baum, Heimat und Land?
Und da dein Kopf den Himmel durchstieß,
willst zurück du ins Paradies?
Oder willst gar zu Gott empor?
Sage, Mann: Was hast du vor?

Rudolf Otto Wiemer

Der Mensch durchbricht das Himmelsgewölbe
Holzschnitt, um 1530

Schüler-Sternwarte sendet Live-Bilder

Stolberg-Gressenich. **Schulschluss: Schwungvoll fliegt die Eingangstür der Grundschule Gressenich auf.**

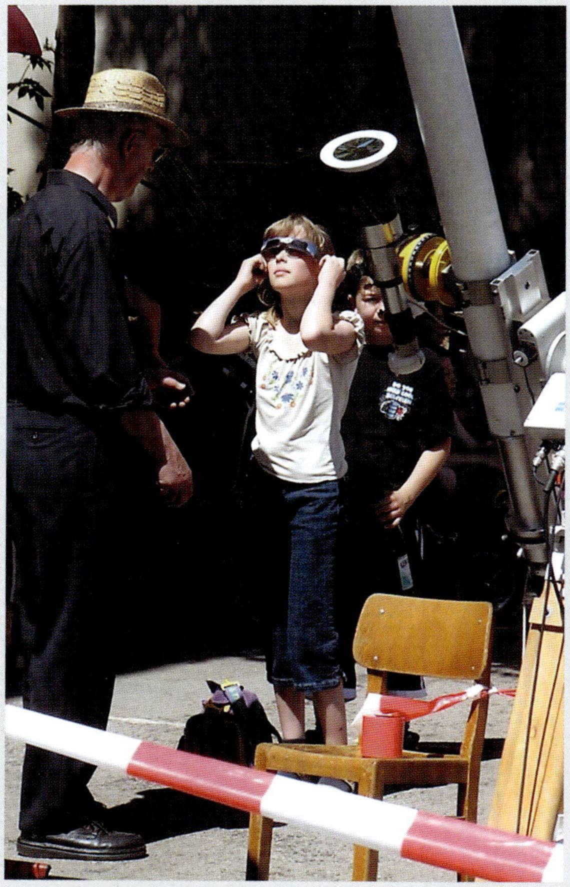

Die Kinder strömen aber nicht sofort nach Hause, sondern hasten zum Schulhof und drängeln sich um das große Teleskop. Der Hobby-Astronom, Herr Stich, hat ihnen erklärt, dass sie beim Blick in den Himmel ein Jahrhundert-Ereignis erleben können. Mit Schutzbrille oder durch Teleskope – ausgestattet mit Spezialfiltern – betrachten sie einen kleinen schwarzen Punkt auf einer gelben Scheibe.

Anschaulich informiert durch Bilder und Modelle wussten die Kinder, dass die Venus sechs Stunden lang vor der Sonne entlangwandert. An einem Modell aus verschieden großen Bällen – aufgebaut in der Schulaula – konnten die Kinder unser Sonnensystem sowie die unterschiedlichen Entfernungen und Durchmesser der verschiedenen Planeten zur Erde erkennen. Eine Stecknadel symbolisierte Merkur, ein Ball mit Ring den Planeten Saturn, und Pluto als entferntester Planet der Sonne wurde als Murmel dargestellt.

Gute Sicht durch die Spezialbrille

Großes Glück hatten die Kinder, denn die Sonne zeigte sich am Dienstag nicht nur von ihrer interessantesten, sondern auch von ihrer besten Seite. Wolkenlos ließ sich das Jahrhundert-Ereignis am Himmel auch durch die dunklen Spezialbrillen fantastisch beobachten. Den Schülerinnen und Schülern wurde an diesem Projekttag ein einmaliges Ereignis geboten, das sich frühestens in 180 Jahren wiederholen wird. Der Merkur zieht schon früher seine Kreise, aber ist nur im Teleskop sichtbar.

Webcam auf dem Schulhof

Weil die Grundschule eine Internetseite hat, bot sie Internetbesuchern die Möglichkeit, das himmlische Naturschauspiel mit Live-Bildern am Monitor zu verfolgen. Dazu wurde eine Webcam mit Laptop in der Mitte des Schulhofs installiert. Zeitgleich wurden die Fotos in Minutenabständen ins Internet gestellt. So konnten die Kinder den Venustransit – also wie die Venus vor der Sonne entlangwanderte – live und am Bildschirm zwischen 7.20 und 13.23 Uhr erleben. Neben der Venus waren auf der Sonne noch andere dunkle Punkte erkennbar. „Die Helligkeitsunterschiede sind Sonnenflecken", erklärte der Astronom, der die Anlage aufgebaut hatte.

An den Stellen erreiche die Sonne nur 4000 Grad, sonst 6000 Grad.

1 Klärt unbekannte Wörter.

2 Warum handelt es sich bei dem Venustransit um ein „Jahrhundert-Ereignis"?

3 Im Text findest du einen Hinweis auf den kleinsten Planeten. Welcher ist es? Überprüfe es.

4 Welcher Planet hat die weiteste Umlaufbahn um die Sonne?

Experimente

mit Wasserglas, Brennglas und auf den Kopf gestellten Bildern

Die Linse, das Glas im Fernrohr, hat ihren Namen vom platten Samen einer Erbsenpflanze bekommen. Genau wie die Erbsenlinsen waren die ersten Glaslinsen in Lupen, Vergrößerungsgläsern und Brillen in der Mitte ein bisschen dicker und runder.

Mehr Licht!

Ehe die Glaslinsen erfunden wurden, benutzte man lange geschliffene Steine als Vergrößerungsgläser. Später lernte man, runde Glasvasen oder Glasblasen zu machen, die mit Wasser gefüllt wurden, damit sie als Vergrößerungsgläser funktionierten. Diese Methode wurde meistens dazu verwendet, um das Licht der Wachskerzen zu verstärken. Die Wasserblase bündelte das Licht, und wenn man außerdem einen Spiegel das Licht reflektieren ließ, konnte es dunkle Räume ganz anständig erhellen. Zu jener Zeit hatte man bestenfalls kleine Fensterscheiben, deren Glas kaum lichtdurchlässig war.

Stärkeres Licht!

Eine starke Linse verstärkt das Licht noch mehr. Das ist leicht zu beweisen. Nimm an einem sonnigen Tag ein Vergrößerungsglas und ein Stück Papier und setz dich auf einen Felsen, auf eine Bordsteinkante oder in eine Sandkiste, damit du keine Feuersbrunst auslöst. Lass die Sonne durch das Vergrößerungsglas so lange über dem Papier hin- und her- und auf- und abgleiten, bis du die Stelle mit dem kleinsten Lichtpunkt gefunden hast. Dort ist das Licht am intensivsten. Wenn du die Lupe jetzt still über dem Papier hältst, wird es nach einer Weile anfangen zu brennen. Dieses Experiment macht ja wohl auch klar, dass man auf keinen Fall durch irgendeine Art von Glaslinse direkt in die Sonne schauen darf, weder durch ein Vergrößerungsglas, einen Feldstecher noch durch ein Teleskop. Dadurch würde man schnell sein Sehvermögen zerstören.

Mit zwei Linsen

Mit **einer** Linse oder einem Vergrößerungsglas kannst du einen Gegenstand in der Nähe vergrößern. Mit **zwei** Linsen kannst du Gegenstände, die weit entfernt sind, vergrößern. Halte zwei Linsen voreinander, ein dickes, stark vergrößerndes Brillenglas direkt vors Auge und ein dünnes, schwach vergrößerndes ein Stück davon entfernt. Bewege die hintere Linse vor und zurück. Wenn die richtige Schärfe im Glas erreicht ist, bekommst du ein auf dem Kopf stehendes Bild.

Wenn es dir schwer fällt, die Linsen ruhig zu halten und das Bild zu sehen, kannst du die dicke Linse mit einer Knetgummimasse am Ende eines langen Lineals befestigen und die andere Linse auf dem Lineal vor- und zurückbewegen. Wenn du die richtige Schärfe erreicht hast, befestigst du auch diese Linse mit Knetgummi.

Um dein auf dem Kopf stehendes Bild in die richtige Lage zu bringen, musst du die starke Linse, die dem Auge am nächsten ist, gegen eine Linse austauschen, die in der Mitte dünner ist. So eine Linse zerstreut das Licht. Diese Konstruktion wird häufig Galilei'sches oder holländisches Fernrohr genannt.

Pelle Eckerman

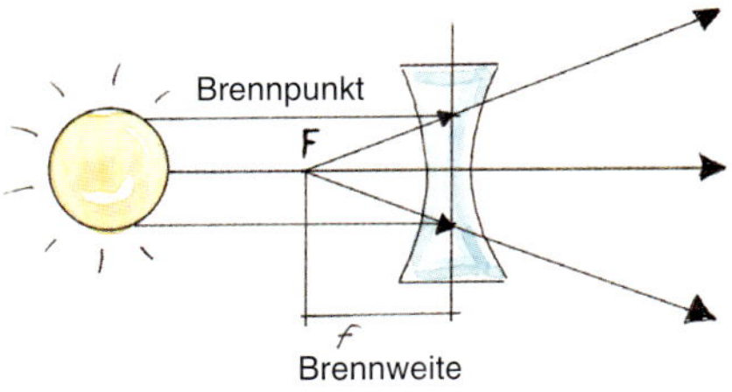

1 Welche Gläser könntest du für diese Experimente benutzen?

2 Warum darf man auf gar keinen Fall durch irgendeine Glaslinse direkt in die Sonne schauen? Begründe mit Hilfe des Textes.

Mit diesem Buch kannst du eine „Sehreise" durch die Geschichte wissenschaftlicher Entdeckungen unternehmen.

Mit dem Mikroskop ins Unsichtbare

Dem Menschen war es sicher lange fremd, über etwas nachzudenken, das unsichtbar war. Krankheiten und Hungersnöte haben immer zum Leben gehört, und selbst wenn man versuchte, ihnen zu entkommen, so akzeptierte man doch, dass es sie gab. Dagegen interessierte man sich sehr für Zeichen des Himmels, z. B. Kometen. Man deutete ihren Gang und war der Meinung, dass sie böse Zeichen waren, die Pest, Krieg und anderes Unglück mit sich brachten. Aber wie sich die Pest verbreitete, das begriff man nicht. Man wusste nur, dass man sich von Kranken fern halten sollte. Dass Fliegen und Flöhe Krankheiten verbreiten konnten, glaubte man nicht. Die gab es ja schon immer und überall. Darum gab es eben auch lange Zeit keine Instrumente, mit denen man kleines Gewürm und Insekten betrachten konnte. Und man hatte keine Ahnung, was sich im Kleinen verbarg, dass es eine ganze Welt, einen Mikrokosmos, zu entdecken gab.

Es dauerte bis 1590, ehe das Mikroskop ganz zufällig „entdeckt“ wurde. Und eine richtige Erfindung war es nicht. Der Entdecker hieß Zacharias Janssen und war Sohn eines holländischen Optikers. Am Tag der Entdeckung spielte Zacharias wie so oft mit alten Glaslinsen. Vater Janssen gab seinen Kindern nämlich die beschädigten Gläser zum Spielen. Als Zacharias bei seinem Spiel zufällig zwei Linsen voreinander setzte, sah er plötzlich, wie ein großäugiges, zottiges Ungeheuer auf acht Beinen auf ihn zukam. Vor Schreck ließ er die Gläser fallen, und das Untier verschwand, übrig blieb nur eine ganz gewöhnliche Spinne. Der Junge erzählte von den verzauberten Gläsern, und da probierte es der Vater auch aus. Aber anstelle einer Spinne kam ihm ein Floh unter die Augen. So war das Flohglas entdeckt. Es funktionierte sehr einfach. Zwei Linsen waren in solchem Abstand voneinander montiert, dass sie vergrößerten, und vor ihnen wurde ein kleiner Floh an einem Gestell befestigt. Das Instrument wurde zu nichts anderem benutzt, als einen Flohzirkus zu betrachten. Man war der Meinung, es gäbe nichts anderes zu sehen. Unter dem Namen Flohglas sollte das Mikroskop bis zu zweihundert Jahre lang bekannt sein. Der Unterschied zwischen einem Teleskop und einem Mikroskop ist der, dass die vordere Linse des Mikroskops, das Objektiv, klein und unerhört stark ist, während das Teleskop ein schwaches, aber großes Objektiv hat, das viel Licht hereinlässt.

Pelle Eckermann

1 Gliedere den Text in Abschnitte.

2 Finde zu jedem Abschnitt eine Überschrift.

Wir gliedern einen Text

1. Jedes Kind liest den Text.

2. Überlegt gemeinsam, wo ihr einen Absatz machen könnt.
Nennt eine Überschrift für den jeweiligen Abschnitt.

3. Teilt den Text in Abschnitte ein. Setzt zu jedem Abschnitt eine Überschrift oder fasst den Kerngedanken in einem Satz zusammen.

Zum Beispiel könnt ihr den Text **Mit dem Mikroskop ins Unsichtbare** S. 108 in vier Abschnitte teilen:

Überschrift	**Kerngedanke**
Vor langer Zeit	Die Menschen ahnten nichts von einem Mikrokosmos.
Der Entdecker	Ein Junge findet beim Spielen den Vergrößerungseffekt von Linsen heraus.
Das Flohglas	Ein Optiker bastelt ein Vergrößerungsglas.
Unterschiede	Mikroskop und Teleskop unterscheiden sich.

4. Nehmt einen selbst geschriebenen Text und setzt Absätze, wenn diese fehlen.

Schreibt zu jedem Abschnitt eine Überschrift oder den Kerngedanken auf.
Stellt eure Ergebnisse vor und vergleicht sie.

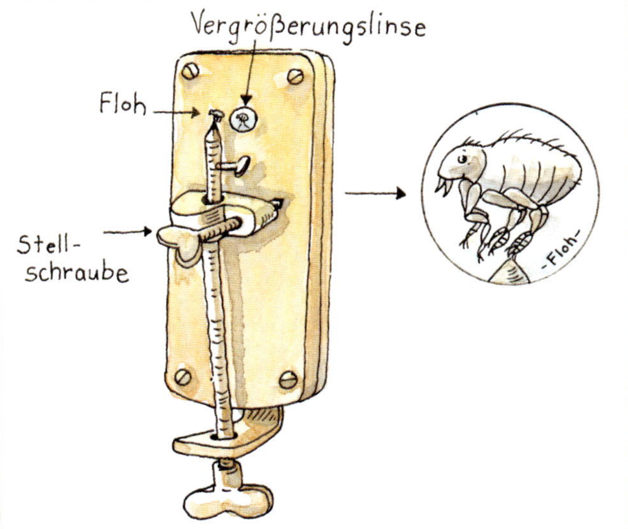

Das Flohglas

Wie wir sehen

Was passiert in unseren Augen?

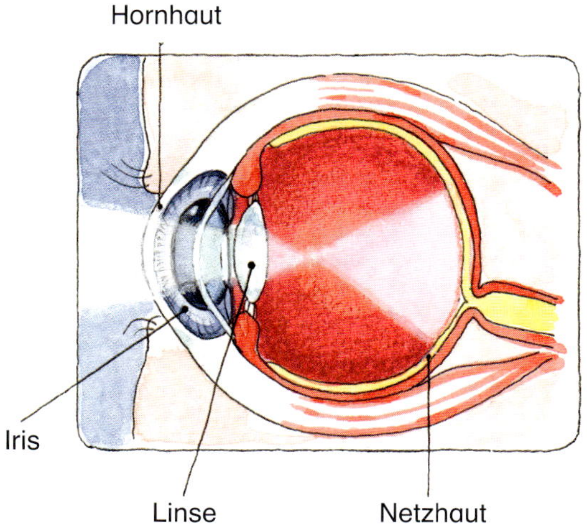

Zuerst trifft das Licht auf eine dünne Schicht, die das Auge schützt: die Hornhaut. Die Hornhaut ist durchsichtig. Dann gelangt das Licht durch die Pupille in das Auge.
Hinter der Pupille und der Iris liegt die Linse. Die Linse bündelt das Licht und führt die Lichtstrahlen zusammen. Nur so kann im Auge ein kleines Bild auf der Netzhaut entstehen. Die Netzhaut ist sozusagen die Leinwand, auf die das Bild gestrahlt wird.

Damit du gut sehen kannst, muss auf der Netzhaut ein scharfes Bild entstehen. Die Linse sorgt dafür, dass das Bild auf der Netzhaut immer die richtige Größe hat, denn sie kann ihre Form verändern. Wenn du in die Ferne schaust, macht sich die Linse dünn. Guckst du auf etwas in deiner Nähe, wird die Linse dick. So sorgt die Linse dafür, dass immer ein scharfes Bild auf der Netzhaut landet – egal, wie weit der Gegenstand entfernt ist, den du dir gerade ansiehst.

Warum brauchen manche Leute eine Brille?

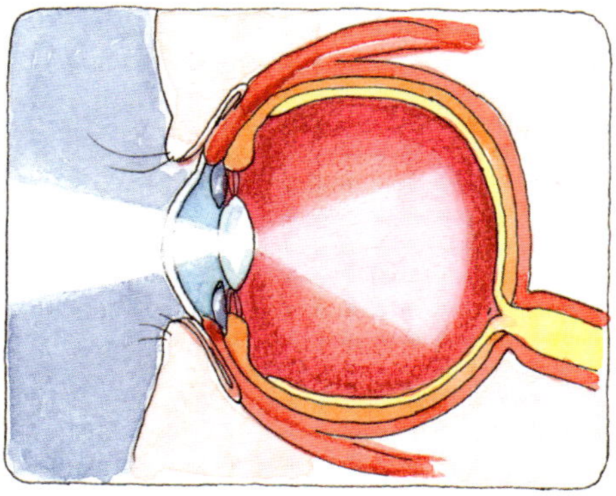

Dieses Auge ist zu „lang".
Es ist von einem Kurzsichtigen.

Sehr viele Leute haben einen „Sehfehler" – sie können einige Dinge nur verschwommen sehen. Ganz oft liegt das an der Form des Augapfels. Wir können nämlich nur dann scharf sehen, wenn die Entfernung zwischen Netzhaut und Linse „richtig" ist. Dann landet das scharfe Bild ganz genau auf der Netzhaut.
Wenn der Augapfel zu kurz ist, liegt die Netzhaut zu nah an der Linse. Ist der Augapfel zu lang, dann ist die Netzhaut zu weit von der Linse entfernt. Das Bild entsteht dann vor der Netzhaut – und du kannst nicht „scharf" sehen.

Einige Leute können die Dinge, die weit von ihnen entfernt sind, nicht scharf sehen. Die Leute sind „kurzsichtig“. Sie können nur Gegenstände gut sehen, die nah an ihnen dran sind. Ein Buch, das sie kurz vor ihrer Nase halten, können sie prima lesen. Aber ein Haus, das weit von ihnen entfernt ist, sieht für sie ganz verschwommen aus. Andere Leute sind „weitsichtig“. Sie können weit entfernte Dinge ganz klar erkennen, dafür sehen sie in der Nähe unscharf. Zum Glück kann man so einen Sehfehler ausgleichen: mit einer Brille. Die Brillengläser machen das Gleiche wie die Linse in deinem Auge: Sie bündeln das Licht. Brillengläser können ein Bild verkleinern oder vergrößern. Damit helfen sie dem Auge. Sie sorgen dafür, dass ein scharfes Bild auf der Netzhaut landet. Wenn du weitsichtig bist, brauchst du Brillengläser, die vergrößern. Solche Gläser nennt man „konvex“. Kurzsichtige Leute brauchen Brillengläser, die verkleinern. Diese Gläser nennt man „konkav“.

Brillengläser gleichen Sehfehler aus:

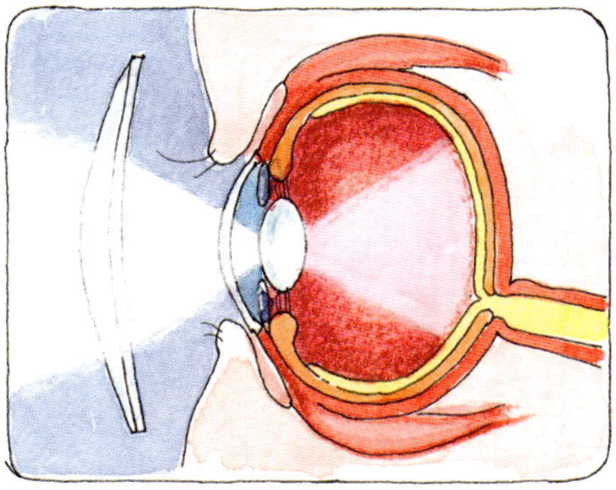

Ein Weitsichtiger braucht eine Brille mit konvexen Linsen, da sein Auge zu „kurz“ ist.

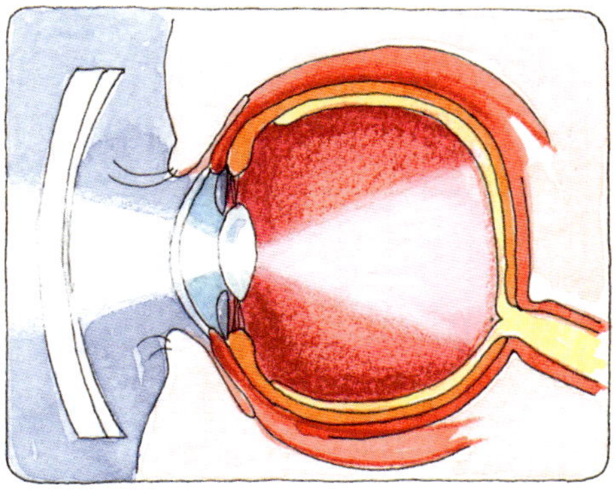

Ein Kurzsichtiger dagegen braucht konkave Linsen in seiner Brille, damit das zu „lange“ Auge ausgeglichen wird.

1 Woran liegt es, ob wir gut oder weniger gut sehen können? Beschreibe es.

2 Wie stellt der Augenarzt fest, ob jemand eine Brille braucht?

Die Brille

Die Klasse 4 a hat sich mit dem Thema **Brille** beschäftigt.
Zuerst haben die Kinder alles zusammengetragen,
was sie schon über Brillen wussten.

Sie haben ihr eigenes Wissen mit Hilfe eines **Schreibkarussells** gesammelt.
Dies ist das Blatt von Anna. Sie hat mit sechs anderen Kindern gesprochen.

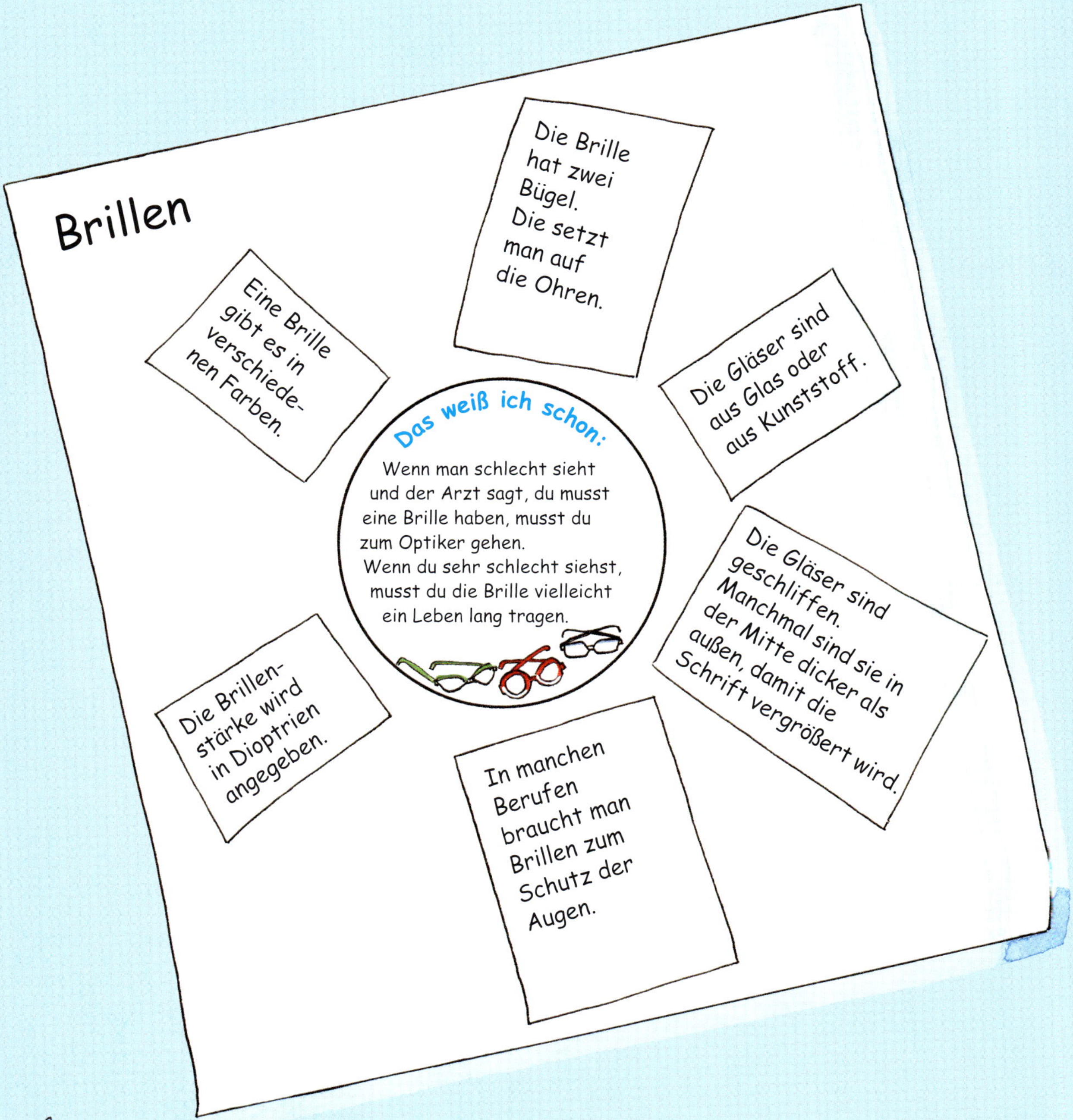

Wählt gemeinsam ein Thema aus diesem Kapitel und führt ein Schreibkarussell durch, z. B. zu Themen wie **Sonnensystem, Mikroskop, Galaxie** …

S. 113

Schreibkarussell: Wir sammeln unser Wissen

1. Wählt ein Thema aus, zu dem ihr euer Wissen sammeln wollt.

2. Schreibe das, was du zum Thema weißt, auf das Arbeitsblatt in den Kreis.
Jetzt beginnt das Schreibkarussell.

3. Die Hälfte der Kinder sitzt in einem Stuhlkreis, den Rücken nach innen.

Die andere Hälfte der Kinder sitzt in einem Außenkreis, den Rücken nach außen.

Je zwei Kinder sitzen einander gegenüber.

Die beiden Kinder, die sich gegenübersitzen, lesen sich gegenseitig vor, was sie in den Kreis geschrieben haben.

Wenn du etwas Neues erfahren hast, schreibe dies außerhalb des Kreises auf.

4. Wenn ihr nach einigen Minuten ein Zeichen hört, rückt jedes Kind im Außenkreis einen Platz weiter.

Die beiden Kinder, die sich jetzt gegenübersitzen, lesen sich wieder alles vor, was sie auf ihrem Arbeitsblatt gesammelt haben.

Wenn du etwas Neues erfahren hast, schreibe es wiederum auf dein Arbeitsblatt.

5. Wenn ihr euer Wissen mit mehreren Kindern ausgetauscht habt, könnt ihr eure Arbeitsblätter an der Pinnwand ausstellen.
Einige Kinder können auch ihre Arbeitsblätter vorstellen.

6. Überlegt gemeinsam, welche weiteren Fragen ihr zum Thema habt, und sucht Antworten auf eure offenen Fragen mit Hilfe von Sachbüchern, dem Internet usw.

Vier Fälle

Der WER oder WAS -Fall

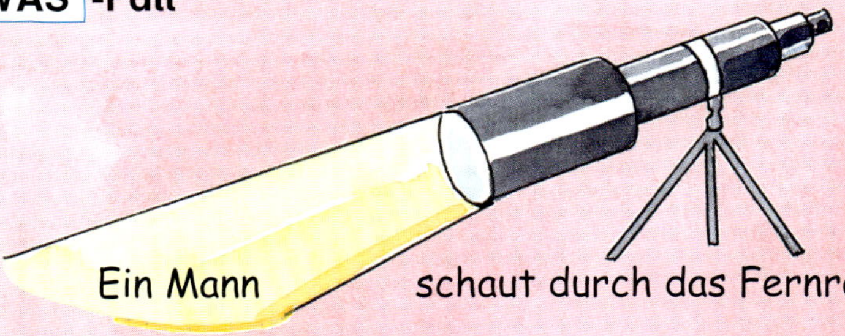

Ein Mann schaut durch das Fernrohr.

- Am Himmel steht der Mond.
- Galileo entdeckte die Monde des Jupiter.
- Heute schicken die Menschen Sonden ins Weltall.
- Um unsere Sonne kreisen neun Planeten.

1 Welches Satzglied antwortet auf die Frage WER oder WAS ?
Markiere das WER oder WAS -Satzglied.

Ein Mann schaut durch das Fernrohr.

Der WEN oder WAS -Fall

Galileo betrachtete den Mond.

- Eine Glaslinse bündelt das Licht.
- Zufällig erfand ein Junge das Mikroskop.
- Der Junge setzte zwei Linsen voreinander.
- Da erblickte er ein großes Untier.

2 Welches Satzglied antwortet auf die Frage WEN oder WAS ?
Markiere das WEN oder WAS -Satzglied.

Galileo betrachtete den Mond.

Der WEM -Fall

Galileo erklärte seiner Tochter unser Sonnensystem.

- Der Vater gab seinem Sohn die beschädigten Glaslinsen.
- Der Junge wollte die Entdeckung seinem Vater zeigen.
- Die Leute glaubten Galileo nicht.
- Seine Entdeckung bereitete diesem Mann große Probleme.

1 Welches Satzglied antwortet auf die Frage WEM?
Markiere das WEM -Satzglied.

Galileo erklärte seiner Tochter
unser Sonnensystem.

Der WESSEN -Fall

Die Lupe meiner Schwester ist verschwunden.

- Sarahs Augen haben sich allmählich an die Dunkelheit gewöhnt.
- Der Junge spielte mit den Glaslinsen seines Vaters.
- Die Menschen wollten von Galileos Entdeckung nichts wissen.
- Du kannst eine Linse mit Knete am Ende eines Lineals befestigen.

2 Welche Wörter antworten
auf die Frage WESSEN?
Markiere sie.

Die Lupe meiner Schwester
ist verschwunden.

S. 210/211

Wörter verlängern und ableiten

In- und Auslautverhärtung

1 Deutliches Sprechen allein reicht hier nicht aus.
Verlängere die Wörter und schreibe: *die Wut – wütend*

d oder t	**b oder p**	**s oder z oder ß**	**-ig oder -ich**
Wu□	sie he□t	Strau□	wicht□
hunder□	sie lo□t	Krei□	freundl□
Gel□	er schie□t	Gewür□	schwier□
bun□	sie hu□t	Sto□	traur□
Magne□	er ü□t	Hol□	bäuerl□
frem□	es schwe□t	Flo□	stündl□
Mark□	sie blei□t	Ei□	schmutz□
gesun□	er lie□t	Pil□	ärml□
Freun□	er hü□ft	Gru□	nördl□
lau□	es schlü□ft	Bewei□	bill□

Umlaute

2 Schreibe die Wörter richtig auf.

eu oder äu

tr□men h□len bl□lich st□ern
fr□en l□ten s□bern n□

Kr□z H□ser R□ber F□er
M□se Sch□ne K□le Ger□sch

3 Finde zu den äu-Wörtern verwandte au-Wörter. *träumen – der Traum*

4 Bilde mit den eu-Wörtern Wortfamilien. *heulen – die Heulsuse*

S. 204

S. 212/213

Lernwörter-Training

1

2

3

4 Ordne die Lernwörter nach dem Abc.

5 Schreibe einen kurzen Text,
in dem mehrere Lernwörter vorkommen.

6 Ordne die Nomen nach den Artikeln.
der … *die …* *das …*

7 Bilde Fragesätze mit den Verben.

8 Suche das Gegenteil zu den Adjektiven.

9 In einem Fernrohr befinden sich zwei Glaslinsen,
die weit entfernte Gegenstände vergrößern.
Galileo schaute durch sein Fernrohr
und erblickte den Mond.
Der Mond war nicht vollkommen rund,
sondern wild und zerklüftet.
Galileo erkannte, dass die Erde,
wie auch die anderen Planeten, um die Sonne kreist.

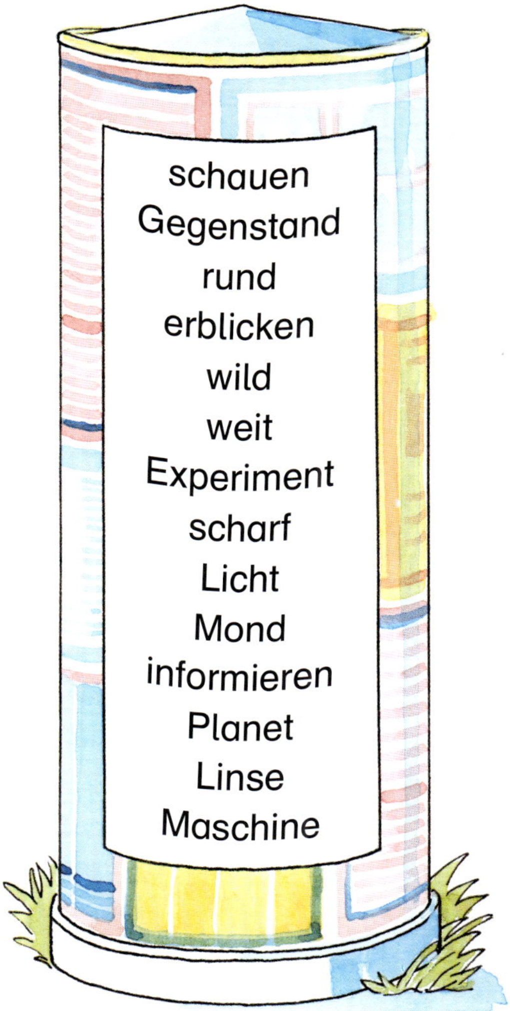

S. 192

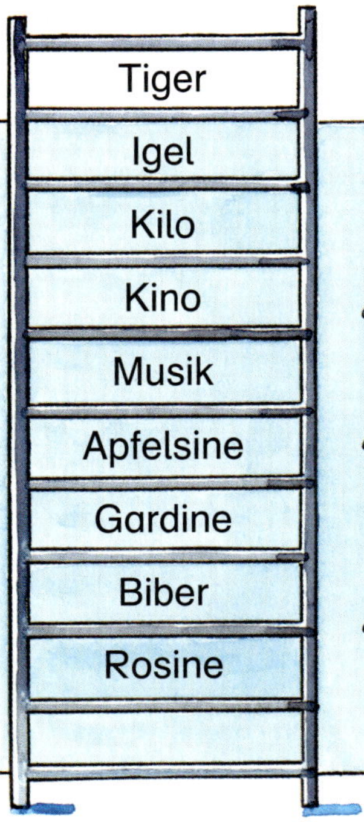

Merkwörter mit langem i ohne Dehnungszeichen

10

11

12 Bilde Sätze mit den Merkwörtern.
Du kannst in einem Satz auch
mehrere Merkwörter benutzen.

13 Bilde zusammengesetzte Nomen
und markiere das i.
Tiger: Tigerkäfig, Tigerpranke …

Wasser – kostbar, kraftvoll, köstlich

Hochwasser

Der Strom,
der so lange karg im schalen Graben dahinfloss,
schwillt jäh
von dem schmelzenden Winter
in den Gebirgen.

Er steigt in die Ebene,
über Nacht,
heimlich, lautlos.
Die Maulwürfe ertrinken,
die Mäuse, die Engerlinge.

Der Mensch
sitzt hinter Dämmen und Deichen.
Er fürchtet sich.
Die Pappel wird dunkel
von all der aufgetrunkenen Kühle,
von all der fließenden Kraft.
Für einen langen grünen Sommer.

Rolf Bongs

Der kleine Prinz

„Guten Tag“, sagte der kleine Prinz.
„Guten Tag“, sagte der Händler.

Er handelte mit absolut wirksamen, durststillenden Pillen.
Man schluckt jede Woche eine
und spürt überhaupt kein Bedürfnis mehr zu trinken.

„Warum verkaufst du das?“, sagte der kleine Prinz.
„Das ist eine große Zeitersparnis“, sagte der Händler.
„Die Sachverständigen haben Berechnungen angestellt.
Man erspart dreiundfünfzig Minuten in der Woche.“

„Und was macht man mit diesen dreiundfünfzig Minuten?“
„Man macht damit, was man will …“
„Wenn ich dreiundfünfzig Minuten übrig hätte“, sagte der kleine Prinz,
„würde ich ganz gemächlich zu einem Brunnen laufen …“

Antoine de Saint-Exupéry

Vom Wasser

Ein Becher Wasser

Wir brauchen nur den Kran* der Wasserleitung aufzudrehen, schon haben wir Wasser. Das Wasser läuft, solange wir wollen. Wir können einen Becher mit Wasser füllen, einen Eimer, einen ganz großen Topf und noch viel, viel mehr. Wasser brauchen alle Menschen zum Leben.
Aber so viel Wasser wie bei uns gibt es nicht überall auf der Welt. In vielen Ländern regnet es wenig. Dort ist das Wasser so knapp, dass es eingeteilt werden muss. Jeder bekommt täglich nur eine Ration. Damit muss er sehr sparsam umgehen.
Einmal ging eine weiße Frau in Indien auf einer heißen, trockenen Straße. Die Frau war sehr durstig. Sie ging schon so lange in der Sonne. Die Zunge war trocken, und ihr Hals brannte. Sie hatte keinen Hunger, nur Durst.
Als sie zu einem Haus kam, ging sie hinein und bat: „Habt ihr etwas Wasser für mich? Ich bin so durstig!" Der Mann im Haus meinte: „Das Wasser für heute ist fast alle. Aber ich gebe dir etwas, weil du so durstig bist." Er reichte der Frau einen Becher, der bis zum Rand mit Wasser gefüllt war. Die Frau trank den Becher leer und wollte das Wasser bezahlen. Da meinte der Mann: „Wenn du Wein gewollt hättest, würde ich das Geld von dir nehmen. Doch Wasser bekommt von mir jeder, der durstig ist, solange ich selbst welches habe."

Elinor Lange/Rolf Krenzer

Wasserträger

Bevor es fließendes Wasser für jedermann gab, wurde es in Gefäßen von weit her geholt. Auch bei uns gab es den Beruf des Wasserträgers. Bis zum Ende des 18. Jahrhunderts brachte er frisches Quellwasser in die Häuser.

Treffpunkte

Früher trafen sich die Menschen an Quellen und Brunnen, die es überall in den Straßen und auf den Plätzen der Dörfer und Städte gab. Man holte dort das Trinkwasser. Beim Wasserschöpfen erzählte man sich den neuesten Klatsch. An den Brunnen gab es auch besondere Becken, in denen die Frauen die Wäsche wuschen.

* Bezeichnung für Wasserhahn in manchen Gegenden.

Meine Oma lebt in Afrika

Erik ist mit seinem Vater und seinem Freund Flo bei seiner Oma in Afrika. Am ersten Morgen wachen die beiden Jungen spät auf.

Flo hockt sich neben mich. „Mann, ist mir heiß!“, sagt er mit hochrotem Gesicht. „Lass uns doch mal gucken, ob wir hier irgendwo eine Dusche finden!“ Eine Dusche? Was erwartet Flo! Oma besitzt doch noch nicht einmal eine Wasserleitung auf dem Hof. Hat Flo das vergessen? Schon in Deutschland habe ich ihm das erzählt. Wir gucken zu unserer Zimmertür hinaus, die zugleich auch die Haustür ist. Die helle Sonne blendet. Da sehe ich, dass vor der Eingangspforte ein Mädchen den Sandboden fegt. Ich kann es nicht genau erkennen, weil es uns den Rücken zukehrt. „Ich glaube, das ist Aba“, sagt Flo. Sie hat uns schon gehört und dreht sich zu uns um. „Guten Morgen!“, ruft sie. „Guten Morgen, Aba. Kannst du uns sagen, wo wir uns waschen können?“, ruft Flo. „Da drüben könnt ihr duschen!“ Sie zeigt über den Hof. Haben wir richtig gehört? Hier gibt es eine Dusche? Doch dort, wohin Aba zeigt, erkenne ich nur ein Stück Zaun aus geflochtenen Palmblättern.

Da kann doch keine Dusche sein! Aba hat meinen ungläubigen Blick gesehen. Sie bedeutet uns, ihr über den Hof zu folgen. Was wie ein Zaun aussieht, ist eine Tür. Aba öffnet sie. Wir sehen wirklich so etwas wie eine Duschkabine, nur die Dusche fehlt. Am Boden liegen flache Steine. Daneben steht ein Eimer. Er ist randvoll gefüllt mit kaltem Wasser. Auf einem Teller liegt ein großes Stück Seife. Und auf den Zaunlatten stecken zwei Kürbisschalen. Aba nimmt eine der Schalen. Sie tut so, als schöpfe sie Wasser aus dem Eimer und gieße es sich über den Kopf. „So einfach geht das“, lacht sie. Als Aba weg ist, gießen wir uns gegenseitig so lange das Wasser über die Köpfe, bis der Eimer leer ist. Herrlich erfrischt verlassen wir die Dusche. Gerade wollen wir in unser Haus laufen, als John Kwame im Hof erscheint. Auf dem Kopf trägt er einen Eimer mit Wasser. Aba eilt gleich herbei und hilft ihrem Bruder, die schwere Last auf den Boden zu setzen. Gut, dass er nicht gesehen hat, wie wir mit dem Wasser gerade herumgespritzt haben. Er wäre jetzt bestimmt sauer. John Kwame stellt den vollen Eimer in die Duschkabine und setzt sich den leeren auf den Kopf. So verlässt er wieder den Hof. Hoffentlich ist der Weg zum Dorfbrunnen nicht so weit, denke ich ein wenig schuldbewusst. „Ob er das ganze Wasser für den Hof holen muss?“, fragt Flo mich leise. Er hat wohl die gleichen Gedanken gehabt wie ich. „Ich glaube schon“, sage ich.

Annelies Schwarz

Wasserphänomene

Wasserfälle

Fließt ein Fluss über eine Felskante, entsteht ein Wasserfall. Fließt er in kleinen Wasserfällen über Felsstufen, nennt man diese Kaskaden. Wasserfälle gehören zu den großartigsten Naturwundern.

Canyon

Durch die Kraft des Wassers werden Felsen abgeschliffen und Material aus den Flüssen weggeschwemmt. So formt das Wasser mit der Zeit riesige Canyons und gewaltige Schluchten.

Kraterseen

Nach einem Vulkanausbruch bleibt ein Krater zurück. Wenn der Kratergrund eines inaktiven Vulkans fest ist, kann Wasser nicht abfließen. Es sammelt sich mit der Zeit im Krater und ein See entsteht.

Gletscher

Gletscher findet man oft in Gebirgen, wo viel Schnee fällt. Frisch gefallener Schnee legt sich auf den älteren und drückt ihn zusammen, so dass er sich in Eis verwandelt. Im Laufe vieler Jahre werden diese Eisschichten immer dicker. Durch die Schwerkraft beginnen sie dann langsam bergab zu rutschen. Auf ihrem Weg reißen Gletscher Steine und Felsbrocken mit.

Simon Holland/Anna Lofthouse

Wassergefahren

Überschwemmung

Fast die Hälfte der Weltbevölkerung lebt in Gebieten, die ständig von Überschwemmungen bedroht sind. Das ist letztendlich verständlich, denn regelmäßig vom Hochwasser eines Flusses überflutetes Ackerland ist besonders fruchtbar. Doch der Preis kann sehr hoch sein. Die Überschwemmungsebenen des Ganges in Bangladesch und des Jangtse in China gehören zu den am dichtesten bevölkerten Gebieten der Erde.

Ned Halley

Dürre

Eine lange Trockenzeit, in der es weniger als sonst oder gar nicht regnet, nennt man Dürre.
Während einer Dürre enthalten
Flüsse, Seen und Teiche weniger Wasser.
Manche trocknen auch ganz aus.

Simon Holland/Anna Lofthouse

Tsunami

Die Riesenwoge rollte in der Abenddämmerung des 15. Juni 1896 auf die Nordostküste Japans zu.
Die Menschen, die sie kommen sahen, schrien: „Tsunami! Tsunami!“ Tsunami – so nennen die Japaner die fürchterlichen Riesenwellen, die durch Seebeben entstehen.
Die Woge dröhnte wie Kanonendonner. Als sie die Küste erreichte, türmten sich die Wassermassen zu einer 24 m hohen schwarzen Wand. Minuten später, als das Wasser zurückging, war von belebten Fischerdörfern nur Schlamm und zersplittertes Holz geblieben.

Richard Platt

Der Tsunami, der 2004 Südasien erschütterte, war eine der größten Naturkatastrophen der Gegenwart.

1. Sammelt Informationen über weitere Erscheinungsformen des Wassers, über Wasserkraft, über Bewässerung oder über besondere Flüsse, Seen oder Meere.
2. Stellt Texte und Fotos in eurer Klasse aus. Sprecht darüber.

Ausschnitt

Nun prasselt der Regen.
Nun schlägt er Löcher in den Sand.
Nun sprenkelt er den Weg.
Nun wird das Graue schwarz.
Nun weicht der Regen den Sand auf.
Nun rieseln Bäche durch den Schlamm.
Nun werden die Bäche zu Flüssen.
Nun verzweigen die Flüsse sich.
Nun schließen die Flüsse die Ameise ein.
Nun rettet sich die Ameise auf eine Halbinsel.
Nun reißt die Verbindung ab.
Nun ist die Halbinsel eine Insel.
Nun wird die Insel überschwemmt.

Nun treibt die Ameise im Strudel.
Nun kämpft sie um ihr Leben.
Nun lassen die Kräfte der Ameise nach.
Nun ist sie am Ende.
Nun bewegt sie sich nicht mehr.
Nun versinkt sie.
Nun hört der Regen auf.

Sarah Kirsch

1 Findet heraus, wie das Gedicht aufgebaut ist.

2 Schreibe nach dem gleichen Muster ein eigenes Gedicht.

Die Wasserläufer

Wie lustig wär's,
übern Teich zu spazieren –
wir sinken ein,
sooft wir's probieren.

Gar keiner kann das,
so sollte man meinen.
Doch die Wasserläufer,
die flinken, kleinen:

Wie schaffen sie's nur?
Sie huschen munter
übern Wasserspiegel
und gehen nicht unter.

Wie Kobolde treiben
ihr Wesen sie leis
auf dem Wasser, dem sanften,
als wär's blankes Eis.

Josef Guggenmos

Wenn ihr an einem See, einem ruhigeren Bach oder kleinen Tümpel seid, könnt ihr im Sonnenlicht sicherlich Insekten sehen, die auf dem Wasser laufen, ohne unterzugehen. Sie bewegen sich ruckartig vorwärts und treten meist in Gruppen auf. Wenn ihr sie zu fangen versucht, weichen sie geschickt aus. Sie tauchen mit dem Körper nicht ins Wasser ein, sondern tragen ihr Gewicht auf den Beinen. Sieht man genau hin, stellt man fest, dass sie mit den Enden kleine Vertiefungen in die Wasseroberfläche eindrücken. Das Wasser scheint sie wie auf einer Haut zu tragen.

Dieter Neubauer

1 Vergleicht die Texte:
Was erfahren wir aus den Texten?
Was ist gleich, was ist verschieden?
Wie sind die Texte aufgebaut?

2 Bestimmt die jeweilige Textsorte.

3 Schreibe einen Text zum Thema **Wasser**.
Entscheide dich vorher für eine Textsorte.

Das Geheimnis der Lotuspflanze

Inzwischen wurde das Geheimnis der Lotusblätter, der Abperleffekt, nachgeahmt und für vieles genutzt: zum Beispiel für Fassadenfarben, damit Häuser länger sauber bleiben.

Auf diesen Noppen bleiben die Regentropfen liegen und rollen ab.

Seit vielen Jahren gilt die Lotusblume in China und Ägypten als Symbol für Reinheit, weil ihre Blätter auch im Schmutz und Schlamm immer sauber bleiben.

Aber erst vor wenigen Jahren haben Forscher der Bonner Universität entdeckt, warum die Blätter der Lotusblume immer sauber sind.

So reinigt sich das Lotusblatt selbst.

Die Forscher haben die Oberfläche der Blätter untersucht und herausgefunden, dass diese gar nicht glatt ist, sondern dass sie mit winzigen Noppen bedeckt ist.

Auch der Schmutz bleibt wie auf Nadelspitzen auf den Noppen sitzen und wird von den herabrollenden Regentropfen weggespült.

Dieter Neubauer

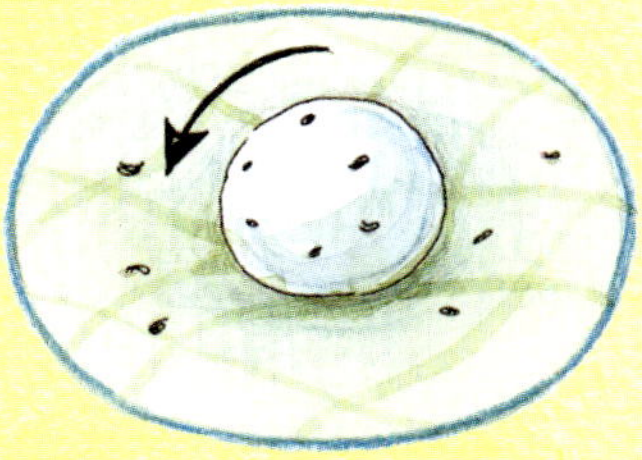

1 Nehmt eine Kopie des Textes und schneidet die einzelnen Sätze aus.

2 Setzt den Text richtig zusammen. Überlegt, wie die richtige Reihenfolge der Sätze sein muss. Probiert aus und begründet eure Meinung.

3 Markiert die Stellen, an denen die Verbindung der Sätze deutlich wird.

Wir setzen einen Text (wieder) richtig zusammen

1. Sucht einen Text aus und kopiert ihn. Schneidet die einzelnen Sätze auseinander und klebt sie in der falschen Reihenfolge auf. Tauscht die Texte mit anderen Partnern.

2. Stellt den Originaltext wiederher, indem ihr die verwürfelten Textteile in die richtige Reihenfolge bringt.
- Lest die einzelnen Textteile schnell, das heißt, probiert das überfliegende Lesen.
- Überlegt, welche Teile zusammengehören.
- Sprecht über eure Ideen. Begründet eure Meinung.
- Lest jetzt den gesamten Text und überprüft eure Lösung.

3. Woran habt ihr erkannt, was zusammengehört? Markiert die Stellen.

4. Vergleicht eure Lösung mit dem Originaltext. Falls ihr den Text nicht richtig zusammengesetzt habt, sucht euren Denkfehler.

5. Stellt euer Ergebnis vor. Wie seid ihr vorgegangen? Vergleicht eure Erfahrungen.

Wie sind die einzelnen Sätze miteinander verknüpft? Beschreibt es.

Wölkchen

Lasst mich vom Gewittermacher erzählen. Draußen wird der Himmel dunkel, von fern donnert es schon. Die Nachbarin ruft: Es regnet! Der Nachbar rollt die Markisen vorm Laden ein. Die Luft riecht nach Wasser und feuchtem Staub. Die Leute fliehen in die Hauseingänge, stellen den Kragen der Sommerjacke hoch und schauen nach einem blauen Loch im schwarzen Himmel. Es geht schnell vorüber, sagt die Nachbarin. Der Gewittermacher wüsste es.
In der kleinen Stadt, in der ich aufwuchs, stand er immer an der Brücke.
Er war, so wurde geredet, nicht richtig im Kopf, konnte keiner Arbeit nachgehen und hatte tagsüber seinen Standort an der Brücke.

Da traf man ihn, klein, selbst im Sommer mit einem Mantel um den gekrümmten Leib und einem Hut auf der Glatze. Er sah alt aus, aber wahrscheinlich war er noch gar nicht so alt.
Fortwährend redete er vor sich hin. Kinder trieben ihre Scherze mit ihm, doch er blieb alle Zeit freundlich, und deshalb gaben sie es mit der Zeit auf.

Wenn es schön war, begrüßte er die Leute stets mit dem Satz: Kein Wölkchen am Himmel, gell? Deshalb nannte man ihn Wölkchen, obwohl er nun gar nicht einer Wolke glich. Merkwürdig war, dass er fast nur übers Wetter sprach.
Über die Sonne. Die Wölkchen. Den Regen. Natürlich auch über Gewitter.
Die Gewitter, so behauptete er, könne er machen und dirigieren. Wenn es ihm zu blöd sei und zu viele Leute ihn geärgert hätten, hole er einfach ein Gewitter her.
Aber auch dann, wenn es ihm im Rücken zu sehr schmerze.
Das kann ich, sagte er, nickte dazu und schaute an den Leuten vorbei.

Der Wölkchen spinnt einfach, sagten die Erwachsenen, das tut er schon seit fünfzehn Jahren. Seitdem steht er an der Brücke. Seit dem Kriegsende. Er bettelte nicht, wenn ihm aber jemand eine Münze gab, bedankte er sich und sagte: ’s wird schön morgen.
Das musste nicht stimmen. Das sagte er offenbar dem Spender zuliebe. Doch mit den Gewittern hatte er immer Recht. Darum glaubten ihm die Kinder, wenn er sagte: Die Gewitter mache ich. Wenigstens die Gewitter in dieser Gegend.

Zu diesem Ruhm kam er nach und nach.
Das erhöhte seine Glaubwürdigkeit.
Erst erzählten es die Kinder ihren Eltern, die über die Spinnerei von Wölkchen lachten.
Kein Mensch kann Gewitter machen!
Euer Wölkchen ganz bestimmt nicht!
Dann fiel den Eltern auf, dass – wann immer die Kinder atemlos nach Hause gerannt kamen und sagten:

Wir waren auf der Brücke bei Wölkchen, er hat arge Rückenschmerzen und muss ein Gewitter machen – kurz darauf tatsächlich ein Gewitter niederging.
Er ist eben wetterfühlig, erklärte der Doktor, das kennt man.
Den Erwachsenen ließen die Gewittervorhersagen keine Ruhe. An einem Tag, an dem kein Wölkchen am Himmel zu sehen war, die Wetterberichte in Radio und Fernsehen nur das Beste voraussagten, gingen sie zu Wölkchen, scharten sich um ihn, ein wenig befangen, stotterten eine Zeit lang herum, bis der Doktor, der alles auf Wölkchens Wetterfühligkeit schob, zu Wölkchen sagte:
Sie wissen, Sie haben den Kindern einen Floh ins Ohr gesetzt, Herr … Hm.
Wölkchen, sagte Wölkchen.
Also gut – Herr Wölkchen, erwiderte unmutig der Doktor und fuhr fort:
Sie könnten, haben Sie den Kindern erzählt, wann immer Sie wollten, ein Gewitter machen. Das ist ja nun wirklich ein starkes Stück, Herr … Hm.
Wölkchen, sagte Wölkchen.
Also – Herr Wölkchen! Machen Sie mal ein Gewitter! Jetzt! Sehen Sie, kein Wölkchen am Himmel. Nur ich, sagte Wölkchen.
Sie sind ein Mensch und stehen vor uns auf der Brücke.
Und doch bin ich das Wölkchen, sagte Wölkchen. Wollen Sie einen Augenblick mit mir warten? Alle sahen zum Himmel hinauf. Nichts war zu sehen.

Nur ein wenig Geduld, sagte der kleine Mann in dem weiten Mantel, sah keinen an, lachte vor sich hin.
In meinen Gliedern juckt es jetzt ganz erheblich.
Ach was, sagte der Doktor, lauter Unsinn.
Unsinn?, fragte Wölkchen, legte den Kopf schief, blinzelte zum Horizont.
Da quoll mit großer Geschwindigkeit eine tiefschwarze Wolke hoch, spie weitere Wolken aus, wuchs immer höher den Himmel hinauf, einen gelben Rand vor sich herschiebend. Jetzt müssen Sie aber rennen, dass Sie nicht nass werden, sagte Wölkchen. Tatsächlich, Gewitterwolken, riefen die Leute. Das kann doch nicht wahr sein. Schnell! Schnell!
Und rannten, jeder für sich, eilends nach Hause. Wölkchen lachte ihnen nach.
Er hat Glück gehabt, sagte später der Arzt. Er hat es in seinen Gliedern gespürt. Mir kann keiner was vormachen. Gewittermacher gibt es nicht.
Doch, Vater, widersprach ihm sein Sohn, der sich sonst kaum traute zu widersprechen: Wölkchen kann Gewitter machen!

Peter Härtling

1 Stellt euch gegenseitig Fragen zum Text.

2 Welche Meinung habt ihr zu dieser Erzählung? Sprecht darüber.

Thema: Wasser

Die Kinder der Klasse 4 a haben Texte zum Thema **Wasser** geschrieben.
Sie haben sich die Texte gegenseitig vorgestellt, sie eingeschätzt und meistens auch korrigiert.

Wasser

Es war einmal ein Wassertropfen, der von der Quelle aus der Eifel stammte. Eines Tages verdunstete er. Als er oben angekommen war, sah er viele andere Wassertropfen. Sie flogen alle auf einer Wolke, bis sie über dem Meer waren. Da fielen die Wassertropfen runter ins Meer. Und da blieb er 20 Jahre liegen. Dann verdunstete er wieder und war wieder auf einer Wolke. So geht es immer weiter und weiter und weiter.

Lukas

1 Wie hat Lukas die einzelnen Sätze miteinander verknüpft?
An welcher Stelle stimmt die Textverbindung nicht?

Wie das Wasser schmeckt (1)

Wasser kann man trinken.
Wie Sprudelwasser.
In manchen Meeren ist das Wasser salzig.
Und in einigen ist es süß.
Natürlich trinkt man das Meerwasser nicht.
Sprudelwasser wurde ganz einfach hergestellt. Das ist normales Wasser, nur da wird Gas hinzugetan.
Heute gibt es ja Soda-Club-Maschinen.
Es gibt sehr viele Walarten, wie zum Beispiel den Blauwal. Vielleicht mögen Blauwale das Meerwasser.

Kristine

Wie das Wasser schmeckt (2)

Wasser kann man trinken.
Wie zum Beispiel Sprudelwasser.
In manchen Meeren ist das Wasser salzig.
Und in einigen ist es süß.
Natürlich trinkt man das Meerwasser nicht.
Normales Wasser, das Süßwasser, wird zu Sprudelwasser, wenn Gas hinzugetan wird.
Das kann man trinken. Es schmeckt gut.
Ich frage mich, ob Wale und andere Meerestiere das Meerwasser mögen.

Kristine

2 Kristines Text wurde korrigiert. Warum? Vergleicht die Sätze mit der Überschrift.

3 Findet heraus, ob der Text von Kristine sachlich richtig ist.

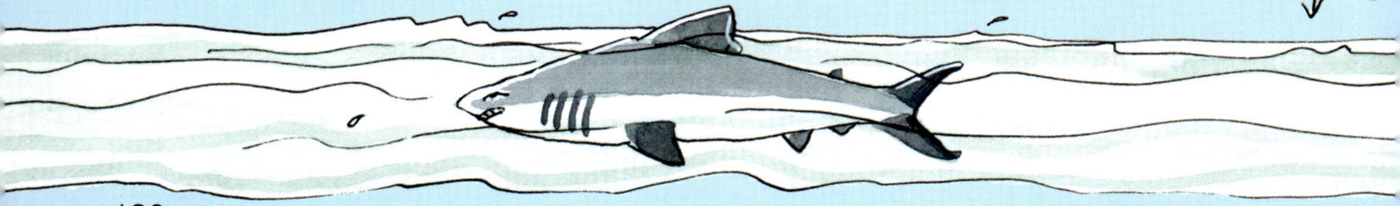

Wir korrigieren unsere Texte

Ein Text hat bestimmte Merkmale:

- Er hat einen Anfang und ein Ende.
- Alle Sätze sind miteinander verbunden.
- Die Überschrift passt zum Text.
- Der Text ist verständlich.

Beispiel

Welche Tiere es im Meer gibt	**Überschrift**
Es gibt über zehn verschiedene Haiarten.	**Anfang**
Dazu gehören der Weißhai, der Hammerhai	**Dazu …**
und der Katzenhai. Der Katzenhai ist	**Der Katzenhai …**
einer der kleinsten. Er ist nur 70 cm lang.	**Er …**
Haie findet man in allen großen Meeren.	**Ende**

So korrigieren wir:

1. Prüfe deinen eigenen Text.
Lies ihn mehrmals, bevor du ihn einem anderen Kind vorstellst.
- Hast du einzelne Wörter ausgelassen?
- Kann ein anderes Kind deinen Text verstehen?
- Passt die Überschrift zu deinem Text?
- Passt der Text zur Überschrift?
- Gehören einige Sätze gar nicht zum Thema?

2. Überprüft Satz für Satz,
ob die einzelnen Sätze richtig miteinander verbunden sind.
Überlegt gemeinsam, ob etwas korrigiert werden muss.

3. Stellt anderen Kindern eure Texte vor und beschreibt eure Überlegungen.

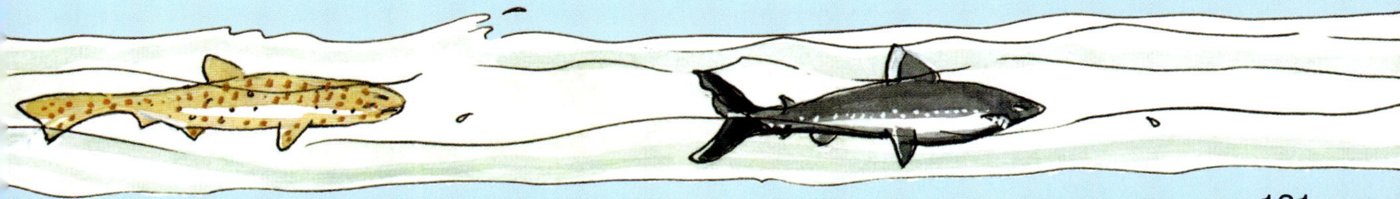

Pronomen

1 Setze die richtigen Pronomen ein.

Unser Wasser kommt aus dem Wasserhahn.
______ steht uns jederzeit zur Verfügung.
Wir brauchen nur den Wasserhahn aufzudrehen
und schon haben ______ frisches Trinkwasser.
Wir können unser Leitungswasser trinken, weil ______
im Wasserwerk gereinigt und untersucht wird.
______ ist sauber und keimfrei.

Es gibt Insekten, die auf dem Wasser laufen können.
______ heißen Wasserläufer.
Wenn ______ auf dem Wasser laufen, sieht es aus,
als ob das Wasser eine unsichtbare Haut hätte.

2 Markiere in deinem Text die Nomen und die Pronomen, die zusammengehören.

Pronomen kann man im Text für Nomen einsetzen.
Sie verknüpfen Sätze und Aussagen miteinander.

3 Schreibe Mini-Texte über Tiere, die im oder am Wasser leben,
z. B. Frosch, Ente, Fisch, Biber.
Markiere die Nomen und Pronomen, die zusammengehören.

*Schwäne haben einen sehr langen **Hals**.*
***Er** ermöglicht ihnen, tief im Wasser nach Futter zu suchen.*

Konjunktionen

1 Setze die richtigen Konjunktionen ein.

________ Wasser ein kostbares Gut ist,
gehen viele Menschen nicht sorgsam damit um.
________ so geht es nicht weiter, ________ Wasser ist
die Lebensgrundlage für Menschen, Tiere und Pflanzen.
Wir müssen es sauber halten ________ wir sollten es
sparsam verwenden.

________ Wasser gefriert, wird es zu Eis.
Eis besitzt eine geringere Dichte, ________ schwimmt es
auf dem Wasser.
________ Wasser zum Verdunsten zu bringen, muss man
es auf 100 Grad erhitzen.

**Konjunktionen schaffen eine Verbindung zwischen zwei Aussagen.
Sie können Sätze miteinander verknüpfen.**

2 Schreibe Mini-Texte über Tiere, die im oder am Wasser leben, z. B. Storch,
Muschel, Qualle, Otter.
Benutze Konjunktionen und markiere sie.
*Wenn das Eis in der Antarktis weiter schmilzt, sind viele Tierarten bedroht.
Die Pinguine zum Beispiel brauchen die kalte Umgebung,
um überleben zu können.*

Nachschlagen, kontrollieren und korrigieren

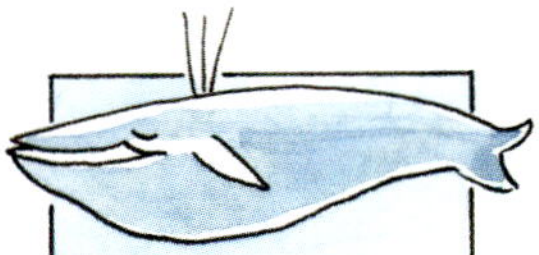

Wal
warm
Wasser
waschen
Watt

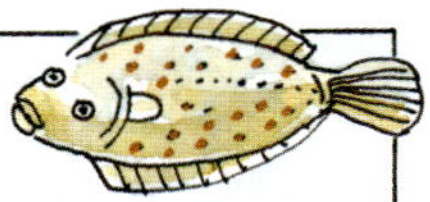

Flunder
flüssig
Fluss
Flut
Futter

Seefahrt
Seenot
Segelboot
Segelsport
Seepferdchen

Meeresforschung
Meerjungfrau
Meersalz
Meeresungeheuer
Meerwasser

1 Die Wörter sollten nach dem Abc sortiert werden. Welches Wort ist jeweils falsch eingeordnet? Schreibe alle Wörter in der richtigen Reihenfolge.

Wörterlistendiktat

Flo **diktiert langsam** und **deutlich** zehn Wörter aus der Wörterliste.

Quelle
Dürre
Schnee
~~ströhmen~~ strömen
spritzen
~~regnerich~~ regnerisch
stürmisch
Nässe
schwimmen
~~rinen~~ rinnen

Flipp **hört genau zu** und **schreibt** die Wörter **untereinander**.

Flipp **liest** die Wörter **genau**.

Flipp **macht** einen **Punkt** unter die Wörter, bei denen er unsicher ist.

Jetzt **schaut** Flipp diese Wörter **in** der **Wörterliste nach**.

Ist ein Wort **nicht richtig** geschrieben, streicht Flipp das Wort durch und **schreibt** es **neu**.

2 Trainiert gemeinsam Wörter mit dem Wörterlistendiktat.

Freiwillige Spände
Es klingelt an der Haußtür. Kevin geht hinn und öffnet.
„Mami“, ruft er. „Da sammelt jemand führ das neue Schimbad.“
„Na gut“, ruft die Mutter zurük. „Gib ihm zwei Eimer Wasser!“

3 Welche Wörter sind falsch geschrieben?
Kontrolliere und schreibe die falschen Wörter richtig auf.

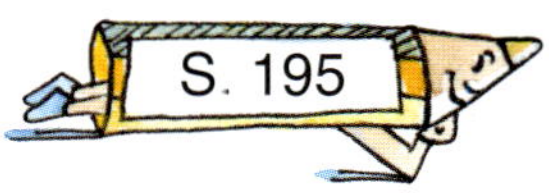

Lernwörter-Training

1 2 3

4 Ordne die Lernwörter nach dem Abc.

5 Schreibe die Lernwörter auf Zettel
und bilde eine Wörterkette.
NASS – *STURM* – *…*

S. 59

6 Suche passende Adjektive zu den Nomen.
Gletscher: der blaue Gletscher …

7 Stellt euch gegenseitig Wörterrätsel.
Beispiel: Mein Lernwort wird mit rr *geschrieben.*

8 Schreibe Mini-Texte mit den Lernwörtern.
In Norwegen habe ich einen Gletscher gesehen.
Der Gletscher heißt Jostedalsbreen.
In der Sonne schimmert er bläulich.

Gletscher
Wasserfall
Dürre
überschwemmen
Wolke
fliehen
Quelle
donnern
Sturm
nass
rinnen
schöpfen
Tümpel
Teich

S. 193

er flieht
sie sieht
es geschieht
es zieht
Vieh
sie stiehlt
er empfiehlt

Merkwörter mit ieh

9 10

11 Bilde die Grundform dieser Wörter:
zieht | flieht | sieht | geschieht
Was fällt dir auf?

12 Bilde Sätze mit den Merkwörtern.
Vieh | stiehlt
empfiehlt

Nachrichten · Nachr

Kölner Stadt-Anzeiger

KÖLNISCHE ZEITUNG
UNABHÄNGIG – SEIT 1802 – ÜBERPARTEILICH

Der höchste Wolkenkratzer der Welt

Ende dieses Jahres soll „Taipeh 101“ offiziell eröffnet werden.

Taipeh - Jetzt ist es amtlich und schwarz auf weiß zu lesen: Der höchste Wolkenkratzer der Welt steht in der taiwanesischen Hauptstadt Taipeh. Das bescheinigt ein am Freitag im Rahmen einer Feierstunde in Taipeh überreichtes Zertifikat. Im Volksmund heißt das 508 Meter hohe Gebäude wegen der Anzahl seiner Stockwerke „Taipeh 101“.

Der Wolkenkratzer wird mindestens drei Jahre lang den Rekordtitel halten können, wie es heißt. Dann sollen noch höhere Gebäude in Schanghai und Hongkong fertig gestellt sein. Spätestens im Jahr 2009 soll der Freiheitsturm (Freedom Tower) auf Ground Zero in New York einen neuen Höhenrekord markieren.

Der Vorsitzende der zuständigen Kommission in Chicago, Ron Klemencic, lobte die Erbauer von „Taipeh 101“. Sie hätten viele natürliche Grenzen überwunden und den Wolkenkratzer erdbebensicher konstruiert. Mehrere Stockwerke von „Taipeh 101“ öffneten bereits vor einem Jahr. Ende 2004 soll offiziell Eröffnung gefeiert werden. (dpa)

Damit es im Dom auch richti

Die Dombaumeisterin sorgt eigenhändig für die richti

Am Sonntag werden die Uhren eine Stunde zurückgestellt. Barbara Schock-Werner nutzt dies für eine Krimistunde im Dom.

VON CHRISTOPH HOFFMANN

Durch verwinkelte Gänge geht es vorbei an bunten Glasfenstern und ... Figuren. Dann noch

Uhr des Doms in der Turmhalle des Südturms. „Der Dom besitzt ja keine Uhr im klassischen Sinne, also mit einem Ziffernblatt. Das Uhrwerk hier steuert den Glockenschlag“, erklärt Schock-Werner. Sie und ihre Mitarbeiter müssen das mechanische Uhrwerk jeden Tag neu aufziehen. Dies geschieht von Hand mit einer Kur-

schneller ode
an den eiserne
ausdehnen o
Zweimal i

Bisher ist alles gut gegangen
B. SCHOCK-WERNER

...ten · Nachrichten

LAND/REGION

Stöbertag in Brügge: 37 Kinder sind unterwegs

In Halver gab es ihn schon. In Schalksmühle auch. Und jetzt gibt es den Stöbertag auch in Lüdenscheid. Genauer: im Stadtteil Brügge. Am Donnerstag mischen 37 Mädchen und Jungen der Grundschule Brügge bei den Erwachsenen mit. In einer Tierarzt-Praxis werden sie vielleicht bei Behandlungen den Hunden die Pfoten halten, in der Bäckerei wollen sie Brötchen verkaufen, in der Tankstelle sehen sie auch, wie viele Leute mit Kreditkarten bezahlen und bei der Polizei können sie sogar im Streifenwagen mitfahren.

Es ist ein Ausflug in die Welt der Erwachsenen. Die Kinder, die alle die vierten Klassen der Grundschule Brügge besuchen, dürfen mitmischen und so viele Fragen stellen wie sie möchten. Und weil die Firmen so toll mitmachen und insgesamt 46 Stöberstellen anbieten, bekommt jedes Kind ...

Der Stöbertag in Brügge ist eine Aktion des Jugendamtes der Stadt Lüdenscheid, des Kinder- und Jugendtreffs Brügge und der Grundschule Brügge. Stöbertage gab es im letzten Jahr in Herscheid, in Halver, in Wiblingwerde und in Kierspe. In diesem Jahr auch schon in Kierspe, in Herscheid, in Schalksmühle, in Rönsahl und in Halver.

ben und sich neue Themen für die Z... Konra... pann... omm... och ... W... n D... n.

werden ebenso oft staunen. Denn die Großen werden sich ...

den Jugendliche vom Gertrud-Bäumer-Berufskolleg mithel...n. Mittags gibt es dann ein ...lles Essen in der Mensa der ...hule. Man muss sich schließ...h richtig stärken.

Dann kommt auch das Spielmobil des Kinderschutzbundes mit einem witzigen Programm für ...ie ...

Nachmittags, pünktlich um 14 Uhr, beginnt die zweite Tour der Kinder.

U... D... w... lich kapu... den auch... nen. Vo... lichen Ta... spannend...

Und sonst ...

Bibi BILD: VERLEIH

Bibi hext wieder! In dem Film „Bibi Blocksberg und das Geheimnis der blauen Eulen" will Bibi ihrer Freundin Elea helfen. Elea sitzt seit einem Unfall im Rollstuhl und kann nicht mehr gehen. Aber Bibis Hexenkräfte re... aus. Doch ... zählt Tante Walpurgia von blauen ... ihren magischen Kräften. Bibi und ... chen sich auf die Suche nach den Vög... zwei Jahren war der erste Bibi-Film de... reichste deutsche Film des Jahres. M... zwei Millionen Menschen sahen ihn.

KULTUR

Das erste private Raumschiff ist ins All gestartet. In 15 Kilometer Höhe löste sich das „Space Ship One" von seinem Trägerflugzeug, befand sich dann dreieinhalb Minuten lang in der Schwerelosigkeit und landete nach 90 Minuten wieder in der kalifornischen Wüste. Sein Pilot und Erbauer, der Amerikaner Burt Rutan, bekommt für den Erfolg ein Preisgeld von zehn Millionen Dollar. AL

Termine

Pettersson und Findus

Werdohler Kinder aufgepasst: Pettersson und Findus treten morgen im Festsaal Riesei auf. Der alte Mann und sein Kater spielen ihr bekanntes Stück vor den Kindern. Natürlich sind auch die Eltern herzlich eingeladen. Für die Verpflegung der Kleinen ist auch gesorgt. Neben Kinderpunsch backt der Förderverein der St. Michael-Grundschule auch noch frische Waffeln. Die Karten kosten vier Euro. Die Veranstaltung ...nt um 15 Uhr.

SERVICE

Wirtschaft 11

Die Geschichte der Zeitung

In alten Zeiten schrieb man wichtige Neuigkeiten an belebten Plätzen einfach an Wände oder auf große Tafeln. Solche Wandzeitungen gibt es in China heute noch. Vor Gutenbergs Erfindung der Druckerpresse (um 1450) vervielfältigte man Bücher nur durch Abschreiben, und über 50 Jahre lang kam niemand auf die Idee, mit Gutenbergs Buchdruck etwas anderes als Bücher zu produzieren. Niemand dachte an Zeitungen, denn niemand kannte sie. Das änderte sich erst 1493, als mehrere Flugblätter in Deutschland von der Entdeckung Amerikas durch Columbus berichteten.

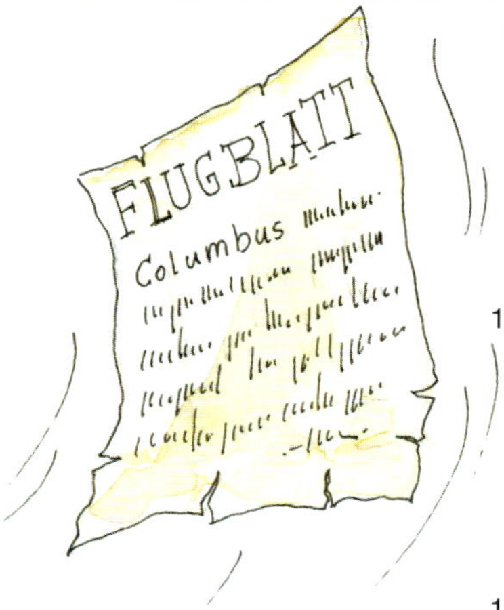

Aber solche Meldungen waren selten. Wie hätte man damals eine Zeitung herausgeben können? In Zeitungen müssen aktuelle Meldungen stehen. Aber die musste man erst sammeln. Redakteure, die das heute besorgen, gab es nicht. Selbst wenn es sie gegeben hätte, woher sollten sie ihre aktuellen Informationen beziehen? Es gab noch kein Telefon, kein Fax und kein Internet. Selbst gebildete Leute hatten damals kaum eine Möglichkeit, sich über das Tagesgeschehen zu informieren. Am besten unterrichtet waren noch die Kaufleute. Sie wurden zu den wichtigsten Informationsquellen für die Zeitungsverleger.

Das erste deutsche Wochenblatt erschien ab 1609 in der Stadt Wolfenbüttel. Die Idee verbreitete sich rasch in ganz Europa.

1833 erschien in den USA das erste Massenblatt. Die New Yorker Sun hatte eine Riesenauflage, war in einfachem Stil verfasst und wurde billig auf den Straßen verkauft.

Die Sun berichtete vor allem über lokale Ereignisse. Nachrichten aus den entfernten Landesteilen oder gar aus dem Ausland erhielt die Redaktion noch per Post. Und die lief damals nicht gerade sehr schnell.

Das änderte sich um 1850 mit der Einführung des elektronischen Telegrafen. Mit ihm entstanden Presseagenturen, die telegrafisch Nachrichten aus aller Welt zusammentrugen und an alle Zeitungsredaktionen weiterleiteten. Für große Agenturen arbeiteten bereits damals eigene Auslandsreporter. Als sich Ende des 19. Jahrhunderts die Telefonnetze entwickelten, wurde es noch leichter, Nachrichten zu übermitteln. Zur gleichen Zeit gelang es, Bilder in Zeitungen mitzudrucken.

Schreibe wichtige Stichpunkte zur Geschichte der Zeitung auf.

Eine freie Reporterin unterwegs

Als freie Reporterin bei einer Tageszeitung bekomme ich von der Redaktion Aufträge, zu verschiedenen Veranstaltungen zu gehen und über diese zu berichten.
Zum Beispiel interviewte ich den Sportler Frank Busemann.
Er war der „Überraschungsgewinner“ der Silbermedaille von Atlanta im Zehnkampf.
Bei so bekannten Leuten habe ich zuerst immer ein etwas „mulmiges Gefühl“ und es beschleichen mich Gedanken wie: „Ist dieser Mensch arrogant und ablehnend? Wie komme ich an ihn heran? Erfahre ich etwas, das ich für meinen Bericht verwenden kann?“
Bei Frank Busemann stellten sich alle diese Überlegungen und Befürchtungen als unbegründet heraus. Ein junger, völlig einfacher und natürlicher Mann betrat den Raum, der proppenvoll mit neugierigen Menschen war, die alle einen Blick auf diesen prominenten Gast erhaschen wollten.
Ich hatte schon meinen Block und Kugelschreiber bereitgelegt.
Alle Interviews nehme ich in Stenografie auf.
Ich stellte mich bei ihm vor und begann sofort mit dem Satz:
„Herr Busemann, wie erklären Sie sich Ihre Beliebtheit?“ Er lachte etwas verlegen und meinte dann: „Dazu kann ich nicht viel sagen, das weiß ich selbst nicht.“
Seine Bescheidenheit war augenscheinlich.
Ich fragte ihn dann ausführlich nach seinem persönlichen und seinem sportlichen Werdegang. Er beantwortete bereitwillig und geduldig alle meine Fragen.
Nun galt es noch, ein gutes Foto von Frank Busemann zu machen.
Das Foto ist fast genauso wichtig wie der Artikel. Ich versuche stets, den Menschen, den ich interviewe, so natürlich wie möglich zu fotografieren.
Ich lockere ihn beim Fotografieren etwas auf, indem ich etwas Lustiges erzähle.
Bei manchen Leuten gelingt mir das nicht auf Anhieb, dann greife ich auch schon mal zu einem Trick und sage: „Den Finger können Sie ruhig aus der Nase nehmen.“
In solchen Momenten ist mein „Objekt“ meist so erstaunt und erheitert, dass mir fast immer ein prima Bild gelingt.
Zu Hause setze ich mich dann an den Computer. Vor meinem „inneren Auge“ lasse ich das Interview noch einmal ablaufen und schreibe sofort vom Block meinen Artikel in den Computer.
Dann maile ich den Bericht und die Fotos an meine Zeitung. Das geht heutzutage ganz einfach, weil die Bilder mit der Digitalkamera aufgenommen werden und per E-Mail direkt an die Redaktion gehen. Der Redaktion bleibt es dann vorbehalten, zu korrigieren oder das Ganze so zu übernehmen. Sie ist auch für den „Aufhänger“ und für die Überschrift verantwortlich.
Die Redaktion stellt die ganze Zeitung vom Inhalt und vom Layout zusammen und gibt dann den Druckauftrag an die entsprechende Druckerei.

Marga Schaumann-Eickstädt

1 Wie arbeitet die Reporterin? Erkläre es.

2 Welche Fragen hättest du an eine berühmte Sportlerin oder an einen berühmten Sportler?

Nachrichten aus der Zeitung

Seite 17 B2 · Nummer 103

Von Zweifall aus in die weite Welt gesendet

Lilipuz-Moderatoren-Team um Ranga Yogeshwar und Sylvie Liebsch vor Ort. Zweifall ausgesucht, weil es ein Ort mit Z sein sollte.

Stolberg-Zweifall. Mucksmäuschenstill sitzen die Kinder der Klassen 4a und 4b im Klassenraum. Niemand kramt in seiner Tasche, keiner tuschelt. Gebannt lauschen die Kinder auf das Radio, das im Klassenraum installiert ist. Die Titelmelodie der Kindersendung „Lilipuz" auf WDR 5 ertönt. Heute gibt es den Lilipuz-Nussknacker, und das Lilipuz-Moderatoren-Team um Ranga Yogeshwar und Sylvie Liebsch hat die Zweifaller Grundschüler als Rateteam ausgesucht.

„Wir gehen immer das ganze Alphabet durch und unter dem Buchstaben Z gibt es nicht sehr viele Orte in Nordrhein-Westfalen. Da ist unsere Wahl auf Zweifall gefallen", erklärt Reporterin Jana Maganz, die den „Lilipuz-Nussknacker" vor Ort moderiert. Deshalb also versuchen die Zweifaller Viertklässler an diesem Nachmittag „die harte Nuss" zu knacken, die sich Ranga Yogeshwar ausgedacht hat.

Bis die Live-Sendung um 14 Uhr beginnt, wissen die Kinder nicht, welches Rätsel sie lösen müssen. Dann stellt Wissenschaftler Yogeshwar die Aufgabe. Heute dürfen die Kinder experimentieren. Reporterin Jana Maganz, die mit dem Ü-Wagen-Team in Zweifall angerückt ist, ordnet den Versuch an. Ein paar Stückchen Würfelzucker, etwas abgestandenen Kaffee, ein paar Untertassen. Dann kann's auch schon losgehen. Sophia, Sven, Jens und Yannick kippen ein paar Tropfen Kaffee auf den Würfelzucker. Yannick beobachtet, wie der Zucker den Kaffee von unten nach oben in sich hineinsaugt.

Keine Scheu vor großen Mikrofonen kannten die Grundschulkinder in Zweifall. Beim „Lilipuz-Nussknacker" machten sie eifrig mit. Foto: Juliane Kern

„Das hast du toll beobachtet", lobt Moderator Yogeshwar, dessen Stimme durch das Radio in den Klassenraum dringt.

„Jetzt müsst ihr nur noch erklären, wieso der Zucker den Kaffee aufsaugt." Sofort blättern einige Kinder in Lexika und Sachbüchern, andere tauschen sich mit ihren Klassenlehrerinnen aus. Am „Experimentiertisch" testen die vier kleinen Wissenschaftler den Versuch in verschiedenen Varianten aus.

Ob das wohl auch mit Salz klappt? Und mit Fruchtsaft? Sobald ein Schüler eine Idee hat, darf er sie äußern. Reporterin Jana Maganz stellt den Kontakt zu Ranga Yogeshwar her. Hier und da gibt der Moderator ein paar Tipps und Hilfestellungen, lobt die Kinder, wenn sie auf der richtigen Spur sind.

Die Nuss geknackt

Kurz vor 15 Uhr ist die Nuss geknackt. „Es liegt an den Zwischenräumen. Das habt ihr schon sehr früh erkannt, je kleiner die Zwischenräume, die so genannten Kapillaren, sind, desto besser kann der Zucker die Flüssigkeit aufsaugen."

Im Klassenraum bricht Freude aus. Das können auch die vielen kleinen Zuhörer an den Radios zu Hause verfolgen. Mit einem lautstarken „Tschüss" verabschieden sich die Zweifaller Kinder von den WDR-5-Hörern. (-jck-)

Was findest du an diesem Artikel besonders interessant?

Nachrichten im Internet

WDR 5

LILIPUZ KLICKer

Radio für Kinder
täglich um 14.05 Uhr in WDR 5

finden ... los!

KLICKer Nachrichten vom 22.02.2005

Kein Jubel für Bush

Der amerikanische Präsident ist zu Besuch in Europa. Damit ihm nichts passieren kann, werden alle Straßen in seiner Umgebung gesperrt.

Hören? weiter

Die wahrscheinlich wichtigste Wissenschaftskonferenz der Welt

In Washington haben sich über 10000 Menschen getroffen, um über die neuesten Forschungsergebnisse zu sprechen. Dabei wurde auch ein elegant laufender Roboter vorgestellt.

Hören? weiter

"Ende gut - alles gut"

Zum Abschluss der Weltmeisterschaften in Park City haben die deutschen Rodler den Team-Wettbewerb gewonnen.

Hören? weiter

Künstler gehen in Schulen

Das Schulprojekt "mus-e" ist in NRW um drei Jahre verlängert worden. Deshalb können weiterhin über 9000 Schüler mit Künstlern zusammen malen und musizieren.

weiter

Seebeben in Südasien

E-Mail Gästebuch

Impressum
© WDR 2004

Der WDR ist nicht für die Inhalte fremder Seiten verantwortlich, die du über einen Link erreichst.

1 Was erfährst du auf der Homepage?

2 Sammelt in verschiedenen Medien (z. B. Internet, Zeitung, Radio …) Nachrichten zum gleichen Thema. Vergleicht.

Krimi

Ich weiß bislang nur das eine,
mehr nicht:
Die „Frankfurter Allgemeine"
vor dem Gesicht,
sitzt ein Herr – warum
blättert er nie um?

Er sitzt in einem Lokal.
In der Zeitung: ein kleines Loch.
Der Mann ist Detektiv.
Den Trick kennt man doch.

Alles klar:
Der Mann lauert.
Doch – was passiert nun?
In einem Krimi muss sich was tun.

Ich denke nach.
Es dauert.
Es fällt und fällt mir nichts ein.
Ich bin heut so dumm.
Drum
erzähl du den Roman!
Ich bin gespannt.
Fang schon an!
Sag nicht nein!
Das wäre gemein.

Josef Guggenmos

1 Schreibe den Krimi weiter.

2 Stellt euch die Texte vor.

Was ist was?

Sassafras

Als ich heut die Zeitung las,
las ich was von Sassafras.
Dachte ich mir: Was ist das?

Schlug ich nach im Lexikon
unter S, da hatt ich's schon.
Sassafras, so hieß es da,
ist ein Baum in USA.
Donnerwetter, so ist das.
Sassafras, Sassafras!

Ha, jetzt weiß ich wieder was.
So allmählich mit der Zeit,
wird der Mensch gescheit.

Josef Guggenmos

Zeitungswörter

Abonnement

Anzeige

Artikel

Grafik

Impressum

Interview

Journalist – Journalistin

Kommentar

Layout

Redaktion

Reporter – Reporterin

Rubrik

Schlagzeile

Zusteller – Zustellerin

1 Schlagt die Wörter nach, die ihr nicht kennt. Erklärt sie.

2 Gestaltet ein eigenes Zeitungslexikon. Bringt Beispiele aus der Zeitung mit ein.

Die Maus im Schuh

Martin hat ein Gedicht geschrieben, das in der Klassenzeitung erscheinen soll. Er präsentiert das Gedicht in einzelnen Zeilen, und zwar von hinten nach vorn!

Dies ist die letzte Zeile seines Gedichts: Die Maus rennt in den Schuh!

1 Was erfahrt ihr aus dieser Zeile?
Was möchtet ihr wissen?
Vielleicht, warum die Maus in den Schuh läuft?
Ob sie sich da versteckt?

2 Lest die nächste Zeile.
Habt ihr eine Antwort auf eure Frage bekommen?

Pech gehabt, du alte Katze.

3 Worin besteht das Pech der Katze?

Sie hebt ganz langsam ihre Tatze
und schlägt dann plötzlich zu.

4 Warum schlägt die Katze zu?

Auf einmal kommt 'ne fette Maus,
die Katze diese fangen will.

5 Wo spielt sich das Ganze ab?

Die Katze ist allein zu Haus,
im Zimmer ist es still.

6 Sprecht euch das Gedicht in der richtigen Reihenfolge der Zeilen gegenseitig vor. Setzt eure Stimme so ein, dass man spürt, wann etwas Aufregendes passiert.

Wir erschließen einen Text Satz für Satz

Wir lesen einen Text Satz für Satz – von hinten nach vorn

1. Sucht einen Text nach der Überschrift aus.

2. Lest zuerst nur den letzten Satz.

- Überlegt gemeinsam, was ihr erfahren habt und was ihr wissen möchtet. Stellt eine Frage zum Text.
- Lest dann den vorletzten Satz des Textes. Habt ihr eine Antwort auf eure Frage erhalten? Welche neue Frage hat sich ergeben?
- Geht so weiter Satz für Satz vor und prüft, ob eure Fragen beantwortet werden.

3. Lest nun den Text von Anfang an.

Wir lesen einen Text Satz für Satz – von vorn nach hinten

1. Sucht einen Text aus, der euch interessiert.

2. Lest den Text langsam Satz für Satz.

- Macht nach jedem Satz eine Pause.
- Sprecht darüber, was ihr bisher erfahren habt. Wenn etwas unklar ist, geht noch einmal zurück im Text.

3. Lest zum Abschluss noch einmal den Text im Zusammenhang.

Klassenzeitung

Die Kinder der Klasse 4 c haben viele verschiedene Zeitungen mitgebracht. Sie erforschen, lesen, überfliegen, durchstöbern … die Zeitungen, um zu erfahren, was alles in einer Zeitung steht.

1 Sammelt verschiedene Zeitungen.

2 Wählt eine Zeitung aus, die ihr genauer untersucht:
- Wie heißt eure Zeitung?
- In der Zeitung gibt es verschiedene Themenbereiche, so genannte Rubriken. Versucht, einzelne Rubriken zu benennen, und sammelt sie.
- Schneidet Artikel aus, die ihr besonders interessant findet, und sortiert sie nach den Themen.

Auch im Internet finden die Kinder Zeitungen, die sie anklicken und lesen können. Über verschiedene Kinder-Suchmaschinen haben sie viele Seiten rund um das Thema **Zeitung** gefunden.

In der Redaktion

Die Kinder der Klasse 4 c planen ihre Klassenzeitung.
Sie haben sich einen Namen ausgedacht und dazu eine Titelseite entworfen.

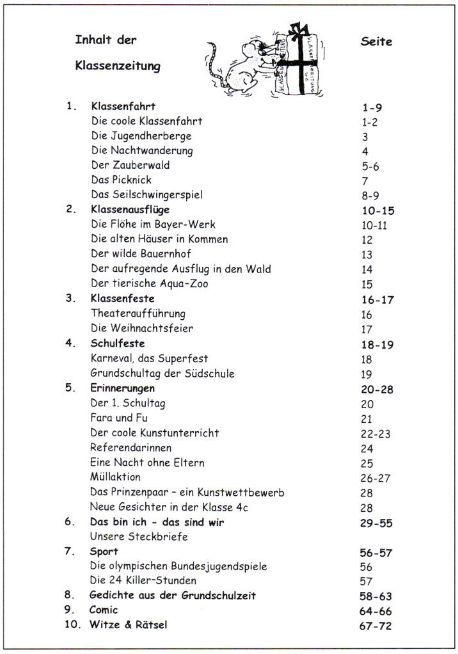

Inhalt der Klassenzeitung		Seite
1.	**Klassenfahrt**	**1-9**
	Die coole Klassenfahrt	1-2
	Die Jugendherberge	3
	Die Nachtwanderung	4
	Der Zauberwald	5-6
	Das Picknick	7
	Das Seilschwingerspiel	8-9
2.	**Klassenausflüge**	**10-15**
	Die Flöhe im Bayer-Werk	10-11
	Die alten Häuser in Kommen	12
	Der wilde Bauernhof	13
	Der aufregende Ausflug in den Wald	14
	Der tierische Aqua-Zoo	15
3.	**Klassenfeste**	**16-17**
	Theateraufführung	16
	Die Weihnachtsfeier	17
4.	**Schulfeste**	**18-19**
	Karneval, das Superfest	18
	Grundschultag der Südschule	19
5.	**Erinnerungen**	**20-28**
	Der 1. Schultag	20
	Fara und Fu	21
	Der coole Kunstunterricht	22-23
	Referendarinnen	24
	Eine Nacht ohne Eltern	25
	Müllaktion	26-27
	Das Prinzenpaar - ein Kunstwettbewerb	28
	Neue Gesichter in der Klasse 4c	28
6.	**Das bin ich - das sind wir**	**29-55**
	Unsere Steckbriefe	
7.	**Sport**	**56-57**
	Die olympischen Bundesjugendspiele	56
	Die 24 Killer-Stunden	57
8.	**Gedichte aus der Grundschulzeit**	**58-63**
9.	**Comic**	**64-66**
10.	**Witze & Rätsel**	**67-72**

Bevor sie den Inhalt der Klassenzeitung erstellten, haben sie verschiedene Themen gesammelt, die in ihre Zeitung sollten.

Gestaltet eure eigene Zeitung.
Geht dabei so vor:

1. Überlegt für eure Zeitung einen Namen.
2. Entwerft eine Titelseite.
3. Überlegt euch verschiedene Themen, die in eure Zeitung sollen.
4. Teilt euch in Gruppen zu den verschiedenen Themen ein.
5. Schreibt in euren Themengruppen die Texte für eure Zeitung.
6. Denkt beim Schreiben eurer Texte an den Aufbau eines Artikels.
7. Überarbeitet eure Texte.

S. 149

Einen Artikel schreiben

Die Jugendherberge

Am ersten Tag haben wir die Zimmer belegt
und sind im Wald spazieren gegangen.
Im Wald haben wir Spiele gespielt.
In der Jugendherberge gab es zwei Flipper-Automaten
und ein Kickerspiel.
Tim und Lars haben immer Tischtennis gespielt.
Am vorletzten Tag gab es eine Disco.
Am letzten Tag waren wir noch im Freilichtmuseum.
Hier stehen ganz alte Häuser.

Alex

Drei Klassen auf Jugendherbergsfahrt
– So cool war die Fahrt noch nie –

Wir, die Klasse 4 c, haben mit der 4 a und 4 b eine Klassenfahrt in eine Jugendherberge gemacht. Als wir ankamen, haben wir zuerst unsere Zimmer belegt. Jede Klasse hatte ihren eigenen Essraum. Im Keller gab es eine Tischtennisplatte, zwei Kicker und einen Flipperautomaten. Wir waren ganz viel im Wald. Im Wald haben wir viele Spiele gespielt. Wir haben auch eine Nachtwanderung gemacht. Hier sind wir ca. 200 Meter ohne Taschenlampen gelaufen. Es standen nur brennende Kerzen am Wegesrand. Das war aufregend. Am Abend war eine Disco und wir haben Streiche gespielt. Philip hat Zahnpasta an die Türklinken geschmiert. Am nächsten Tag haben wir schon unsere Koffer gepackt. Ich fand die Klassenfahrt schön.

Tom

1 Vergleiche die beiden Texte.
- Was erfährst du aus den Texten?
- Worin unterscheiden sich die Schlagzeilen?
- Sind die Texte verständlich?

2 Schreibe einen Artikel über ein Erlebnis in eurer Klasse.

Wir schreiben einen Zeitungsartikel

1. Planen

- Überlegt, zu welchen Themen ein Artikel für die Klassenzeitung geschrieben werden soll.
- Entscheide dich für ein Thema.
- Sammle Stichworte zu den Fragen:
  Was war besonders interessant?
  Wo ist etwas geschehen?
  Was ist passiert?
  Wie ist es passiert?
  Wer war daran beteiligt?
- Überlege, wie die Schlagzeile lauten könnte. Soll die Schlagzeile eine Unterzeile haben?

2. Schreiben

Schreibe deinen Text und nutze dabei deine Stichworte.

3. Überprüfen

Lies deinen Text langsam.
Ist der Text verständlich?

4. Überarbeiten

Lest euch eure Texte gegenseitig vor.
Überprüft die Verständlichkeit.
Überlegt, ob Ergänzungen sinnvoll wären.

5. Veröffentlichen

- Korrigiert die Rechtschreibung.
- Schreibt den endgültigen Text sauber ab.
- Stellt die Texte für die Klassenzeitung zusammen.

Redensarten

1 Welche Erklärung passt zu welcher Redensart? Ordne zu.

2 Suche dir eine Redensart aus und schreibe einen Text dazu.

Sich auf der Nase herumtanzen lassen.

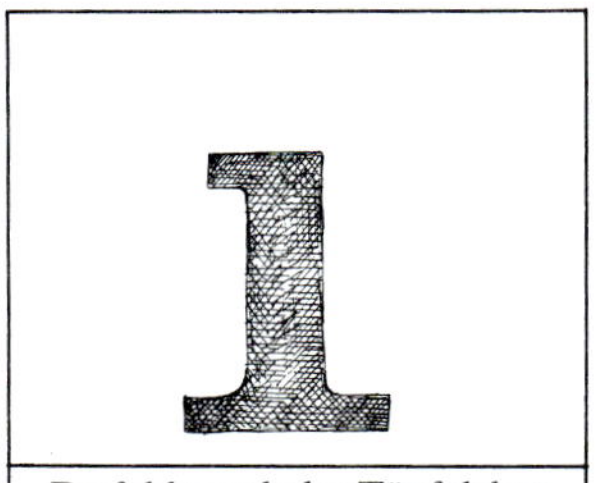

Da fehlt noch das Tüpfelchen auf dem i.

Da ist der Wurm drin.

Die Sache hat einen Haken.

3 Erkläre die Bedeutung der Redensarten.

Die Klasse 4 c empfiehlt in ihrer Klassenzeitung ein lustiges Spiel.

Voraussetzung für dieses Spiel ist, dass sich alle Kinder die Redensarten und deren Sinn vorher genau durchgelesen haben.

So geht das Spiel:

Zwei Kinder wählen eine Redensart aus, die ihnen besonders gefällt.
Dann versuchen sie, den anderen Kindern die Redensart durch Mimik und Gestik darzustellen, das heißt, ohne ein Wort zu sagen.
Erlaubt ist dabei nur das Nachahmen von Geräuschen.

Die Aufgabe der anderen Kinder ist es herauszufinden, welche Redensart die beiden Kinder meinen.

1 Findet weitere Redensarten und deren Bedeutung.
Schreibt sie auf.

2 Spielt das Spiel.

Doppelte Mitlaute

Nach einem kurzen Selbstlaut schreibt man meist mindestens zwei Mitlaute *(Wind, Kasten)*. Hört man nach dem kurzen Selbstlaut nur einen Mitlaut, dann wird dieser Mitlaut meist verdoppelt *(Tonne, Wasser)*.

1 Wird der Selbstlaut lang oder kurz gesprochen?
Schreibe das richtige Wort auf.

Fel oder **Fell**	**renen** oder **rennen**	**Mutter** oder **Muter**	**fallen** oder **falen**
toll oder **tol**	**Sone** oder **Sonne**	**Himmel** oder **Himel**	**Puppe** oder **Pupe**
Bal oder **Ball**	**rollen** oder **rolen**	**Somer** oder **Sommer**	**Knall** oder **Knal**
Affe oder **Afe**	**Waser** oder **Wasser**	**komen** oder **kommen**	**Kuss** oder **Kus**

2 Vergleicht eure Ergebnisse miteinander.
Wenn ihr unterschiedlicher Meinung seid, dann sprecht euch die Worte noch einmal gegenseitig vor.

Schiff | Brille | Messer | schwimmen | treffen | rennen

3 Bilde Wortfamilien und markiere den Wortstamm.
Schiff: einschiffen …

Wenn ein Wortstamm einen doppelten Mitlaut hat, dann haben die **verwandten Wörter** meistens auch doppelte Mitlaute.

S. 214

Lernwörter-Training

1 2 3

4 Ordne die Lernwörter nach dem Abc.

5 Schreibe einen kurzen Text, in dem alle Nomen vorkommen.

6 Schreibe zu den Verben die Zeitformen auf.

drucken: er druckt – er hat gedruckt – er wird drucken

7 Suche passende Nomen zu den Adjektiven.

8 **Radio und Zeitung**

Das Radio und die Zeitung berichten in ihren aktuellen Nachrichten über spannende Neuigkeiten aus aller Welt. Die Zeitungen drucken die Artikel, während die Berichte im Radio vorgelesen werden.

Nachricht
neugierig
Radio
drucken
interessieren
Zeitung
erscheinen
berichten
Überschrift
aktuell
Artikel
verteilen
Neuigkeit

S. 193

Fremdwörter

Interview
T-Shirt
Monitor
Jeans
Inliner
Skateboard
Scanner
Sweatshirt
CD-Player
surfen

9 10

11 Ordne die Fremdwörter diesen Oberbegriffen zu:
Medien Kleidung Sport
Finde weitere Fremdwörter zu den Oberbegriffen.

12 Bilde Sätze mit den Fremdwörtern.

S. 219

Was ist wirklich wirklich?

Tu’s doch

Ein Vogel wollte so gerne fliegen.
Da bekam er zu hören: Du bist doch ein
Vogel – tu’s doch!
Ein Grashüpfer wollte so gerne springen.
Da bekam er zu hören: Du bist doch ein
Grashüpfer – tu’s doch!
Ein Fisch wollte so gerne schwimmen.
Da bekam er zu hören: Du bist doch ein
Fisch – tu’s doch!
Ein Mensch wollte so gerne in Frieden leben.
Da bekam er zu hören: Du bist doch ein
denkendes Wesen – tu’s doch!

Jürgen Spohn

Riesen

Zwei junge Riesen saßen am Abend beisammen.
„Sind wir denn wirklich Riesen?“, fragte der eine den andern.
„Klar“, sagte der zweite, „jeder kann es an unserer Größe sehen.“ –
„Größe?“, fragte der erste. „Wären wir wirklich groß,
wir könnten diesen Stern dort vom Himmel holen.“
Dann schwiegen sie beide. Und während sie schwiegen,
ging der alte Riese vorbei und hatte wieder mal
einen Berg auf den Schultern.

Hermann Schwenk

Hallo, ist da jemand?

Es ist Nacht. Joakim ist allein zu Haus. Da jagt eine Sternschnuppe über den Himmel und Mika vom fernen Planeten Eljo landet in Joakims Garten.

Plötzlich hörte ich aus dem Apfelbaum im Garten Geschrei und Gebrüll. Ich beugte mich aus dem Fenster und entdeckte einen kleinen Jungen, der am Hosengummi im Apfelbaum hing. Und das war Mika.

Seine Hose war am Baum hängen geblieben und deshalb baumelte er jetzt mit dem Kopf nach unten in der Luft. Und wenn er in Mamas Rosenbeet gefallen wäre, hätte alles noch schlimmer kommen können. In dem Moment wusste ich noch nichts von seinem Raumschiff. Später erzählte er mir, dass er die Luke von seinem kleinen Fahrzeug geöffnet hatte, weil er so neugierig geworden war, als ihm klar wurde, dass er sich einem Planeten näherte, auf dem es Leben gab.

Ich stürzte die Treppe hinunter, rannte in den Garten und lief auf den Jungen im Baum zu.
„Das muss ein Traum sein!“, sagte Mika.
Das war das Allererste, was er sagte, und ich fand es komisch, schließlich war ich hellwach.
„Das ist nur ein Traum“, wiederholte er.
Ich war so verwirrt, dass mir viele Gedanken auf einmal kamen. Wer war der Junge im Baum? Und wenn das hier ein Traum war, war das dann Mikas Traum – oder meiner? Und wenn es Mikas Traum war, wieso konnte ich darin hellwach sein?

Noch immer hing er im Baum, weil er mit der Hose an einem Ast hängen geblieben war. Langsam drehte er sich um sich selber. Und ich glaube, auch in meinem Kopf drehte sich alles ein bisschen.
„Wer bist du?“, fragte er.
Mir lag genau dieselbe Frage auf der Zunge, und ich fand es ein bisschen ungerecht, dass er mir zuvorgekommen war. Schließlich war nicht ich plötzlich in seinen Garten gefallen – oder von mir aus auch auf seinen Planeten.
„Ich heiße Joakim“, sagte ich.
„Und ich bin Mika. Warum stehst du übrigens auf dem Kopf?“
Ich musste lachen.
„Du bist hier der, der auf dem Kopf steht“, sagte ich.
„Wenn sich zwei Leute begegnen und einer steht auf dem Kopf, lässt sich nicht immer so leicht sagen, welcher von beiden richtig herum steht“, meinte er.

Ich war so verblüfft über diese Antwort, dass ich nicht wusste, was ich sagen sollte. Mika zeigte auf den Boden: „Auf jeden Fall wäre es nett, wenn du mir auf die Oberfläche dieses Planeten hinaufhelfen könntest.“
„Herunter!“, rutschte es mir heraus.
„Nein, hinauf!“, sagte Mika.

„Du kannst einen Apfel haben“, sagte ich und reichte ihm die grüne Frucht. Er schien zum allerersten Mal einen Apfel zu sehen. Zuerst schnupperte er nur dran, dann traute er sich, einen kleinen Bissen zu nehmen.

„Hmmmmm, hmmmmm“, sagte er und biss noch einmal richtig zu.

„Schmeckt er?“, fragte ich. Er verneigte sich tief.

Ich wollte wissen, wie ein Apfel schmeckt, wenn man zum ersten Mal einen isst, und deshalb fragte ich noch einmal: „Wie schmeckt er?“

Er verneigte sich immer wieder. „Warum verneigst du dich?“

Jetzt war er verwirrt. Ich glaube, er wusste nicht, ob er sich noch einmal verneigen oder einfach nur antworten sollte.

„Da, wo ich herkomme, verneigen wir uns immer, wenn jemand eine witzige Frage stellt“, erklärte er. „Und je tiefsinniger die Frage ist, umso tiefer verneigen wir uns.“

So etwas Komisches hatte ich schon lange nicht mehr gehört. Ich begriff einfach nicht, wie man sich wegen einer Frage verneigen konnte.

„Aber wie begrüßt ihr euch denn dann?“

„Wir versuchen, uns jedes Mal eine kluge Frage auszudenken.“

„Warum denn?“

Zuerst verneigte er sich kurz, weil ich noch eine Frage gestellt hatte, dann sagte er: „Wir versuchen, uns eine kluge Frage auszudenken, damit unser Gegenüber sich verneigt.“ Ich war von dieser Antwort derart beeindruckt, dass ich mich so tief verneigte, wie ich nur konnte.

„Warum hast du dich verneigt?“, fragte er fast beleidigt.

„Weil du auf meine Frage eine so kluge Antwort gegeben hast“, sagte ich.

Jetzt sagte er sehr laut und deutlich etwas, das ich seither niemals vergessen habe: „Eine Antwort ist niemals ein Grund, sich zu verneigen.“ „Warum nicht?“

„Eine Antwort ist immer ein Stück des Weges, der hinter dir liegt. Nur eine Frage kann uns weiterführen.“

Ich fand diese Worte so klug, dass ich mir die Hände unters Kinn pressen musste, um mich nicht schon wieder zu verneigen.

Gleich danach ging die Sonne auf und der neue Tag begann.

Jostein Gaarder

1 Über vieles ist Joakim sehr verblüfft. Sucht die Textstellen und sprecht darüber.

2 Was fandet ihr am erstaunlichsten? Begründet eure Meinung.

Noch mehr über Mikas und Joakims Entdeckungen und über ihre Fragen findest du in diesem Buch.

Sokrates

Was ist mutig? Und was ist gerecht? Mit seinen hartnäckigen Fragen ärgerte Sokrates die Athener vor 2500 Jahren so sehr, dass sie ihn zum Tode verurteilten. Dabei wollte er nur eines: die Wahrheit finden. Noch heute eifern Philosophen auf der ganzen Welt dem antiken Denker nach.

Sokrates wird 470 Jahre vor unserer Zeitrechnung in Athen geboren. Er ist nicht gerade eine würdevolle Erscheinung: ein gedrungener Typ mit platter Nase und Glupschaugen. Als Beruf hat er Steinmetz gelernt, allerdings hat er wenig Lust zu arbeiten. Viel lieber spaziert er über die Straßen und Plätze Athens und stellt denen, die ihm über den Weg laufen, merkwürdige Fragen. Von Feldherren will er zum Beispiel wissen, was Mut ist; vom Eseltreiber, wie man richtig handelt; von Kaufleuten, wozu Reichtum gut ist.

Sokrates redet nicht, weil er nach Macht strebt. Ihn interessiert nur die Wahrheit, zum Beispiel, was Gerechtigkeit ist und was gottlos. Stundenlang kann Sokrates über solche Probleme diskutieren! Er ist ein wahrer „Philosoph" – ein Liebhaber der Weisheit.

Aber wie findet man die Wahrheit heraus? Sokrates hält keine Vorträge. Stattdessen lässt er die anderen reden. Dann meldet er sich mit Zweifeln, stellt kritische Fragen. Als einer erklären soll, was Mut ist, antwortet dieser: „Mutige Menschen geben nie auf!" – „Aber Starrsinnige geben doch auch nie auf. Sind die mutig?", fragt Sokrates. Ein paar Mal geht die Diskussion so hin und her. Dann stehen Männer, die sich für weise gehalten haben, mit hochrotem Kopf da – und müssen stotternd zugeben, dass sie nicht einmal die einfachsten Dinge begriffen haben!

Eine peinliche Situation. Für Sokrates aber ist es der erste Schritt auf dem Weg zur Weisheit. Wenn Menschen ihre Unwissenheit einsehen, denken sie von neuem über ein Problem nach. Sie erkennen Lügen und Aberglauben – und wiederholen nicht die Dummheiten, die sie beim Vater, bei Nachbarn oder dem Priester aufgeschnappt haben. Nun können sie sich eine eigene Meinung bilden und richtig handeln.

Dass er selbst schlaue Antworten hat, behauptet Sokrates nicht. Er sagt von sich: „Ich weiß, dass ich nichts weiß."

Übrigens: Sokrates' Frau soll Xanthippe geheißen haben und sehr streitsüchtig gewesen sein. Manchmal holte sie ihren Mann rigoros von den Diskussionen weg. Vielleicht wollte sie ihn auch nur schützen. Wer weiß?

1 Sokrates war ein sehr intelligenter und gelehrter Mann. Was sagte er von sich? Was meinte er damit?

2 Warum stellte Sokrates so viele Fragen?

Eine Philosophenschule

Auf der Suche nach meinen Fragen

Wer bin ich?

Gibt es mich
nur einmal auf der Welt?

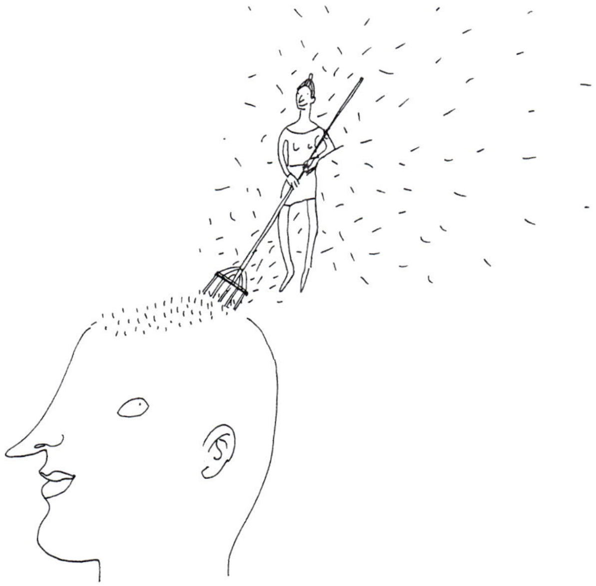

Woher wohl all die Ideen kommen,
die ich so im Kopf habe?
Und wohin gehen sie,
wenn sie den Kopf verlassen?

Michèle Lemieux

1 Schreibe deine Gedanken dazu auf.

2 Welches sind eure Fragen? Sprecht darüber.

Was ist wirklich wirklich?

Frau Fahlbusch, Anne-Kathrins Mutter, öffnet leise die Tür zum Kinderzimmer. „Aufstehen, meine Kleine. Du musst jetzt aufstehen.“
Anne-Kathrin reckt sich. „Ah“, stöhnt sie, „schon? Ich habe gerade so schön geträumt.“ „Was denn?“, fragt die Mutter eher beiläufig.
„Ja, was denn?“, überlegt Anne-Kathrin laut, reckt sich und schiebt ihre nackten Füße unter der Bettdecke hervor. „Eben habe ich es noch gewusst. Doch jetzt ist es fast weg. Das ist ja komisch. Nur an ein Stückchen kann ich mich noch erinnern.“
„Das ist bei Träumen oft so“, meint Frau Fahlbusch.
„Aber ich erinnere mich ganz genau, wie ich auf einem weißen Pferd über eine kunterbunte Wiese geritten bin. Und alle meine Freunde waren da.
Ich sehe das deutlich vor mir.“
„Das ist ja schön. Dann war es ein guter Traum“, beschwichtigt die Mutter.

„Habe ich tatsächlich die ganze Zeit in meinem Bett gelegen?“, fragt Anne-Kathrin plötzlich misstrauisch. „Wie meinst du denn das? Natürlich hast du in deinem Bett gelegen. Wo denn sonst? Du stellst aber auch Fragen! Hast wohl doch nicht so gut geschlafen?“
„Doch, ganz prima. Aber ich saß doch auf einem weißen Pferd und bin geritten und geritten und geritten.“ Anne-Kathrin wunderte sich. „Kann man denn zwei Sachen gleichzeitig tun, schlafen und reiten?“ „Ach du Dummerchen“, seufzt die Mutter. „Das mit dem Reiten hast du doch nur geträumt.“
„Nein, ganz ehrlich. Ich war auf einem weißen Pferd. Ich spüre noch sein seidiges Fell“, antwortet Anne-Kathrin bestimmt.
Etwas verstimmt trollt sich Anne-Kathrin ins Badezimmer. Sie drückt reichlich Zahnpasta auf ihre Zahnbürste. Langsam und wie automatisch putzt sie ihre Zähne. Sie schaut in den Spiegel, zieht die Oberlippe hoch und rümpft die Nase. „Das ist doch ganz einfach“, denkt sie. „Dann muss ich zweimal da gewesen sein. Auf dem Pferd und im Bett. So ist das eben.“ Sie tippt mit dem linken Zeigefinger auf ihre Nasenspitze. „Das bin ich! Jetzt bin ich hier im Bad. Das ist ja klar. Könnte ich jetzt auch noch woanders sein, zum Beispiel bei Oma?“ Anne-Kathrin schließt die Augen. Sie sieht sich in Omas gemütlicher Küche an dem großen Tisch mit der rot karierten Decke sitzen. Plötzlich riecht es nach frischem Kuchen. „Hmmm, Kuchen!“ Anne-Kathrin leckt sich genüsslich die Lippen.

Am Nachmittag trifft Anne-Kathrin ihre beiden Freunde an der alten Kastanie. Plötzlich fällt ihr der Traum wieder ein. „Ich weiß noch genau, was ich heute geträumt habe“, sagt sie wichtig und schneidet damit natürlich ganz schön auf.

„Ach ja?“, Daniel gähnt gelangweilt. „Träumen tun alle Menschen. Das ist doch nichts Besonderes.“

Anne-Kathrin fühlt sich angespannt: „Ich habe von einem weißen Pferd geträumt. Darauf bin ich geritten und ihr habt zugesehen. So war das!“

Daniel will nicht zurückstehen. „Ich träume eigentlich selten“, brummt er. „Meistens kommen dann in meinen Träumen fabelhafte Wesen vor, die ich aus Fernsehfilmen kenne. Oder mir erscheinen meine Lieblingstiere, Kängurus oder Dinosaurier.“

„Ich möchte mal wissen, ob Träume was Wirkliches sind“, sagt Anne-Kathrin nachdenklich. „Eine schwierige Frage.“ Felix runzelt die Stirn.

„Man kann sich ja daran erinnern, wenigstens ein bisschen, meistens“, schränkt er ein. „Dann müsste es ja was Wirkliches sein.“

„Aber du kannst es nicht anfassen. Eigentlich ist es nur in deinem Kopf. Kein anderer kann überprüfen, ob es wahr ist“, gibt Daniel zu bedenken.

„Gedanken sind doch auch wirklich, oder?“, fragt Anne-Kathrin.

Felix versucht es mit einem Beispiel. „Du kannst dir vorstellen, gerade in diesem Augenblick sitzt du irgendwo in Afrika, ganz allein und unbewaffnet, und ein Löwe kommt direkt auf dich zu. Deine Gedanken sind wirklich, weil du dich richtig in Afrika siehst. Aber es ist auch wieder nicht wirklich, denn du sitzt hier bei uns unterm Kastanienbaum und kein einziger Löwe weit und breit, der dich bedroht.“

Daniel winkt ab. „Das ist eben alles verschieden. Vielleicht gibt es nicht nur ein Wirkliches? Vielleicht sind Träume oder andere Sachen genauso wirklich wie diese alte Kastanie oder wie der Matheunterricht bei Herrn Klingbeil? Könnte doch sein, oder?“

Ilona Schneider

1 Welche Fragen sind Anne-Kathrin wichtig? Belege am Text.

2 Welche Antworten gibt sie sich selbst darauf?

3 Welche Antworten geben die anderen Personen?

4 Schreibe auf, was du Anne-Kathrin antworten würdest.

Der Prinz

Es war einmal ein Prinz, weit drüben im Märchenlande. Weil er nur ein Träumer war, liebte er es sehr, auf einer Wiese nahe dem Schlosse zu liegen und träumend in den blauen Himmel zu starren. Denn auf dieser Wiese blühten die Blumen größer und schöner wie sonst wo.

Und der Prinz träumte von weißen, weißen Schlössern
mit hohen Spiegelfenstern und leuchtenden Söllern.
Es geschah aber, dass der alte König starb. Nun wurde der Prinz sein Nachfolger.
Und der neue König stand nun oft auf den Söllern von weißen, weißen Schlössern
mit hohen Spiegelfenstern.
Und träumte von einer kleinen Wiese,
wo die Blumen größer und
schöner blühten
denn sonst wo.

Bertolt Brecht

1 Wovon träumt der Prinz?

2 Sprecht über seine Träume.

Des Kaisers neue Kleider

1. Szene: Beim Kaiser

Sprecher oder Sprecherin	Vor vielen Jahren lebte ein Kaiser, der ungeheuer viel auf neue Kleider hielt. Sein ganzes Geld gab er aus, um stets recht schön herausgeputzt zu sein. Eines Tages kamen zwei Fremde in die Stadt und wurden beim Kaiser vorstellig.
Zwei Fremde (Betrüger) *sich mehrmals tief verneigend*	Hoher Kaiser, lasst Euch sagen, wir sind Weber und verstehen es, die schönsten Stoffe zu weben, die man sich denken kann. Die Farben und Muster der Stoffe sind ungewöhnlich schön. Und – sie haben die Eigenschaft, für jeden Menschen unsichtbar zu sein, der nicht für sein Amt taugt oder der unverzeihlich dumm ist.
Kaiser *mit erhobenem Zeigefinger leise vor sich hin sprechend*	Nicht schlecht, mit diesen prächtigen Kleidern könnte ich dahinter kommen, welche Männer in meinem Reiche zu dem Amte, das sie haben, nicht taugen. Ja, ich könnte sogar die Klugen von den Dummen unterscheiden.
Kaiser *mit lauter Stimme an die beiden Betrüger gewandt*	Ich bin begeistert, meine Herren. Hier habt ihr Geld, damit ihr sofort beginnen könnt, feine Stoffe für mich zu weben.
Sprecher oder Sprecherin	Sogleich stellten die beiden Webstühle auf, verlangten feinste Seide und prächtige Goldfäden und taten so, als ob sie arbeiteten.

2. Szene: Im Webraum

1. Betrüger *reibt sich die Hände*	Das klappt ja prima! Während wir hier sitzen und nichts tun, verdienen wir gutes Geld. Nicht schlecht, oder?
2. Betrüger *listig*	Ich bin mal gespannt, was der Kaiser wohl sagt, wenn er kommt.

3. Szene: Kaiser allein

Kaiser *leise vor sich hin murmelnd* *ruft laut seinen Minister*	Ich bin neugierig, was die beiden da so vollbringen. Aber ein bisschen komisch ist mir schon zumute, wenn plötzlich alle, die für ihr Amt nicht taugen oder dumm sind, meine feinen Kleider nicht sehen können. Ich schicke mal meinen ehrlichen alten Minister zu den Webern. Der hat Verstand und erfüllt sein Amt besonders gut. (Er lässt seinen Minister holen.)
Sprecher oder Sprecherin	Mittlerweile wusste bereits die ganze Stadt, welche besondere Kraft die Stoffe haben sollten, die die beiden Fremden da im stillen Kämmerlein webten.
Kaiser	Minister, geh und sieh nach, wie weit die beiden Herren sind, und berichte mir, was du siehst und wie es dir gefällt.

4. Szene: Minister beim Kaiser

Minister *reißt erschrocken die Arme hoch und spricht leise zum Publikum*	(geht in den Saal) Gott behüte! Ich kann ja nichts erblicken!
1. Betrüger *zeigt auf leeren Webstuhl*	Nun, werter Minister, tretet näher. Ist das nicht ein schöner Stoff – und erst die Farben!
Minister *hinter vorgehaltener Hand - verzweifelt*	Mein Gott – sollte ich etwa dumm sein oder für mein Amt nicht taugen? Das habe ich nie geglaubt. Das darf kein Mensch wissen! Ich darf niemandem erzählen, dass ich die Stoffe nicht sehen kann.
2. Betrüger	Nun – Ihr sagt ja gar nichts dazu.
Minister	Oh, nett, allerliebst. Diese Farben, diese Muster! Ich werde dem Kaiser sofort davon berichten.
1. Betrüger	Nun, das freut uns. Seht hier, diese Farbe ist das Indisch-Gelb und dies das Fatalo-Blau. Herrlich, nicht?
2. Betrüger	Wo Ihr diese edle Ware nun gesehen habt, werter Minister, werdet Ihr sicher verstehen, dass wir mehr Geld, mehr Seide und mehr Goldfäden brauchen. Lasst den Kaiser dies bitte wissen.
Sprecher oder Sprecherin *Volksgemurmel im Hintergrund*	Der Minister machte sich auf den Weg und berichtete dem Kaiser, was er angeblich gesehen hatte, und überbrachte die Forderungen der beiden Weber. Und der Kaiser erfüllte sie sogleich. Alsbald sandte der Kaiser einen zweiten Staatsmann zu den beiden Webern. Diesem erging es wie seinem Vorgänger. Und auch er berichtete dem Kaiser, so wie es der erste Minister getan hatte. Alle Menschen in der Stadt sprachen schon von den herrlichen Stoffen.

5. Szene: Kaiser allein

Kaiser	Nun will ich mich doch selbst mal davon überzeugen, welch prächtige Kleider mir für das bevorstehende Fest genäht werden.
Sprecher oder Sprecherin	Er geht mit einer Schar seiner Diener in den Webraum.

6. Szene: Kaiser im Webraum bei den Betrügern

1. Betrüger *eifrig am leeren Webstuhl webend*	Ist das nicht ein prächtiger Stoff?
zwei Minister *wild gestikulierend*	Und seht doch nur, die Farben! Indisch-Gelb und Fatalo-Blau!
Kaiser *erschrocken und leise zum Publikum sprechend* Pause *dann laut zu den Betrügern*	Was, ich sehe ja gar nichts! Das ist ja schrecklich! Bin ich dumm? Tauge ich nicht, Kaiser zu sein? Das wäre ja eine Katastrophe! Ich bin völlig verwirrt! Meine Herren! Mein allerhöchster Beifall! Wirklich eine Augenweide.

Schluss des Märchens

Und der Kaiser ging vielmals um den nicht vorhandenen Stoff herum und nahm ihn der Form halber in Augenschein. Sein ganzes Gefolge staunte, sah doch keiner von ihnen auch nur ein einziges Stückchen Stoff. Trotzdem riet ihm einer, sich davon ein Festtagsgewand für das bevorstehende Fest machen zu lassen. Und so geschah es.

Die beiden Betrüger bekamen vom Kaiser das Ritterkreuz und wurden sogar noch zu Hofwebern ernannt. Dienernd machten sie sich daran, dem Kaiser neue Kleider zu nähen. Sie taten, als ob sie das Zeug aus dem Webstuhl nähmen, schnitten mit ihren großen Scheren in die Luft, nähten mit Nadeln ohne Faden, zeigten dem Kaiser zum Schluss die nicht vorhandenen Kleider, ließen ihn anprobieren und lobten ausführlich, wie gut sie ihm stünden.

Auch das Gefolge des Kaisers stimmte in das Lob mit ein. Der Kaiser drehte und wendete sich eitel vor dem Spiegel. Der Oberzeremonienmeister ließ den Thronhimmel kommen, unter dem der Kaiser zu Fuß gehen und vor sein Volk treten wollte. Diener hielten die Schleppe, die ja eigentlich nicht vorhanden war, und der Kaiser winkte seinem Volk zu und das Volk jubelte zurück und lobte die unvergleichlich schönen Kleider des Kaisers. Keiner wollte sich anmerken lassen, dass er nichts sähe.

Nur ein kleines Kind rief endlich nach einiger Zeit:
„Aber der Kaiser hat ja gar nichts an!“
Und das ganze Volk fing auf einmal an zu zischeln und zu rufen und merkte, dass das Kind die Wahrheit gesagt hatte.
Und alle stimmten in die Rufe des Kindes ein.
Auch der Kaiser erkannte, dass er wohl reingefallen war, doch er dachte bei sich: „Nun muss ich aushalten!“
Und die Kammerdiener gingen tapfer mit der nicht vorhandenen Schleppe weiter.

Nach dem Märchen von Hans Christian Andersen

1 Schreibt zu dem Schluss des Märchens ein Drehbuch.

2 Spielt das Märchen als Menschen-Schattenspiel.
- Überlegt, wie ihr dabei Gestik und Mimik deutlich machen könnt.
- Wie könnt ihr gezielt eure Stimme einsetzen?
- Notiert, welche Requisiten ihr braucht.

Wir spielen eine Geschichte vor

1. Lies den Text.

2. Überlegt und entscheidet, in welcher Form ihr den Inhalt des Textes spielen wollt:

- als ein Menschen-Schattenspiel
- als ein Schattenspiel mit Spielfiguren
- als ein Stabpuppenspiel
- als ein szenisches Spiel

3. Sprecht frei oder legt die Texte in einem Drehbuch fest.

4. Verteilt die Rollen.

5. Überlegt, welche Requisiten unbedingt nötig sind.

6. Spielt die Geschichte vor.
Vergleicht euer Spiel mit dem anderer Gruppen.
Passt das, was vorgespielt wurde, zum Text?

Aufbau eines Schattenspiels

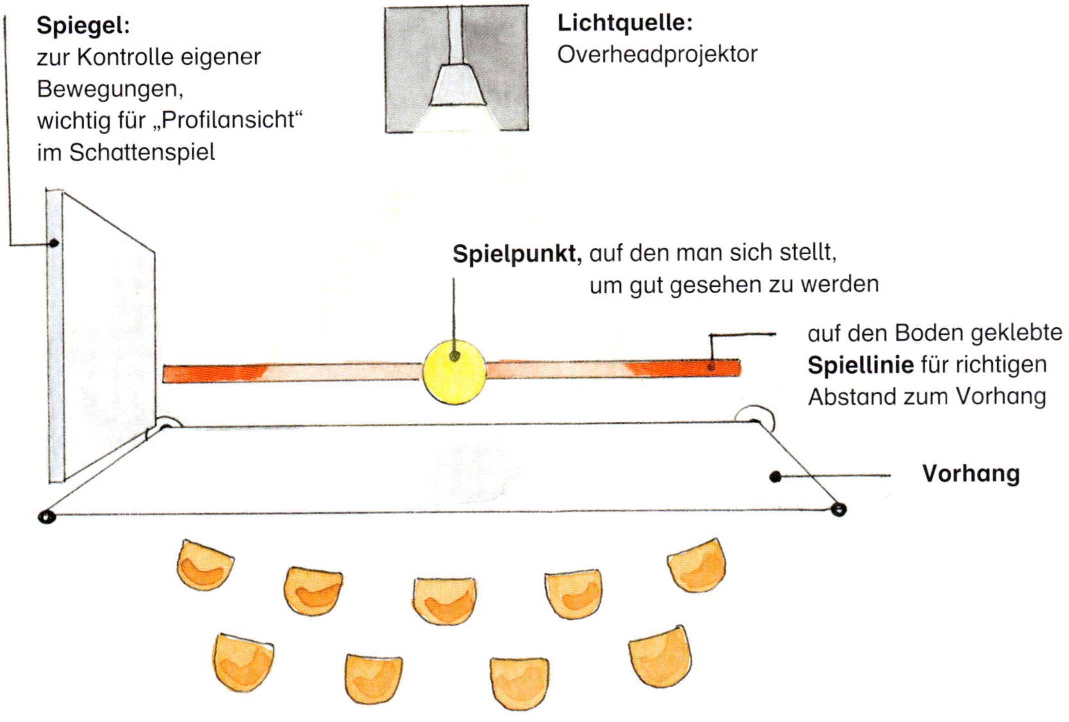

Wirklichkeit und Schein

René Magritte: Die Beschaffenheit des Menschen

Schreibt zu diesem Bild mit der Wörterbörse.

Wir schreiben mit der Wörterbörse

1. Betrachte das Bild.

2. Jeder schreibt vier Wörter zu diesem Bild auf einzelne Wortkärtchen.

3. Legt alle gefundenen Wörter rund um das Bild.

4. Lies alle Wörter und suche dir vier Wörter aus.

5. Schreibe einen Text mit Hilfe der vier ausgewählten Wörter.

6. Stellt euch eure Texte gegenseitig vor.

Überprüft, ob eure Texte verständlich sind.
Sprecht über die unterschiedlichen Sichtweisen zu dem Bild.

7. Vergleicht eure Texte mit den Texten der anderen Gruppen.

Wählt ein anderes Bild und schreibt dazu mit Hilfe der Wörterbörse.

Spielen mit Sprache

Nomen

Zug

Ein Herr saß in einem Zug.
Er hatte so großen Durst,
dass er ein großes Glas Wasser
in einem Zug austrank.

Mario Grasso

1 Stelle den Text bildlich dar.

2 Suche ein Teekesselchen. Schreibe einen ähnlichen Text.

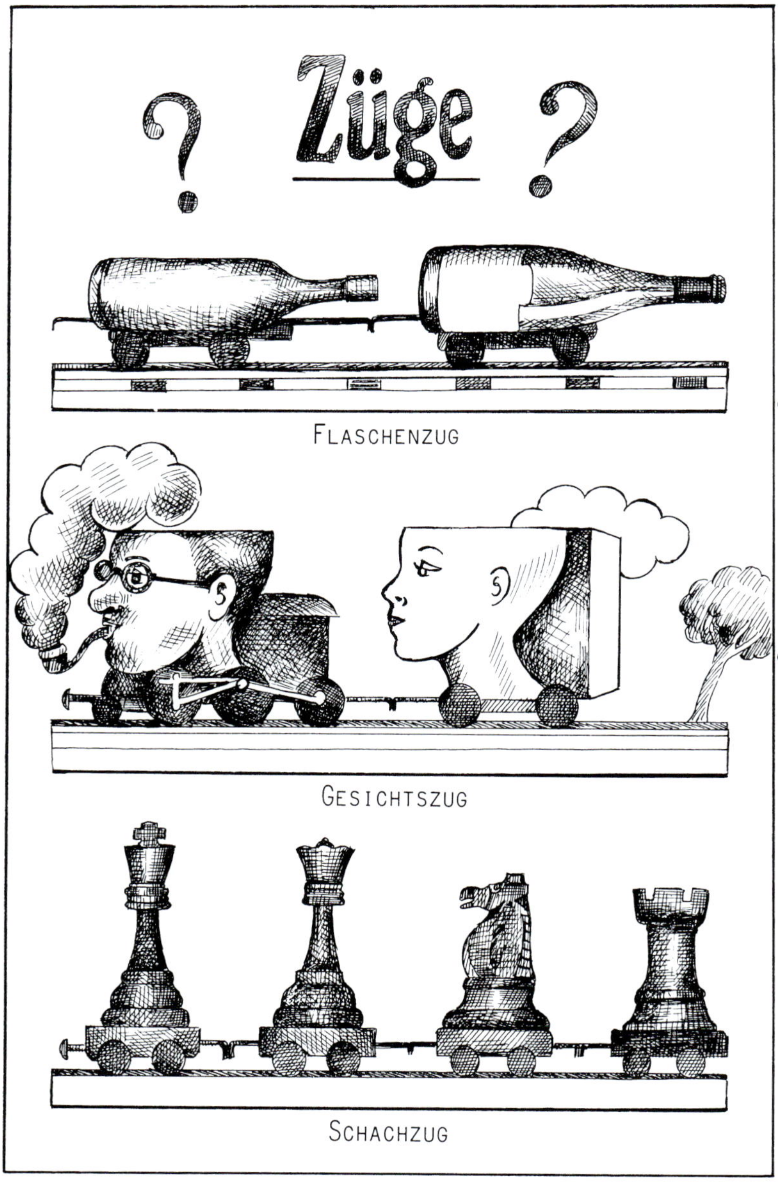

3 Sprecht über die Bilder.

4 Sucht weitere Beispiele. Spielt das Teekesselchenspiel.

S. 198/199

Verben

Fragen über Fragen

Wozu hat der Mensch Beine?
Damit er **gehen** kann –
damit er **stehen** kann –
damit er **laufen** kann.

Warum kann aber eine Uhr,
die keine Beine hat, trotzdem **gehen**?
Warum **steht** sie, und warum **läuft** sie jetzt wieder?
Und warum **läuft** meine Nase jetzt so schrecklich?
Etwa weil sie ein Nasenbein hat?
Kaum, das Nasenbein **sitzt** fest.
Seit wann aber kann ein Nasenbein **sitzen**?
So ganz ohne Stuhl?
Fragen über Fragen.

Mario Grasso

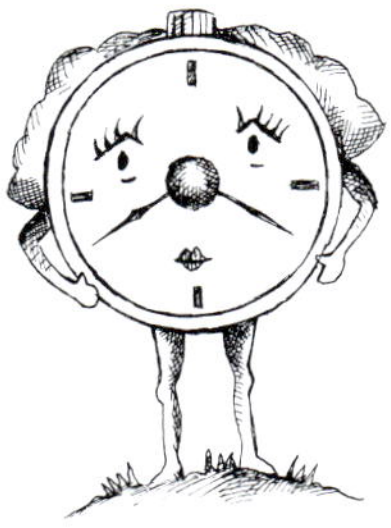

DIE UHR STEHT.

DIE UHR GEHT.

DIE UHR LÄUFT WIEDER.

1 Wie würdest du die Fragen beantworten?

2 Schreibe andere Fragen **mit diesen Verben** auf.

Adjektive

kühl
Inge behielt einen kühlen Kopf,
obwohl heute ein heißer Tag war.

ruhig
Klingt das nicht
komisch, wenn
jemand sagt:
„Von mir aus
könnt ihr ruhig
Lärm machen?"
Kann man denn das?

matt
Peter fühlt sich matt.
Die Farbe ist matt.
Der König im Schachspiel ist matt.

flüssig
Schmelzende Schokolade wird
flüssig. Aber auch der Verkehr
auf der Straße kann flüssig sein.

scharf
„Herr Ober, ich muss mich bei
Ihnen beschweren. Erstens ist das
Messer nicht scharf genug, und
zweitens ist das Essen zu scharf!"

3 Denkt über die Bedeutung
der Adjektive nach.

S. 200/201

Wortbausteine

wahr — Wahrheit

wirklich — Wirklichkeit

betrachten — Betrachtung

1 Markiere die Endungen der Nomen.
Schreibe so: *wahr – die W…*

> Wörter mit den Endungen -ung -heit -keit sind Nomen.
> Sie werden mit einem großen Anfangsbuchstaben geschrieben.

ewig, teilen, bekannt, kreuzen, vergesslich, zünden, heiser, gültig, grob, bedienen, albern, beliebt, verwechseln, abbilden, blind, tapfer, dumm, impfen, heizen, krank, fröhlich, zeichnen, verschmutzen, ähnlich, schön, flüssig, wohnen, sicher, ehrlich, dunkel, entdecken

Ewigkeit

Teilung

Bekanntheit

2 Bilde Nomen mit den Endungen -ung -heit -keit.
Schreibe auf und markiere. *ewig – die Ewigkeit*

3 Untersuche die -ung-Wörter. Was fällt dir auf?

4 Auch Wörter mit den Endungen -nis und -schaft sind Nomen.
Suche Beispiele. *das Ereignis, die Freundschaft…*

S. 198

Lernwörter-Training

1 
2 

3 

4 Ordne die Lernwörter nach dem Abc.

5 Suche passende Adjektive zu diesen Nomen:
Frage Antwort Glück Unglück
Frage: die kluge Frage

6 **Wörterräder**
Würfle mit zwei Würfeln.
Suche aus jedem Rad das Wort zur jeweiligen Zahl.
Bilde mit beiden Wörtern einen Satz.

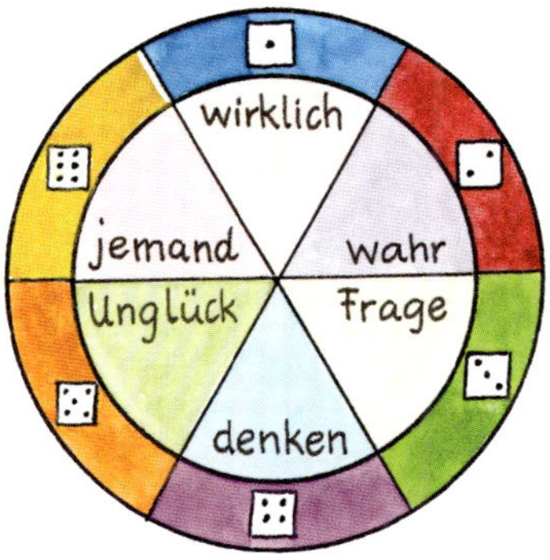

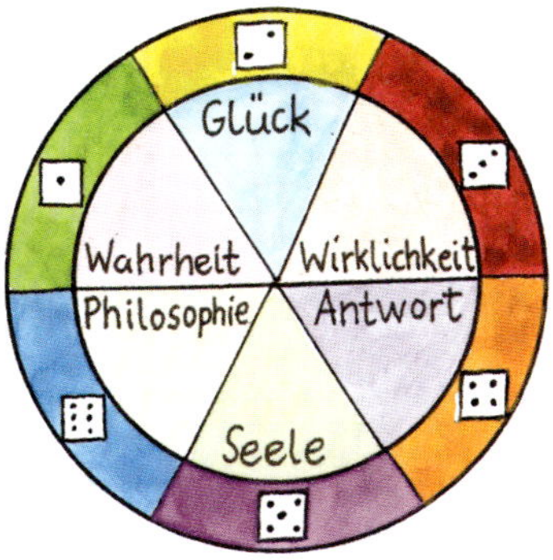

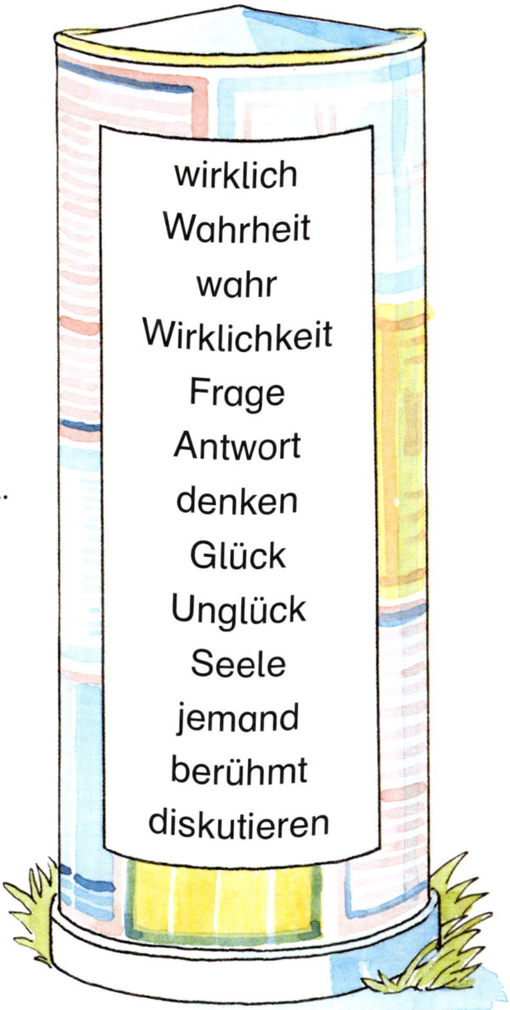

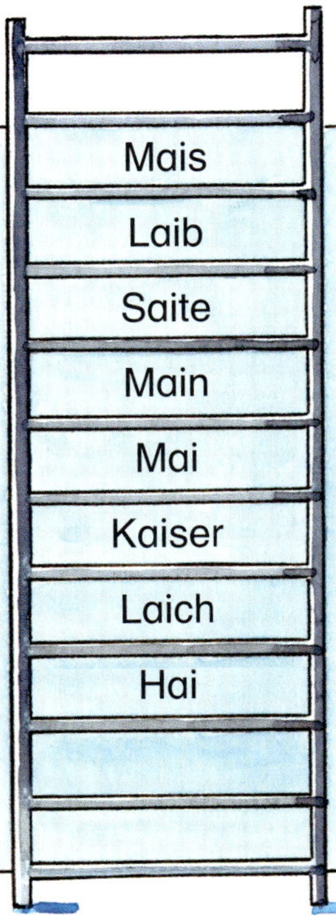

Merkwörter mit ai

7 
8 

9 Bilde Sätze mit den Merkwörtern.
Du kannst in einem Satz
auch mehrere Merkwörter benutzen.

10 Bilde zusammengesetzte Nomen
und markiere das ai.
Hai: der Haifisch, die Haifischzähne …

Jahreszeiten-Lebenszeiten

Er ist's

Frühling lässt sein blaues Band
Wieder flattern durch die Lüfte,
Süße wohl bekannte Düfte
Streifen ahnungsvoll das Land;
Veilchen träumen schon,
Wollen balde kommen;
Horch, von fern ein leiser Harfenton! –
Frühling, ja, du bist's –
Dich hab ich vernommen!

Eduard Mörike

Sommer

In einer Wiese gehn,
sie anschaun und verstummen:
Die Blumen leuchten schön,
die Bienen summen,
Käfer krabbeln im Gras,
Ameisen schleppen dies und das,
eine pelzige Hummel
fliegt mit Gebrummel
über die Gräser dahin.
Ganz weiß und leise
geht ein Schmetterling
auf die Reise …

Georg Bydlinski

Allee im Herbst

Die Bäume senden Luftpostbriefe.
Langsam schweben sie zu Boden.
Wer sie sieht, versteht die Botschaft:
Winter kommt bald.

Georg Bydlinski

Der Winter

Die Pelzkappe voll mit schneeigen Tupfern
behäng ich die Bäume mit hellem Kristall.
Ich bringe die Weihnacht und bringe den Schnupfen,
Silvester und Halsweh und Karneval.
Ich komme mit Schlitten aus Nord und Nord-Ost.
Gestatten Sie: Winter. Mit Vornamen: Frost.

Mascha Kaléko

Das Frühlingserwachen

Ein Hauch linder Aprilluft sickert in den Feldsteinhaufen. Der Laubfrosch erwacht
aus der Winterstarre. Er dehnt die klammen Glieder. Langsam tastet er sich
von einem Stein zum anderen nach oben, angereizt von der wärmeren Luft.
Der erste Sonnenstrahl! Der Laubfrosch schließt geblendet die Augen.
Nach Sekunden öffnet er sie zaghaft wieder
und äugt zum blauen Ozeanhimmel hinauf.
Dem Frosch wird wohlig warm. Arme und Beine gehorchen schon williger.
Er zwängt sich zwischen scharfkantigen, kalten Feuersteinen hindurch
und landet nach einem kurzen Hupfer auf einem Granitbrocken. Die Sonne!
Die milde Luft! Der Frosch atmet tief, trinkt behaglich den lauen Wind,
der ohne Modergeruch über die Haut streicht.
Lauscht dem verhaltenen Rauschen der Pappelkrone. Blickt von seinem Steinturm
auf die goldenen Blütenschalen des Kriechenden Hahnenfußes,
der am Wege wuchert.
Hört die Lerche, die sich jubelnd an ihrem Liede emporzieht. Schreck!
Im Wipfel der Pappel landet der Kolkrabe: Rabb… rabb… rabb…
Wie ein plumper schwarzer Kahn schaukelt der Vogel auf dem
Pappelzweig. Der Laubfrosch schmiegt sich an den Granitstein,
rührt keinen Muskel mehr. Bis sich der schwere Vogel
wieder in den Wind wirft.
Dem Laubfrosch ist zum Zerplatzen wohl.
Seine Sprünge vom Steinhaufen
sind kräftig, weit.
Es zieht ihn zum Tümpel.

Werner Lindemann

Frühling

Die Amsel singt
und dein Gummiball springt.
Die Sonne flirrt
und dein Springseil schwirrt.
Der Apfelbaum blüht
und dein Rollschuh zieht
eine schnurgrade Bahn.
Und ein alter Mann
spazieren geht …
Und dein Kreisel dreht
sich rundherum.
Und du weißt nicht, warum
du so fröhlich bist?
Weil Frühling ist!

Ilse Kleberger

Knospen

Man sagt, im Frühling beginne die Natur zu grünen.
So ganz stimmt es nicht, denn durch die bräunlichen und rosa Knospen
erhält sie einen rötlichen Ton. Es gibt purpurrote und zart gerötete Knospen,
darunter sind welche bräunlich und klebrig wie Harz, wieder andere sind weiß
wie das Bauchfell einer Häsin; aber es gibt auch violette oder dunkle wie altes Leder.
Ich verrate euch, die Knospen sind genauso eigenartig und mannigfaltig,
wie Blätter oder Blüten es sind.
Nie wird man fertig mit dem Enthüllen neuer Gattungen.

Karel Čapek

Gefunden

Ich ging im Walde
So für mich hin,
Und nichts zu suchen,
Das war mein Sinn.

Im Schatten sah ich
Ein Blümchen stehn,
Wie Sterne leuchtend,
Wie Äuglein schön.

Ich wollt' es brechen,
Da sagt' es fein:
Soll ich zum Welken
Gebrochen sein?

Ich grub's mit allen
Den Würzlein aus,
Zum Garten trug ich's
Am hübschen Haus.

Und pflanzt' es wieder
Am stillen Ort;
Nun zweigt es immer
Und blüht so fort.

Johann Wolfgang von Goethe

Woher kommt der Muttertag?

Längst wissen wir es: An jedem zweiten Sonntag im Mai ist Muttertag. Das ist der Tag, an dem wir der Mutter für ihre Fürsorge danken, die wir im Alltag als selbstverständlich ansehen. Wisst ihr, wie es zu diesem Tag kam?

Wie bei vielen heutigen Festen und Ehrentagen ist der Ursprung schon im Altertum zu finden. Aber eigentlich ist die Geschichte des Muttertages eine amerikanische Geschichte:

Julia Ward Howe war eine einflussreiche amerikanische Schriftstellerin. Sie meinte, dass den Frauen für das, was sie täglich leisteten, eine Anerkennung zustehen müsste. 1872 forderte sie deshalb öffentlich, einen nationalen Feiertag für die Frauen in den USA einzuführen. Aber es dauerte noch fast ein halbes Jahrhundert, bis es dazu kam.

Ihre Tochter, Anna Jarvis, griff die Idee wieder auf. Am 2. Todestag ihrer Mutter – das war am 9. Mai 1907 – startete sie einen Werbefeldzug für die Einführung eines offiziellen Muttertages. Sie selbst hatte keine Kinder. Frei und ungebunden wollte sie ihre ganze Kraft der Gleichberechtigung der Frauen und der Anerkennung der Mütter widmen.
Sie schrieb viele Briefe an einflussreiche Männer. Auf Hunderttausenden von Plakaten verkündete sie: „Schafft den Ehrentag der Mutter – setzt diesen Frauen ein unvergängliches Denkmal!“ Das alles kostete sie auch sehr viel Geld.

Aber sie hatte Erfolg: Der amerikanische Präsident Woodrow Wilson erklärte am 8. Mai 1914 den Muttertag zum nationalen Ehrentag. Und zwar für jeden zweiten Sonntag im Mai. Anna Jarvis' Mutter war an einem zweiten Sonntag im Mai gestorben.

Überall auf der Welt folgte man dem amerikanischen Beispiel. Nach dem Ersten Weltkrieg kam diese Idee nach Europa. Seit Anfang der zwanziger Jahre wurde der Muttertag auch in Deutschland gefeiert.

Und was wurde aus Anna Jarvis?
In Amerika war sie nun berühmt. Aber sie musste zu ihrem Kummer zusehen, wie viele mit dem Muttertag gute Geschäfte machten. Verbittert zog sie sich zurück. Sie starb 1948 in einem Altersheim.

Was der Sommer wiegt

Im August kommen die Gewitter. Dann sitzt der Joscha unter seiner Laube, wenn die schweren Tropfen niederprasseln, und er denkt: „Im August ist alles schwer. Die schwüle Hitze ist schwer, die Regenwolken sind schwer, die Tropfen sind schwer, sogar der Donner klingt, wie wenn schwere Steine in leere Fässer fallen. Die Bäume sind schon schwer von Früchten, und die Luft ist schwer von Düften.

Und auch mein Herz ist schwer, weil der Sommer bald gehen wird.

Der ganze August ist schwer. Ich werde ihn Elefantenmonat nennen, weil er so schwer ist.“ Aber dann ist das Gewitter vorbei, im Westen zeigt sich die Abendsonne und im Osten ein herrlicher Regenbogen, der das Tal überspannt.

Der Joscha geht aus seiner Laube auf die feuchte Wiese hinaus.

Schnecken kriechen jetzt über die Wege, eine Kröte sitzt am Teich und reckt den Kopf zum Himmel empor, als ob sie dem Regen ein Danklied singen wollte. Aber sie lauert nur auf Mücken. Ein Laubfrosch klettert auf der Sonnenblume herum, und durchs Gras tappt ein Feuersalamander.

Alle, die sich sonst vor der Hitze verstecken, sind herausgekommen ins Feuchte und Kühle. Vorsichtig geht der Joscha, um keine Schnecken zu zertreten. Er hockt sich neben den Feuersalamander und lässt ihn auf seine Hand kriechen. „Siehst du, alles ist leicht“, sagt der Joscha zum Salamander.

„Der Regenbogen, der überm Tal schwebt, ist leicht, und die Mücken, die überm Teich schwirren, sind leicht. Die Schwalben jagen leicht durch die Luft, und die Luft selber ist leicht und weich nach dem Regen.

Die Schmetterlinge auf den Blumen sind leicht, und die Tropfen an den Blättern sind leicht. Und du, du bist auch ganz leicht auf meiner Hand, und deine kleinen Hände tappen so leicht auf meiner Haut. Und mein Herz ist auch leicht, weil alle Schwere vorübergeht, so wie das Gewitter, und der Sommer doch immer wiederkommt.

Der ganze August ist leicht. Ich werde ihn Libellenmonat nennen.“

Und dann setzt er den Salamander wieder ins Gras. Schwerfällig tappt der Salamander davon, er winkt und schlängelt sich bei jedem Schritt. Aber dann fängt er sich ganz leicht eine Mücke.

Martin Auer

Sommer

Xenia Marita Riebe: Mohn

mohnklatschdeineblütenindentag
ichlieberotfeuerrot
daspurpurhummelstaubfädengewimmelherz
deineverzaubertenkelchfalterschaukelwiegenbreitenflügelblätter
imspätsommerwind

Josée Hümpel-Langen

Herbst

Schon ins Land der Pyramiden
flohn die Störche übers Meer;
Schwalbenflug ist längst geschieden,
auch die Lerche singt nicht mehr.

Seufzend in geheimer Klage
streift der Wind das letzte Grün,
und die süßen Sommertage,
ach, sie sind dahin, dahin!

Nebel hat den Wald verschlungen,
der dein stilles Glück gesehn;
ganz in Duft und Dämmerungen
will die schöne Welt vergehn.

Nur noch einmal bricht die Sonne
unaufhaltsam durch den Duft,
und ein Strahl der alten Wonne
rieselt über Tal und Kluft.

Und es leuchten Wald und Heide,
dass man sicher glauben mag,
hinter allem Winterleide
lieg' ein ferner Frühlingstag.

Theodor Storm

Zwischen Herbst und Winter

Die Krähen stehn im Baum und frieren.
Das Laub
ist gelb geworden und ich glaub,
der Baum wird es verlieren.

Die süßen Zuckerrüben fahren
täglich in die Stadt.
Den frechen Staren, ganzen Scharen,
bleibt ein Kirschbaumblatt.

Die Störche sind auch abgereist,
eh sie den letzten Frosch verspeist.
In seinen Ufern ruht der See.
Erst gibt es Eis und später Schnee.

Der Sturm pflückt alle Äste leer,
er streut die Vögel wüst umher;
die Sterne tanzen, glitzern und
abends heult der Nebelhund.

Schnell rennt das Kind ins Dorf hinein,
da ihm die Ohren frieren;
es will am warmen Ofen sein.
Es schlägt voll Kraft das Brennholz klein
und schließt die Zimmertüren.

Sarah Kirsch

Advent

Es treibt der Wind im Winterwalde
die Flockenherde wie ein Hirt,
und manche Tanne ahnt, wie balde
sie fromm und lichterheilig wird;
und lauscht hinaus. Den weißen Wegen
streckt sie die Zweige hin – bereit,
und wehrt dem Wind und wächst entgegen
der einen Nacht der Herrlichkeit.

Rainer Maria Rilke

Entre le bœuf et l'âne gris

(2) Entre les deux bras de Marie,
dort, dort, dort le petit fils.

(2) Fest in den Armen der Mutter sein,
schläft, schläft, schläft das Kindelein.

Die Heiligen Drei Könige

Die Heil'gen Drei Könige aus Morgenland,
Sie frugen in jedem Städtchen:
„Wo geht der Weg nach Bethlehem,
Ihr lieben Buben und Mädchen?"

Die Jungen und Alten, sie wussten es nicht,
Die Könige zogen weiter;
Sie folgten einem goldenen Stern,
Der leuchtete lieblich und heiter.

Der Stern blieb stehn über Josephs Haus,
Da sind sie hineingegangen;
Das Öchslein brüllte, das Kindlein schrie,
Die Heil'gen Drei Könige sangen.

Heinrich Heine

Die Heiligen Drei Könige bedachten den neugeborenen Jesus mit kostbaren Geschenken. Schon lange wartete nämlich das Volk Israel auf seinen neuen König, den es auch Retter oder Erlöser nannte. Der Stern war für die Heiligen Drei Könige das Zeichen, dass der neue König geboren war. Deshalb machten sie sich auf den Weg, um ihn zu begrüßen.
Sie brachten ihm königliche Geschenke: Gold, Weihrauch und Myrre.

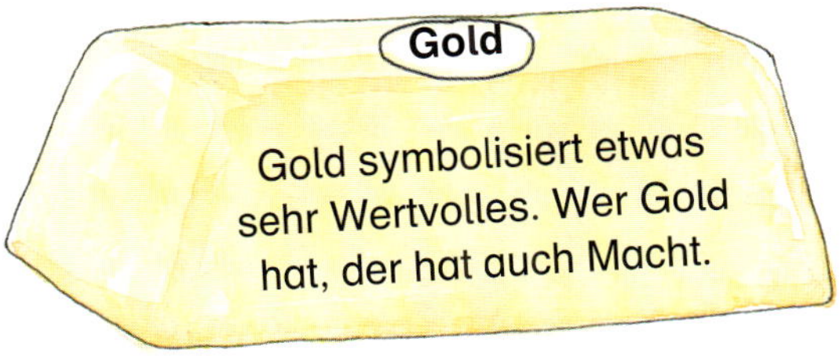

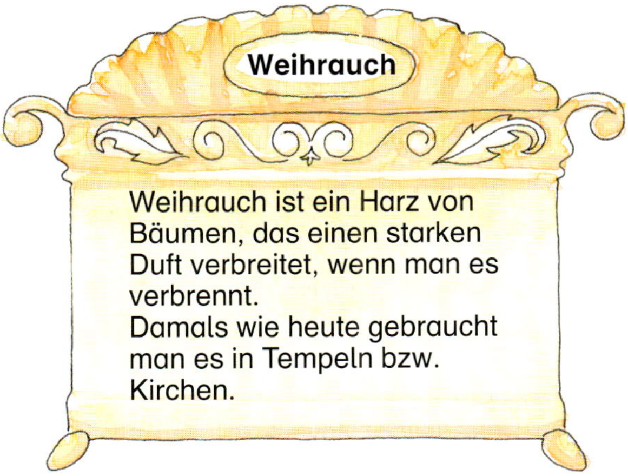

Ein Schneemann für Isabell

Isabell wünschte sich einen Schneemann.

Du liebe Zeit! Dieser Wunsch war schwer zu erfüllen. Denn in dem Land, in dem Isabell wohnte, fiel niemals Schnee. Trotzdem wünschte sich Isabell einen Schneemann. Es war ihr einziger Geburtstagswunsch.

Der Vater überlegte, wie er das machen sollte. Vielleicht gab es Schneemänner aus Pappe? Oder aus Watte? Nein, das hätte Isabell gemerkt. Schneemänner müssen kalt sein. Und sie müssen eine Mohrrüben-Nase haben und einen Bratpfannen-Hut.

Da schrieb Isabells Vater eine Bestellung an das Versandhaus NÄGELI in der Schweizer Stadt Bern:

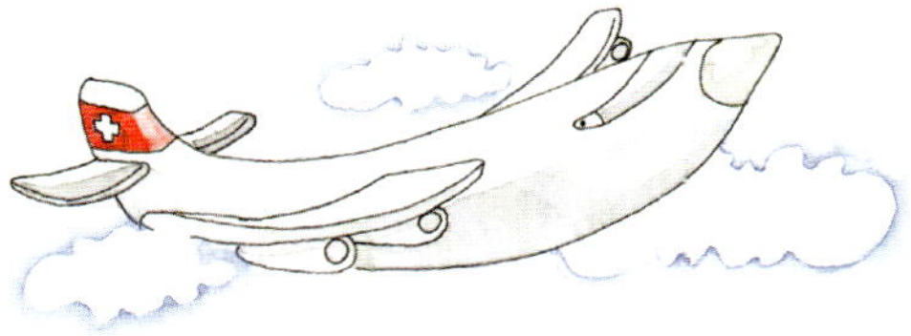

Schickt mit Eilpost einen SCHNEEMANN mit Nase und Hut für meine Tochter Isabell.

Die Leute von der Firma NÄGELI machten sich gleich an die Arbeit. Sie holten Schnee vom Oberland und bauten einen dicken Schneemann mit langer Mohrrüben-Nase und einem Bratpfannen-Hut. Sie steckten den Schneemann in eine Kühltruhe und schickten ihn mit dem Flugzeug zu Isabell.

Auf dem Flugplatz warteten viele Leute. Sie hatten gehört, es würde eine berühmte Person ankommen. „Was kommt denn für einer?“, fragten die Leute. „Ein Schlagersänger? Ein Fußballspieler? Oder ein Präsident?“ Sie waren sehr neugierig. Aber noch neugieriger war Isabell.

Dann hörte man das Flugzeug brummen. Es landete. Die Kühltruhe wurde aus dem Flugzeug getragen.

Alle konnten es sehen: Zwei Männer öffneten den Deckel, und ein Schneemann schaute heraus. Sie stellten ihn auf die Beine. Sie drückten ihm die Nase fest. Sie rückten ihm den Hut zurecht.

So brachten sie ihn zu Isabell: ganz frisch, ganz weiß, ganz kalt.

Isabell strahlte vor Freude. Sie gab dem Schneemann die Hand. Da merkte sie, wie kalt er war. Die Leute staunten. „Ah!“, riefen sie, und „Oh!“ und „Bravo!“ So etwas hatten sie noch nicht gesehen. Sie drängten sich um den Schneemann. Jeder wollte ihm die Hand geben.

Isabell war sehr stolz. Sie wollte ihn mit nach Hause nehmen und auf den Geburtstagstisch stellen. Aber vom vielen Händeschütteln und weil es in Isabells Land so warm war, wurde der Schneemann weich. Er sackte in den Knien zusammen, wurde immer kleiner. Zuletzt blieben nur die Mohrrübe und die Bratpfanne übrig und – das hätte ich beinah vergessen – die beiden Kastanien-Augen.

War Isabell jetzt traurig?

Überhaupt nicht. Sie hatte einem echten Schneemann die Hand gegeben, und all die anderen Leute hatten es auch getan. Sie hatte gefühlt, wie kalt er war. Sie hatte gesehen, wie gut ihm die Mohrrüben-Nase und der Bratpfannen-Hut standen.

Nun war er verschwunden. War nur noch eine Pfütze. In der Pfütze spiegelte sich die Sonne.

Na, wenn schon! Schlagersänger, Fußballspieler und Präsidenten waren schon oft angekommen.

Aber ein Schneemann noch nie.

Hanna Hanisch

Für Samay

Wir kommen weither
liebes Kind
und müssen weit gehen
keine Angst
alle sind bei dir
die vor dir waren
deine Mutter, dein Vater
und alle, die vor ihnen waren
Weit weit zurück
alle sind bei dir
keine Angst
wir kommen weither
und müssen weit gehen
liebes Kind

Dein Großvater
8. Mai 1985

Heinrich Böll

Irgendwann fängt etwas an

Etwas endet und etwas fängt an.
Jetzt war vorhin irgendwann.
Gestern ist heute lange vorbei,
und morgen ist morgen heute.
Der nächste Augenblick ist weit …
Schwimm wie ein Schiff auf der Zeit!

Susanne Kilian

Zukunft

Die Zukunft kommt
schon morgen früh?
Kann man die nicht verschieben?
Ich wär so gern
und zwar mit dir
im Heute hier geblieben.

Paul Maar

Rechtschreib- und

Richtig abschreiben

So schreibst du einen Text richtig ab:

1. **Lies** einen Satz **genau** und sprich deutlich mit.
2. **Merke** dir **besondere Wörter**.
3. **Decke** so viele Wörter **ab**,
   wie du dir merken kannst.
4. **Schreibe** und sprich die Wörter leise mit.
5. **Vergleiche genau**.
6. Ist ein Wort **nicht richtig** geschrieben,
   streiche es durch und schreibe es **neu**.

Die Fußballkerle

Die „Wilden Fußballkerle“ sind nicht irgendein Verein.
Die Kinder bilden eine feste Gemeinschaft.
Deshalb haben sie einen Vertrag verfasst.
Darin haben die Spieler Verhaltensregeln notiert.
Vertrauen ist für sie besonders wichtig.
Oft lösen sie gemeinsam manches Problem.
Nur selten sind die Kinder unfreundlich zueinander und vertragen sich nicht.
Dann muss ihr Trainer Willi ernste Gespräche mit ihnen führen.

Allerlei Unterschiede

Wenn wir ins Ausland reisen, ist für uns vieles unbekannt.
Manchmal sehen die Häuser der Menschen fremd aus.
In Gebieten mit warmem Klima leben die Einwohner in einfachen Hütten, die sie vor der Sonne schützen.
Meist leben nur wenige Familien in einem Dorf.
In den großen Städten stehen hohe Wolkenkratzer.
In diesen modernen Gebäuden können viele Menschen wohnen.
Meistens lernen sich die Menschen in einem kleinen Dorf aber viel besser kennen als die Leute, die in einer Stadt leben.
Was glaubst du, warum das so ist?

Beachte die Abschreibregeln.

Grammatik-Training

Abschreibheft

So übst du einen Text mit deinem Abschreibheft:

1. **Stecke** den Abschreibtext in die Folientasche.
2. **Lies** einen Satz **genau** und sprich deutlich mit.
3. **Merke** dir **besondere Wörter**.
4. **Schreibe** den Satz in dein Heft und sprich die Wörter leise mit.
5. Nimm den Text aus der Folientasche und **vergleiche genau**.
6. Ist ein Wort **nicht richtig** geschrieben, streiche es durch und schreibe es **neu**.

Stoßzahn und Nasenhand

Elefanten sind die größten und schwersten Landtiere unserer Zeit.
Die deutlichsten Kennzeichen ihres Körpers sind die Stoßzähne und der Rüssel. Mit dem Rüssel saugen sie Luft ein, um Gerüche wahrzunehmen.
So wittern sie auch Gefahren.
Der lange, bewegliche Rüssel ist auch sehr nützlich, um an Wasser und Nahrung zu kommen. Er übernimmt die Aufgaben einer Greifhand.
Die Stoßzähne sind stark verlängerte obere Schneidezähne. Sie wachsen ständig nach.
Die Stoßzähne werden oft dazu benutzt, um nach Salz oder Wasser zu graben.
Mit dem Rüssel und den Stoßzähnen reißen die Elefanten manchmal aber auch die Rinde oder größere Äste von Bäumen ab und verspeisen sie.

Schach

Schach ist ein Spiel, bei dem es darum geht, den König des Mitspielers oder der Mitspielerin matt zu setzen.
Man muss genau nachdenken, wie man mit dem Bauern, dem Turm, dem Läufer, dem Springer oder der Dame zieht, um den König zu bedrängen.
Die kürzeste Schachpartie bei einem öffentlichen Turnier bestand aus nur drei Zügen, bis der Gegner besiegt war.
Meistens braucht man aber viele Züge, bis man endlich gewonnen hat.
Beim Schach gibt es aber auch Spiele, bei denen niemand gewinnt oder verliert.
Eine solche Situation heißt unentschieden oder remis*.

* gesprochen: remie

Schreibe die Texte.

Rechtschreib - und

Schleichdiktat

So übst du einen Text mit dem Schleichdiktat:

1. **Lege** den Text an eine Stelle in der Klasse.
2. Schleiche zu dem Text.
   Lies einen Satz **genau** und sprich deutlich mit.
3. **Merke** dir **besondere Wörter**.
4. Schleiche zurück zu deinem Platz.
   Schreibe und sprich die Wörter leise mit.
5. Schreibe so den ganzen Text.
6. **Vergleiche** deinen Text **genau**
   mit dem Abschreibtext.
7. Ist ein Wort **nicht richtig** geschrieben,
   streiche es durch und schreibe es **neu**.

Die Zeit der Ritter und Burgen

Im Mittelalter lebten die Ritter auf Burgen oder in Schlössern.
Da diese die Bewohner vor Angriffen schützen sollten,
baute man sie meist auf einem Berg.
Innerhalb der Burgmauern gab es immer einen Brunnen.
Bei den Ritterturnieren übten die Ritter nicht nur für den Krieg, sondern sie
kämpften auch tapfer um ihre Ehre. Außerdem konnten sie
ihre Geschicklichkeit und Stärke mit anderen messen.
Ein Turnier war gleichzeitig ein großes Volksfest.

Der Mond

Durch ein Fernrohr können wir den
weit entfernten Mond genauer erblicken.
Der Mond selbst erzeugt kein Licht.
Man sieht immer nur den von der
Sonne beleuchteten Teil. Bei Vollmond
wird die ganze uns zugewandte Seite
des Mondes beleuchtet.
Dann erscheint er uns vollkommen rund.

Schreibe die Texte.

Grammatik-Training

Partnerdiktat

So üben Flipp und Flo gemeinsam einen Text:

Flipp und Flo **lesen** zusammen den Text.

Flipp **diktiert** **langsam und deutlich** ein Wort oder mehrere Wörter.

Flo **hört genau zu** und **schreibt** dann das Wort oder die Wörter.

Flipp **schaut genau**, was Flo schreibt.

Flo **fragt** nach, wenn sie ein Wort nicht schreiben kann.

Sieht Flipp einen **Fehler**, sagt er sofort: „**Stopp**!“

Flo **streicht** das falsche Wort **durch**, **überlegt** und **schreibt** es **neu**.

Flipp und Flo **tauschen** ihre Rollen.

Wasser

Eine Quelle bricht aus dem Felsen hervor. Das Wasser rinnt und rauscht.
Ein Wasserfall leuchtet in den Regenbogenfarben.

Sturm und Wolken kündigen das Ende der Dürre an. Wasser überschwemmt die Ufer. Felder bringen wieder Früchte hervor. Menschen fliehen vor den Fluten. Segen und Gefahr in einem Element.

Ohne Wasser gibt es kein Leben.

Nachrichten

Im Radio hört man meist zur vollen Stunde die aktuellen Neuigkeiten und Berichte aus aller Welt.
In der Zeitung kann man die Nachrichten in vielen Artikeln selbst lesen.
Große Überschriften – auch Schlagzeilen genannt – sollen neugierig machen. Die Zeitungen werden ganz früh morgens von Zustellerinnen und Zustellern an die Haushalte verteilt.

Übt die Texte wie Flipp und Flo.

Rechtschreib- und

Nachschlagen in Wörterliste und Lexikon

Flo hat eine geheime Botschaft aufgeschrieben.
Statt des richtigen Buchstabens hat sie den Buchstaben aus dem Abc genommen, der direkt danach folgt.

1 Finde heraus, was Flo geschrieben hat. Schreibe die Lösungen auf.

Geheim!
NBO LBOO OJDIU BMMFT XJTTFO.

Geheim!
BCFS NBO NVTT XJTTFO, XP FT TUFIU.

2 Ordne die Wörter nach dem Abc. Schreibe sie geordnet auf.

wild
winken
Wind
wie
wir

Zug
ziemlich
Zwiebel
zwei
Ziege

Freundin
freuen
Freitag
Frau
frisch

schwach
spielen
Spiegel
schwer
staunen

Schnellsuche

3 Sucht die Wörter in der Wörterliste und schreibt die Seitenzahlen auf.
Wie lange braucht ihr? Stoppt die Zeit und vergleicht eure Ergebnisse.

Winter	Herbst	Sommer	Frühling	Auto	Kaninchen
Tür	Haus	Fenster	Elefant	Wal	Dürre

4 Finde durch Nachschlagen im Lexikon heraus, was die einzelnen Begriffe bedeuten. Schreibe die Erklärungen kurz auf.

Croissant Differenz Ulme Rabatt
Cousin Dynamo Gram
Chamäleon Dutzend Oboe

Grammatik-Training

Erst nachdenken – dann nachschlagen

1 Schlage die **zusammengesetzten Nomen** nach.
Schreibe sie auf.

2 Schlage die Grundform zu den **Verben** in der Wörterliste nach.
Schreibe sie mit diesen Formen auf:
aufräumen, sie räumte auf, sie hat aufgeräumt

| sie räumte auf | er deckte zu | sie stürzte ab | er riss aus |
| er lief | sie nahm | er rief | sie ging | er aß |

3 Suche die **Adjektive** in der Wörterliste.
Schreibe sie mit den Steigerungsformen auf:
dünn, dünner, am dünnsten

| der dünnste Mann | der strengste Lehrer | die schlimmste Nachricht |
| die meisten Wörter | der ärgste Durst | das beste Auto |

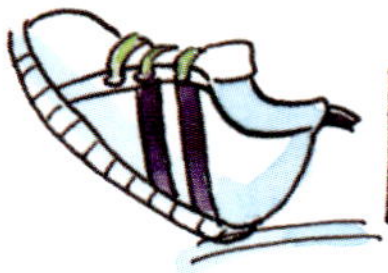

Rechtschreib- und

Kontrollieren und korrigieren

1 Vergleiche den abgeschriebenen Text mit der Vorlage.
Fünf Wörter sind falsch geschrieben. Schreibe die falschen Wörter richtig auf.

Sophie hat eine neue Thermoskanne
bekommen und ist sehr zufrieden mit ihr.
Sie erklärt stolz:
„Im Winter hält die Kanne den Tee warm,
und im Sommer hält sie die Limonade kalt.“
Da antwortet ihr Bruder Simon,
der immer zu viel denkt:
„Und woher weiß die olle Kanne eigentlich,
wann Sommer und wann Winter ist?“

Sophie hat eine neue Thermokanne
bekommen und ist sehr zufrieden mit ihr.
Sie erklert stolz:
„Im Winter hält die Kanne den Tee warm,
und im Sommer helt sie die Linomade kalt."
Da antwortet ihr Bruder Simon,
der immer zu viel dengt:
„Und woher weiß die olle Kanne eigentlich,
wann Sommer und wann Winter ist?"

2 Lies die Wörter in den Kästchen.
Welche verwandten Wörter können dir helfen?
Korrigiere: *die Blumenbeete – das Blumenbeet*

Grammatik-Training

Welche Wörter sind falsch geschrieben?
Kontrolliere durch Nachdenken oder Nachschlagen.
Schreibe die falschen Wörter richtig auf.

Flo hat einen Text über ein altes schottisches Schloss verfasst.
Einige Wörter sind aber noch falsch geschrieben.
Die Striche am Rand zeigen dir, in welchen Zeilen Fehler sind.

Nur Mut!

Mr Donald spielt schon seit Jahren Lotto.
Endlich hat er Glück gehabt.
Nun mörte er sich seinen Traum erfüllen und ein altes
schottisches Schloss kaufen.
Aber er hat noch Bedenken und kein gutes Gefühl.
Deshalb möchte er das schloss vor dem Kauf
einmal besichtigen.
Am Tor empfengt ihn ein alter Mann mit muffigem Geruch
und stechendem Blick.
Mr Donald sakt, er möchte das Schloss kaufen.
Aber nach seinen Informationen gäbe es ein geheimnis:
Ein Geist spuke in dem Schloss.
Da lacht der alte Mann mit heißerer
Stimme: „Ich habe hir noch nie einen
Geist gesehen, und ich wohne
hier schon seit sechshundert
Jahren."

Flipp hat einen Text über einen Urlaub in Wien geschrieben.
Sieben Wörter hat er aber noch falsch geschrieben.

Dumm gelaufen

Herr Sparbier ist in wien in Urlaub.
Alles ist sehr teuer.
Nach einigen Tagen schaut er in sein Portmonee und
beschließt, ab sofort Sparsamer zu leben.
Auf der Strasse rennt er neben einer Kutsche
her und ruft: „Was kostet es zum Bahnhof?"
„Fünfzehn Euro!", antwotet der Kutscher.
„Jetzt kannst du sparen", denkt Sparbier und rent
weiter wie ein Verrückter neben der Kutsche her.
Nach längerer Zeit ruft er wieder:
„Was kotset es jetzt zum Bahnhof?"
„Zwanzig Euro", brüllt der Fahrer.
„Sie laufen in die falsche richtung."

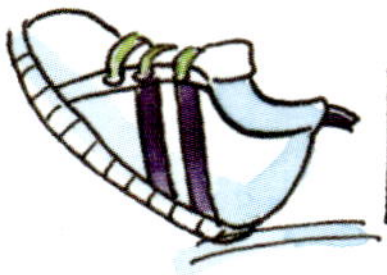

Rechtschreib - und

Nomen

Wörter, die Personen, Gegenstände, Tiere und Pflanzen bezeichnen, nennt man **Nomen**.
Nomen schreibt man mit einem **großen** Anfangsbuchstaben.
Nomen können einen **Artikel** haben: **der, die, das, ein, eine**.
Nomen gibt es in der **Einzahl** und in der **Mehrzahl**.
Wörter mit den Endungen -ung -heit -keit -nis -schaft sind **Nomen**.

1 Suche zu jedem Oberbegriff weitere Nomen. Markiere den ersten Buchstaben der Nomen.

   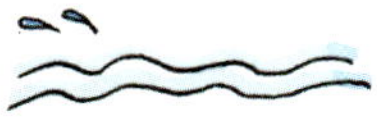

Freizeit	**Straßenverkehr**	**Medien**	**Wasser**
das Hobby	*der Fußgänger*	*die Zeitung*	*der Fluss*
das Buch	*die Ampel*	*der Computer*	*die Wolke*

2 Suche passende Nomen zu diesen Oberbegriffen:

3 Schreibe Nomen in der Einzahl und Mehrzahl auf.
ein Haus – viele Häuser

4 Suche Nomen mit diesen Endungen -ung -heit -keit -nis -schaft.

-ung	**-heit**	**-keit**	**-nis**	**-schaft**
die Hoffnung	*die Freiheit*	*die Übelkeit*	*die Finsternis*	*die Mannschaft*

5 Suche Nomen, die es nur in der Einzahl gibt.
der Sand …

Grammatik-Training

Zusammengesetzte Nomen

1 Bilde zusammengesetzte **Nomen**.
sauer + Kirsche → die Sauerkirsche

sauer | Kirsche | klein | Kind | krank | Wagen
schnell | Straße | wild | Schwein | hoch | Haus

2 Was fällt dir auf?

3 Bilde zusammengesetzte **Nomen**.
hängen + Brücke → die Hängebrücke

4 Bilde selbst zusammengesetzte Nomen aus einem Verb und einem Nomen.

5 Hier haben sich Fehler eingeschlichen:

Halschmerzen | Wasseratte | Pilzucht | Wörterätsel

Schreibe zuerst die beiden Nomen getrennt voneinander auf.
Schreibe dann das zusammengesetzte Nomen richtig auf.
Hals + Schmerzen → Halsschmerzen

6 Bildet eine Wörterkette mit Nomen. Benutzt nur Großbuchstaben.

AUTO – *OFEN* – *NASE* – … –

Rechtschreib- und

Adjektive

Adjektive beschreiben, wie etwas ist.
Zu vielen **Adjektiven** gibt es Wörter, die das **Gegenteil** sagen.
Adjektive lassen sich meistens **steigern**.

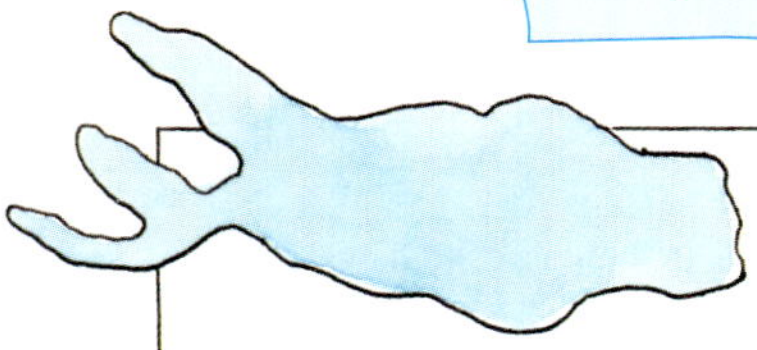

Bodensee	
Länge:	63 km
maximale Breite:	14 km
maximale Tiefe:	254 m
Fassungsvermögen:	50 Mrd. m^3

Baldeneysee	
Länge:	7,8 km
maximale Breite:	370 m
maximale Tiefe:	6,4 m
Fassungsvermögen:	9 Mio. m^3

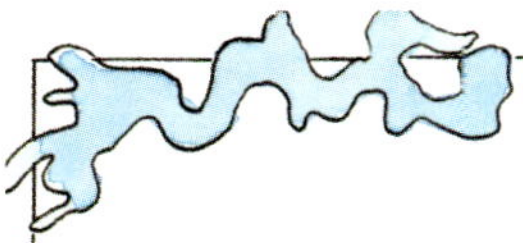

Rurtalsperre	
Länge:	20 km
maximale Breite:	1,5 km
maximale Tiefe:	66 m
Fassungsvermögen:	205 Mio. m^3

1 Vergleiche die Seen miteinander:
Der Baldeneysee ist lang. Die Rurtalsperre ist länger.
Der Bodensee ist …

lang | breit | tief | viel

Gefahr | Spaß | Seife | Tag | Monat | Eis | Feind | Sonne | Saft | Schreck | Ecke | Schrift

2 Bilde zu jedem Nomen ein Adjektiv:
Monat – monatlich …

3 Bilde Sätze mit den Adjektiven.
Schreibe sie auf.
Wir bezahlen das Kakaogeld monatlich.

Ein Bootsfahrt, die ist (lustig) (gefährlich) (aufregend)

An Köln, der (alten) (modernen) (großen) Stadt,
fließt der Rhein vorbei.
Das Wasser des Rheins ist heute
(trüb) (klar) (ruhig) (aufgewühlt).
Mitten auf dem Rhein schippert ein (kleines) (großes) Boot.
Die Fahrgäste winken (freundlich)
(ängstlich) (aufgeregt) zum Ufer rüber.
Sie scheinen (besorgt) (fröhlich) (ausgelassen) zu sein …

4 Wähle jeweils ein Adjektiv aus.
Schreibe den Text damit auf.
Schreibe ihn dann weiter.

5 Vergleicht eure Ergebnisse.

Grammatik-Training

Verben

Wörter, die sagen, was geschieht oder was man tut, heißen **Verben**.
Verben haben verschiedene Formen.
Verben werden in der **Grundform** immer mit **-n** oder **-en** am Ende geschrieben.

Allein und zusammen

1 Wer fährt allein? Wer fährt zusammen?

2 Schreibe Verben in den verschiedenen Formen auf.

ich laufe	*wir …*
du läufst	*ihr …*
er, sie, es …	*sie …*

laufen springen wackeln
klatschen zittern gehen
sich fürchten zuschauen
sich aufregen hinfallen

Vorsilben

3 Ordne die Vorsilben dem Verb zu.
Schreibe Sätze mit den neu gebildeten Verben.

über
ein
hin

springen

weg
ver
um

werfen

4 Welche Verben kannst du mit den Vorsilben bilden?
Schreibe: *einführen …*

ein auf zu aus er vor

schlagen führen rufen arbeiten drücken stellen

5 Schreibe Sätze mit den neu gebildeten Verben.

Rechtschreib- und

Verben

Verben zeigen an, ob etwas **jetzt geschieht** (Gegenwart),
ob etwas **schon geschehen ist** (Vergangenheit)
oder ob etwas **noch geschehen wird** (Zukunft).

Verben stehen in der **Gegenwartsform**,
wenn wir von etwas sprechen, **das jetzt geschieht**.

Verben stehen in einer **Vergangenheitsform**,
wenn wir von etwas sprechen, **das schon geschehen ist**.

Verben stehen in der **Zukunfts- oder Gegenwartsform,**
wenn wir von etwas sprechen, **das noch geschehen wird**.

ich sagte | ich spare | ich habe gebadet | ich werde baden | ich sparte | ich bade

ich habe gesagt | ich öffne | ich werde sagen | ich öffnete | ich werde öffnen

ich werde sparen | ich habe gespart | ich habe geöffnet | ich badete | ich sage

1 Vier Formen gehören immer zusammen. Ordne sie in einer Tabelle.

Gegenwartsform	Vergangenheitsformen		Zukunftsform
ich sage	*ich sagte*	*ich habe gesagt*	*ich werde sagen*

ich klopfe | wir wetten | sie rutscht | er knurrt | ich kreuze an

sie reist ab | er kehrt um | ich kaufe | wir passen auf

2 Ergänze die beiden Vergangenheitsformen
und die Zukunftsform.
Schreibe sie auf und markiere den Wortstamm.
ich klopfe – ich klopfte – ich habe geklopft – ich werde klopfen

Der Tierarzt impft den Elefanten. | Der Elefant merkt den Einstich. | Deshalb spritzt er den Arzt nass.

3 Forme die Sätze in beide Vergangenheitsformen
und in die Zukunftsform um.
Schreibe sie auf und markiere den Wortstamm.

Grammatik-Training

sie trinkt | sie bringt | sie wird bringen | ist ist gekrochen | sie kriecht | sie fließt

sie hat gebracht | sie trank | sie wird kriechen | sie floss | sie wird trinken

sie wird fließen | sie hat getrunken | sie ist geflossen | sie brachte | sie kroch

1 Vier Formen gehören immer zusammen. Ordne sie in einer Tabelle.

Gegenwartsform	**Vergangenheitsformen**		**Zukunftsform**
sie trinkt	*sie trank*	*sie hat getrunken*	*sie wird trinken*

Manche **Verben** verändern ihre Form in der Vergangenheit stark.

wir bringen | sie gießen | er nimmt | sie friert | sie steht

wir verlieren | es wächst | ich ziehe um | sie liegen | es biegt ab

2 Ergänze die beiden Vergangenheitsformen und die Zukunftsform.
Schreibe: *wir bringen – wir brachten – wir haben gebracht – wir werden bringen*

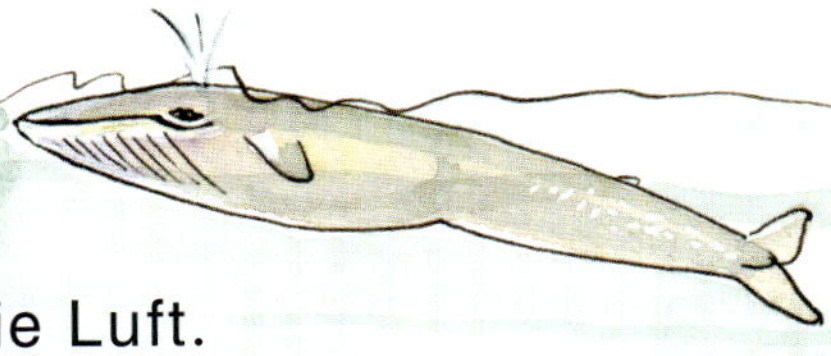

Der Wal kommt an die Wasseroberfläche.

Dabei schießt eine Fontäne in die Luft.

Schließlich schlägt das Tier noch mit seiner Schwanzflosse aufs Wasser.

3 Forme die Sätze in beide Vergangenheitsformen und in die Zukunftsform um.
Schreibe sie auf.

Rechtschreib- und

Wortfamilien

1 Schreibe die Wörter ab.
Markiere den Wortstamm WASSER : *wasserscheu, Trinkwasser* …

2 Suche weitere Wörter zum Wortstamm WASSER .
Schreibe sie auf. Unterstreiche den Wortstamm.

3 Bilde Sätze mit den Wörtern.

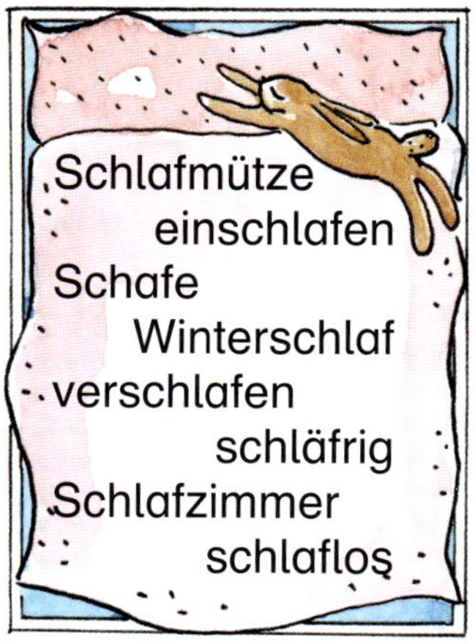

4 Jede Wortfamilie hat einen Gast versteckt, der nicht dazugehört.
Finde den Gast.

5 Schreibe die Wortfamilien ab. Unterstreiche jeweils den Wortstamm.

6 Bildet Wortfamilien und versteckt einen Gast.
Lasst andere Kinder die Gäste finden.

Grammatik-Training

Satzschluss-Zeichen

Am Ende eines Satzes musst du ein Zeichen setzen:

- **?** bei einer Frage,
- **!** bei einem Ausruf,
- **.** bei einer Aussage,
- **.** oder **!** bei einer Aufforderung.

1 Wo würdest du ein Ausrufezeichen setzen? Wo würdest du einen Punkt setzen?

Ein Mann kommt an den Taxistand und fragt:
„Was kostet die Fahrt zum Bahnhof ___ “
Der Taxifahrer antwortet: „Sechs Euro ___ “
„Und die beiden Koffer ___ “, will der Mann wissen.
„Die kosten nichts“, sagt der Taxifahrer.
„Prima ___ Dann fahren sie bitte meine Koffer zum Bahnhof ___ Ich gehe zu Fuß ___ “

2 Tragt euch den Text gegenseitig vor.

3 Schreibe den Text mit den Satzzeichen auf.

Aussage	Frage	Aufforderung
Falk geht in den Keller.	Geht Falk in den Keller?	Falk, geh endlich in den Keller!
	Trinkst du noch etwas Saft?	
		Du rufst heute Abend Oma an!
Diesmal arbeite ich ganz sorgfältig.		

4 Schreibe die fehlenden Sätze mit den passenden Satzschluss-Zeichen auf.

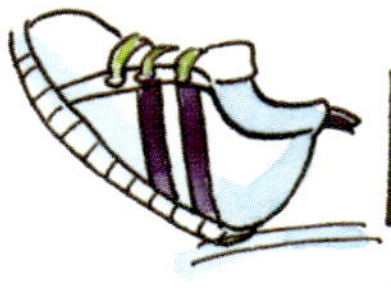

Rechtschreib- und

Wörtliche Rede

Die wörtliche Rede ist durch Redezeichen markiert. Wird der **Begleitsatz vor der wörtlichen Rede** geschrieben, folgt ein **Doppelpunkt :** . Anfang und Ende der **wörtlichen Rede** sind durch **Anführungszeichen „…“** gekennzeichnet.

Timmy seufzt	Besser als immer die gleichen vier Wände.
Nico freut sich	Es regnet, sicherlich haben wir heute Regenpause.
Timmy entgegnet	Ich würde lieber mit dem Schirm auf den Hof gehen.
Nico wendet ein	Super! Dann können wir ja in der Klasse bleiben.
Timmy antwortet	Aber das ist doch super ungemütlich.

1 Ordne die wörtlichen Reden den Begleitsätzen zu.
Schreibe das Gespräch auf.
Setze die fehlenden Redezeichen und markiere sie.

Timmy seufzt: „Es regnet, …

2 Schreibe das Gespräch weiter.

Ich habe Hunger. Ich würde gern Müsli essen.
Ich mache dir gleich eins fertig.
Das kann ich schon alleine!
Kannst du für mich denn dann auch eins mitmachen?
Kein Problem, mache ich gerne.

3 Ergänze die Begleitsätze.
Schreibe das Gespräch auf.
Setze die fehlenden Redezeichen und markiere sie.

Timmy sagt: „Ich habe Hunger.
Ich würde gern Müsli essen.“
Mutter antwortet: …

Grammatik-Training

Wörtliche Rede

Steht der **Begleitsatz nach der wörtlichen Rede**, werden die Zeichen wie in diesen Beispielen gesetzt:
(1) „Kannst du über den Graben springen?“, fragt Birk.
(2) „Klar doch!“, behauptet Ronja.
(3) „Das kannst du mir heute Nachmittag ja einmal vormachen“, sagt Birk.

Heute ja!	stöhnt Wessel
Seid ihr nach zwei Stunden schon so erschöpft?	pflichtet ihm Cara bei
Hoffentlich ist bald Pause. Ich muss mal an die frische Luft.	fragt die Lehrerin
Stimmt! Ich muss mich auch mal dringend bewegen.	antwortet Wessel

1 Ordne die wörtliche Rede den Begleitsätzen zu.
Schreibe das Gespräch auf.
Setze die fehlenden Redezeichen und markiere sie.

„Hoffentlich ist bald Pause. Ich muss mal an die frische Luft“, stöhnt Wessel.

2 Schreibe das Gespräch weiter.

Kann mal bitte jemand das Fenster aufmachen?
Kommt nicht in Frage! Mir ist viel zu kalt!
Vielleicht können wir es nur ganz kurz öffnen.
Willst du eigentlich, dass ich erfriere?

3 Ergänze die Begleitsätze.
Schreibe das Gespräch auf.
Setze die fehlenden Redezeichen und markiere sie.

„Kann mal bitte jemand das Fenster aufmachen?“, fragt Wessel.

Subjekt

Das **Subjekt** ist das **Satzglied**, das auf die Frage **WER? oder WAS?** antwortet.
Das Subjekt enthält meist ein **Nomen** (mit oder ohne Artikel) oder ein **Pronomen**.

Nickel hat Angst.

Dann grunzt er wie ein Schwein.

Das finden die Kinder lustig und lachen über ihn.

Die Lehrerin findet das überhaupt nicht lustig.

Sie meint: Nickel hat nur Unfug im Kopf.

1 In jedem vollständigen Satz gibt es ein Subjekt.

Markiere das Subjekt blau. *Nickel hat Angst.*

Prädikat

Das **Prädikat** ist das **Satzglied**, das ein Verb enthält.
Das **Prädikat** sagt etwas über das **Subjekt** aus.

Nickel wünscht sich ein Fahrrad.

Sehnsüchtig schaut er sich immer wieder die Schaufenster an.

Doch das Geld seiner Eltern reicht nicht für ein neues Fahrrad.

Da macht Nickel einen großen Fehler.

Zum Glück hilft ihm sein Bruder.

2 In jedem vollständigen Satz gibt es ein Prädikat.

Markiere das Prädikat rot. *Nickel wünscht sich ein Fahrrad.*

Grammatik-Training

Weitere Ergänzungen

Ein Mann	ging	mit wem?	wann?	wohin?
Er	traf	wo?	wen?	womit?
Ein Bauer	fuhr	wann?	wohin?	…
Sie	nahm	…	…	…

1 Ergänze die Sätze.
Schreibe sie auf.

A	Flo und Eric	spielen nach	dem Abendbrot	auf dem Hof.	
O	Flo und Eric	spielen	nach dem Abendbrot	auf dem Hof.	

L	Plötzlich	ruft Erics	Oma die Kinder	herein.	
M	Plötzlich	ruft	Erics Oma	die Kinder	herein.
P	Plötzlich ruft	Erics Oma	die Kinder herein.		

I	Sie	zeigt ihnen	ihren Schlafplatz.	
A	Sie	zeigt	ihnen	ihren Schlafplatz.

2 Wo sind die Satzglieder richtig getrennt?
Schreibe die Buchstaben auf.
Sie ergeben ein Lösungswort.

Vier Fälle

Der WER oder WAS -Fall

- Der Hausmeister erwischt Timo und Christian im Schulgebäude.
- Die Kinder sollen der Klassenlehrerin gemeldet werden.
- Dabei wollten die Jungen nur ihre Jacken holen.
- Dafür hat der Hausmeister natürlich Verständnis.
- Zwei Minuten später sind Timo und Christian wieder auf dem Schulhof.
- Jetzt frieren die Jungen nicht mehr.

1 Welches Satzglied antwortet auf die Frage WER oder WAS ?
Markiere das WER oder WAS -Satzglied blau.

Der Hausmeister erwischt Timo und Christian im Schulgebäude.

Der WEN oder WAS -Fall

- Früher haben unsere Eltern in der Schule auch Streiche gespielt.
- Einmal haben sie einen Schwamm auf den Stuhl des Lehrers gelegt.
- Manchmal hat der Lehrer die Kinder auch erwischt.
- Dann hat er die Eltern in die Schule gebeten.
- Zu Hause haben die Eltern ihre Kinder dann ausgeschimpft.
- Meistens fanden sie die Streiche aber ganz lustig.

2 Welches Satzglied antwortet auf die Frage WEN oder WAS ?
Markiere das WEN oder WAS -Satzglied grün.

Früher haben unsere Eltern in der Schule auch Streiche gespielt.

Grammatik-Training

Der WEM -Fall

- Sophie zeigt ihrem Opa das Halbjahreszeugnis.
- Sie muss es in den nächsten Tagen der Lehrerin zurückgeben.
- Das hat die Lehrerin allen Kindern gestern noch einmal gesagt.
- Opa holt sein altes Zeugnis und zeigt es seiner Enkelin.
- Sophie gefällt Opas Zeugnis viel besser.
- Opa leiht dem Mädchen das Zeugnis und sie kann es mit zur Schule nehmen.

2 Welches Satzglied antwortet auf die Frage WEM ?
Markiere das WEM -Satzglied grün .

Sophie zeigt ihrem Opa das Halbjahreszeugnis.

Der WESSEN -Fall

- Sarahs Unterricht endet heute bereits um 12.15 Uhr.
- Leider ist Sarahs Mutter erst um 13.00 Uhr zu Hause.
- Sarah könnte den Ersatzschlüssel der Nachbarin ausleihen.
- Sie könnte aber auch die Eltern ihres besten Freundes besuchen.
- Leider ist Mamas Handy kaputt, sonst könnte Sarah auch ihre Mutter anrufen.
- Sie entscheidet sich, vor der Tür des Hauses zu warten.

2 Welche Wörter antworten auf die Frage WESSEN ?
Markiere sie braun .

Sarahs Unterricht endet heute bereits um 12.15 Uhr.

Rechtschreib- und

Wörter mit ä/äu oder e/eu

Das kommt von -Rätsel

Hähnchen	kommt von ?	Anfänger	kommt von ?	Hosenträger	kommt von ?
Gebäude	kommt von ?	Verkäuferin	kommt von ?	Sträucher	kommt von ?
Hälfte	kommt von ?	Gläser	kommt von ?	Schläuche	kommt von ?
kämmen	kommt von ?	schälen	kommt von ?	schläft	kommt von ?
einfädeln	kommt von ?	quälen	kommt von ?	hängen	kommt von ?
jährlich	kommt von ?	mächtig	kommt von ?	kräftig	kommt von ?

1 Finde zu den ä/äu -Wörtern die verwandten a/au -Wörter.
Schreibe die Wortpaare auf. *Hähnchen – Hahn*

2 Schreibe Sätze mit diesen Wörtern.

Kr□ter

□ropa F□er

s□bern h□len l□ten

t□er sch□ßlich h□fig

3 Schreibe die Wörter richtig auf.
Schreibe zu den Äu/äu -Wörtern die Verwandten.

Merkwörter mit Ä/ä

Käfig Säge Käfer Käse Bär

Ärger erzählen Märchen März

4 Bilde Sätze mit den Merkwörtern.

5 Bilde zusammengesetzte Nomen mit den Merkwörtern.

Grammatik-Training

Wörter verlängern und ableiten

s oder z oder ß

der Flei□	der Tan□	das Sal□	der Krei□
der Schmer□	der Prei□	der Fu□	das Gra□

1 Leite die Wörter ab.
Schreibe die Wörter richtig auf und markiere.
tanzen – der Tanz

g oder k

du flie□st	sie schen□t	du schlä□st	sie mer□t

b oder p

sie lie□t	er pum□t	er grä□t	sie le□t

2 Bilde die Grundformen der Verben.
Schreibe die Wörter richtig auf und markiere.
fliegen – du fliegst

der Lie□haber	die Schrei□schrift
das Flu□zeug	die Trin□flasche
die Zel□stange	der Bin□faden

3 Bilde die Grundformen der Verben.
Schreibe die Wörter richtig auf und markiere. *lieben – der Liebhaber*

das Wil□schwein	der Trü□sinn	der Lau□sprecher
der Han□schuh	die San□burg	der Hol□wurm

4 Leite die Wörter ab.
Schreibe die Wörter richtig auf und markiere. *wilder – das Wildschwein*

Rechtschreib- und

Doppelte Mitlaute

dünn voll Affe kennen Welle Spinne bestellen
Stall Schiff Gewinn still Puppe treffen
Mappe Stoff tippen Wanne wippen Pappe hoffen

1 Schreibe die Wörter in eine Tabelle.

nn	pp	ll	ff
dünn	*Suppe*	*voll*	*Affe*

2 Sprecht euch die Wörter gegenseitig vor.
Was fällt euch auf?

3 Markiere den kurzen Selbstlaut und den doppelten Mitlaut.

4 Suche weitere Wörter mit kurzem Selbstlaut und doppeltem Mitlaut.
Trage sie in die Tabelle ein und markiere.

5 Bilde die Wortfamilien.
Markiere den Wortstamm.

Zimmer, Kinderzimmer …

Z **6** Bilde weitere Wortfamilien zu Wörtern mit doppeltem Mitlaut.

Mitte | Schwimmer | … | …

Grammatik-Training

Wörter mit ss oder ß

Spaß	Riss	fließen	küssen	groß	
Tasse	Floß	Gasse	reißen	Maß	blass
beißen	nass	gießen	Biss	müssen	

1 Suche dir Reimpaare.
Schreibe sie in der Tabelle untereinander.

ss	ß
Tasse	*Spaß*

2 Sprecht euch die Wörter, die untereinander stehen, gegenseitig vor.
Was fällt euch auf?

3 Markiere in der ss -Spalte den kurzen Selbstlaut und den doppelten Mitlaut blau.
Markiere in der ß -Spalte den langen Selbstlaut und das ß grün.

4 Suche weitere Wörter mit ss und ß.
Trage sie in die Tabelle ein und markiere.

sie schießt | sie beißt | sie gießt | sie fließt | sie wird beißen | sie hat gegossen

sie biss | sie schoss | sie wird gießen | sie floss | sie wird schießen

sie wird fließen | sie hat gebissen | sie ist geflossen | sie hat geschossen | sie goss

5 Vier Formen gehören immer zusammen. Ordne sie in einer Tabelle.
Markiere wie in Aufgabe 1.

Gegenwart	Vergangenheit		Zukunft
sie schießt	*sie schoss*	*sie hat geschossen*	*sie wird schießen*

es frisst | ich vergesse | du isst | sie lässt

6 Ergänze die beiden Vergangenheitsformen und die Zukunftsform.
Schreibe: *es frisst – es fraß – es hat gefressen – es wird fressen*

Rechtschreib- und

Wörter mit Dehnungs-h

kahl | Mehl | Kohle | fühlen | Sahne | Ohr

Rohr | Pfahl | wühlen | Befehl | Sohle | Fahne

1 Suche die Reimpaare.
Schreibe sie in eine Tabelle.

a/äh	eh	o/öh	u/üh
kahl			

2 Sprecht euch die Wörter gegenseitig vor.
Was fällt euch auf?

3 Markiere den langen Selbstlaut und das Dehnungs-h.

4 Suche noch andere Wörter mit Dehnungs-h.
Schreibe sie auf und markiere.

ich 	**du** 	**sie** 
Ich wohne in Birgelen.	*Du wohnst in Birgelen.*	
		Sie zähmt den Löwen.
Ich fahre nach Köln.		
	Du wehrst dich.	
		Sie kehrt die Straße.

5 Schreibe die Sätze in den verschiedenen Formen auf.
Markiere den langen Selbstlaut und das Dehnungs-h.

6 Bilde die Wortfamilie.
Markiere den Stamm.

Fahrbahn …

7 Schreibe die Wörter mit Dehnungs-h, die du häufig brauchst.

Grammatik-Training

Doppelter Selbstlaut

1

2

3 Welche Wörter sind euch unbekannt? Sprecht darüber. Wenn ihr die Bedeutung nicht klären könnt, schlagt im Wörterbuch oder Lexikon nach oder schaut ins Internet.

4 Gestaltet ein Plakat mit den Merkwörtern für euren Klassenraum.

5 Ordne die Nomen nach den Artikeln und markiere den Doppelselbstlaut.

der Saal *die Saat* *das Paar*

6 Schreibe Nomen mit ee und oo in der Einzahl und Mehrzahl auf. Markiere den Doppelselbstlaut.

ein See – viele Seen

7 Suche Nomen, die es nur in der Einzahl gibt. Schreibe sie auf und markiere den Doppelselbstlaut.

der Schnee …

8 Suche dir 15 Wörter heraus, die du häufig brauchst. Lerne sie auswendig.

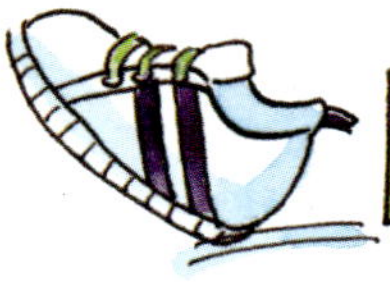

Rechtschreib- und

Wörter mit ie

ie-Rap

Fließen, schießen und genießen,
fliegen, siegen, wiegen, gießen,
subtrahieren, schief addieren,
Ärger kriegen, Vier kassieren,
Besenstiel und Fußballspiel.

Beispiel, Schauspiel, ziemlich viel,
biegen, fliegen und verlieren,
liegen, kriegen und blamieren
schrieb Mariechen Wiesenklee
noch im Halbschlaf mit i-e!

1 Markiere das ie .

2 Probiert, diesen Text als Rap zu sprechen.
Überlegt euch Schnips- und Klatschbewegungen dazu.

3 Lernt den Rap auswendig.

tief | schief | niedrig | schwierig | friedlich | lieb

4 Bilde die Steigerungsformen der Adjektive.
Markiere das ie . *tief, tiefer, am tiefsten*

ich 	du 	er 
Ich radiere.	*Du radierst.*	
	Du telefonierst.	
		Er repariert das Fahrrad.
Ich konzentriere mich.		
		Er trainiert für das Spiel.
		Er dirigiert den Chor.
Ich notiere mir alles.		

5 Schreibe die Sätze in den verschiedenen Formen auf.
Markiere das ie in den Verben.

Grammatik - Training

Fremdwörter

1 

2 

3 Welche Wörter sind euch unbekannt? Sprecht darüber.
Wenn ihr die Bedeutung nicht klären könnt, schlagt im Wörterbuch oder Lexikon nach oder schaut ins Internet …

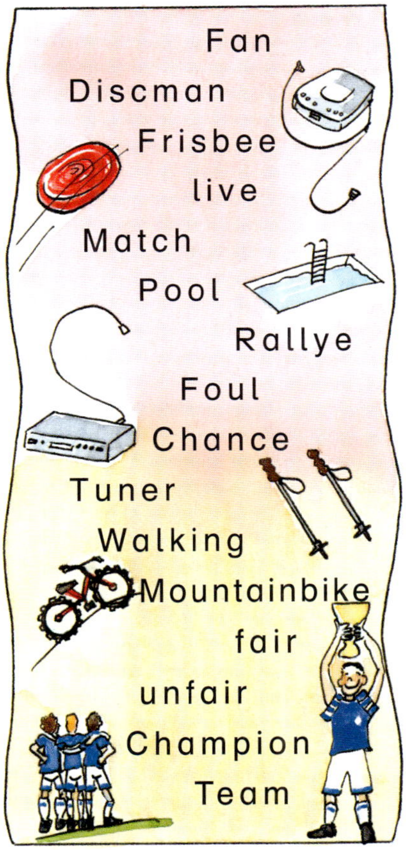

4 Wie spricht man die Wörter aus?
Fan – [fɛn]

5 Ordne die Nomen nach den Artikeln.
der Fan *die Chance* *das Foul*

6 Wähle Wörter aus und bilde zusammengesetzte Nomen.
Fan: der Fanclub, das Fantreffen …

7 Schreibe kurze Texte mit möglichst vielen Fremdwörtern.
Markiere die Fremdwörter.

Der Fan regte sich nach dem unfairen Foul eines Spielers des gegnerischen Teams furchtbar auf.

8 Suche dir zehn Wörter heraus, die du häufig brauchst.
Lerne sie auswendig.

9 Gestaltet ein Plakat mit wichtigen Fremdwörtern für euren Klassenraum.

Wörterliste

Aa

die	Abbildung, die Abbildungen
der	Abend, die Abende
das	Abenteuer, die Abenteuer
	abfüllen, er füllte ab, sie hat abgefüllt
der	Abschied, die Abschiede
	abstürzen, er stürzte ab, sie ist abgestürzt
	addieren, er addierte, sie hat addiert
der	Affe, die Affen
die	Ähnlichkeit, die Ähnlichkeiten
	aktuell, aktueller, am aktuellsten
die	Albernheit, die Albernheiten
	alt, älter, am ältesten
das	Alter
	amüsieren, er amüsierte, sie hat amüsiert
die	Angst, die Ängste
die	Anleitung, die Anleitungen
die	Antwort, die Antworten
	antworten, er antwortete, sie hat geantwortet
der	Apfel, die Äpfel
die	Apfelsine, die Apfelsinen
	appellieren, er appellierte, sie hat appelliert
der	Appetit
	arg, ärger, am ärgsten
das	Argument, die Argumente
	ärmlich, ärmlicher, am ärmlichsten
der	Artikel, die Artikel
die	Ärztin, die Ärztinnen
der	Astronaut, die Astronauten
	atmen, er atmete, sie hat geatmet
die	Atmosphäre, die Atmosphären
	auffordern, er forderte auf, sie hat aufgefordert
	aufführen, er führte auf, sie hat aufgeführt
	aufräumen, er räumte auf, sie hat aufgeräumt
die	Aufregung, die Aufregungen
das	Auge, die Augen
die	Ausgrabung, die Ausgrabungen
das	Ausland
	ausreißen, er riss aus, sie ist ausgerissen
	außergewöhnlich, außergewöhnlicher, am außergewöhnlichsten
die	Ausstellung, die Ausstellungen
das	Auto, die Autos
der	Automat, die Automaten

Bb

der	Bäcker, die Bäcker
die	Bäckerin, die Bäckerinnen
die	Balance
	balancieren, er balancierte, sie hat balanciert
der	Ball, die Bälle
der	Ballon, die Ballons/Ballone
	bäuerlich
der	Bedarf
die	Bedienung, die Bedienungen
die	Beere, die Beeren
das	Beet, die Beete
	begrenzen, er begrenzte, sie hat begrenzt
die	Behauptung, die Behauptungen
	beißen, er biss, sie hat gebissen
die	Bekanntheit, die Bekanntheiten
die	Beleuchtung, die Beleuchtungen
die	Beliebtheit
das	Benzin
	beraten, er beriet, sie hat beraten
der	Bericht, die Berichte
	berichten, er berichtete, sie hat berichtet
	berühmt, berühmter, am berühmtesten
	beschreiben, er beschrieb, sie hat beschrieben
die	Beschreibung, die Beschreibungen
	besuchen, er besuchte, sie hat besucht
	betrachten, er betrachtete, sie hat betrachtet
die	Beute
der	Beutel, die Beutel
der	Beweis, die Beweise
	bezahlen, er bezahlte, sie hat bezahlt

die	Bibel, die Bibeln
der	Biber, die Biber
die	Biene, die Bienen
das	Bild, die Bilder
	billig, billiger, am billigsten
	bläulich
	bleiben, er blieb, sie ist geblieben
die	Blindheit, die Blindheiten
das	Boot, die Boote
	brauchen, er brauchte, sie hat gebraucht
	breit, breiter, am breitesten
der	Brief, die Briefe
die	Brille, die Brillen
die	Brücke, die Brücken
der	Brunnen, die Brunnen
die	Bühne, die Bühnen
	bunt, bunter, am buntesten
der	Buntstift, die Buntstifte
die	Burg, die Burgen

Cc

der	CD-Player, die CD-Player
der	Cent, die Cent/Cents
der	Chor, die Chöre
der	Computer, die Computer
die	Creme, die Cremes

Dd

das	Dach, die Dächer
	darstellen, er stellte dar, sie hat dargestellt
die	Delegation, die Delegationen
	denken, er dachte, sie hat gedacht
	derb, derber, am derbsten
der	Detektiv, die Detektive
die	Detektivin, die Detektivinnen
	deutlich, deutlicher, am deutlichsten
der	Dieb, die Diebe
das	Ding, die Dinge
	diskutieren, er diskutierte, sie hat diskutiert
	donnern, es donnerte, es hat gedonnert
	drehen, er drehte, sie hat gedreht
	driften, er driftete, sie ist gedriftet
	drucken, er druckte, sie hat gedruckt
die	Dummheit, die Dummheiten
die	Dunkelheit
	dünn, dünner, am dünnsten
die	Dürre, die Dürren

Ee

	eckig
der	Edelknabe, die Edelknaben
	ehrlich, ehrlicher, am ehrlichsten
die	Ehrlichkeit
	eigenartig, eigenartiger, am eigenartigsten
	einfach, einfacher, am einfachsten
	einladen, er lud ein, sie hat eingeladen
die	Einladung, die Einladungen
die	Einleitung, die Einleitungen
der	Einsatz, die Einsätze
	eintreten, er trat ein, sie ist/hat eingetreten
der	Eintritt
der	Einwohner, die Einwohner
die	Einwohnerin, die Einwohnerinnen
das	Eis, die Eis
	eisig, eisiger, am eisigsten
der	Elefant, die Elefanten
	elektrisch
die	Elektrizität
	empfangen, er empfing, sie hat empfangen
	empfehlen, er empfahl, sie hat empfohlen
das	Ende, die Enden
	endgültig
	endlich

die Energie, die Energien
die Entdeckung, die Entdeckungen
entstehen, er entstand, sie ist entstanden
entwickeln, er entwickelte, sie hat entwickelt
erblicken, er erblickte, sie hat erblickt
das Ereignis, die Ereignisse
die Erfahrung, die Erfahrungen
erklären, er erklärte, sie hat erklärt
erscheinen, er erschien, sie ist erschienen
erzählen, er erzählte, sie hat erzählt
die Erzählung, die Erzählungen
erzeugen, er erzeugte, sie hat erzeugt
essen, er aß, sie hat gegessen
euch
die Eule, die Eulen
der Euro, die Euro/Euros
das Europa
die Ewigkeit, die Ewigkeiten
das Experiment, die Experimente

Ff

das Fahrrad, die Fahrräder
fallen, er fiel, sie ist gefallen
die Fantasie, die Fantasien
farbig, farbiger, am farbigsten
der Fehler, die Fehler
feindlich, feindlicher, am feindlichsten
das Fell, die Felle
das Fenster, die Fenster
das Feuer, die Feuer
das Fieber
die Figur, die Figuren
der Fleiß
die Fliege, die Fliegen
fliehen, er floh, sie ist geflohen
fließen, es floss, es ist geflossen
das Floß, die Flöße
der Fluss, die Flüsse
die Flüssigkeit, die Flüssigkeiten
forschen, er forschte, sie hat geforscht
der Forscher, die Forscher
die Forschung, die Forschungen
der Fortschritt, die Fortschritte
fotografieren, er fotografierte, sie hat fotografiert
die Frage, die Fragen
fragen, er fragte, sie hat gefragt
die Frau, die Frauen
fremd, fremder, am fremdesten
fressen, er fraß, sie hat gefressen
die Freude, die Freuden
freuen, es freute, es hat gefreut
der Freund, die Freunde
freundlich, freundlicher, am freundlichsten
fröhlich, fröhlicher, am fröhlichsten
die Fröhlichkeit
früh, früher, am frühesten
der Frühling
führen, er führte, sie hat geführt
für
der Fuß, die Füße

Gg

die Gardine, die Gardinen
das Gas, die Gase
das Gebäude, die Gebäude
geben, er gab, sie hat gegeben
die Gefahr, die Gefahren
gefährlich, gefährlicher, am gefährlichsten
gefallen, er gefiel, sie hat gefallen
der Gegenstand, die Gegenstände
das Geheimnis, die Geheimnisse
gehen, er ging, sie ist gegangen
das Geld, die Gelder
die Gemeinschaft, die Gemeinschaften
das Geräusch, die Geräusche
das Geschehen, die Geschehen
geschehen, es geschah, es ist geschehen
die Geschichte, die Geschichten
das Gespräch, die Gespräche

gesund, gesünder, am gesündesten
gewinnen, er gewann, sie hat gewonnen
der Gewinner, die Gewinner
die Gewinnerin, die Gewinnerinnen
das Gewürz, die Gewürze
gießen, er goss, sie hat gegossen
glauben, er glaubte, sie hat geglaubt
der Gletscher, die Gletscher
das Glück
glücklich, glücklicher, am glücklichsten
das Grab, die Gräber
das Gras, die Gräser
gratulieren, er gratulierte, sie hat gratuliert
die Grobheit, die Grobheiten
groß, größer, am größten
großartig, großartiger, am großartigsten
die Gruppe, die Gruppen
der Gruß, die Grüße
die Gültigkeit
gut, besser, am besten
das Gymnasium, die Gymnasien

Hh

das Haar, die Haare
der Hai, die Haie
die Hand, die Hände
der Handel
häufig, häufiger, am häufigsten
der Hauptteil, die Hauptteile
das Haus, die Häuser
heben, er hob, sie hat gehoben
heiser, heiserer, am heisersten
die Heiserkeit
heißen, er hieß, sie hat geheißen
die Heizung, die Heizungen
der Held, die Helden
helfen, er half, sie hat geholfen
der Herbst
heulen, er heulte, sie hat geheult
heute
hier
der Himmel, die Himmel
hin
hoch, höher, am höchsten
höchstens
höflich, höflicher, am höflichsten
hohl
das Holz, die Hölzer
die Homepage, die Homepages
die Hülle, die Hüllen
hundert
hupen, er hupte, sie hat gehupt
hüpfen, er hüpfte, sie ist gehüpft
die Hütte, die Hütten

Ii

impfen, er impfte, sie hat geimpft
die Impfung, die Impfungen
die Information, die Informationen
informieren, er informierte, sie hat informiert
der Inliner, die Inliners
installieren, er installierte, sie hat installiert
interessieren, er interessierte, sie hat interessiert
das Internet
das Interview, die Interviews

Jj

die Jagd, die Jagden
das Jahr, die Jahre
das Jahrhundert, die Jahrhunderte
das Jahrtausend, die Jahrtausende
die Jeans, die Jeans
jemand

Kk

der	Käfig, die Käfige
der	Kaiser, die Kaiser
die	Kaiserin, die Kaiserinnen
	kalt, kälter, am kältesten
die	Kammer, die Kammern
	kämpfen, er kämpfte, sie hat gekämpft
das	Kaninchen, die Kaninchen
die	Kanne, die Kannen
	kariert
der	Kasten, die Kästen
	käuflich
	kennen lernen, er lernte kennen, sie hat kennen gelernt
die	Keule, die Keulen
das	Kilo, die Kilo/Kilos
das	Kino, die Kinos
	klagen, er klagte, sie hat geklagt
	kläglich, kläglicher, am kläglichsten
	klappen, er klappte, sie hat geklappt
die	Klassenzeitung, die Klassenzeitungen
	kleben, er klebte, sie hat geklebt
	klein, kleiner, am kleinsten
das	Klima, die Klimata
	klug, klüger, am klügsten
der	Knall, die Knalle
der	Knappe, die Knappen
das	Knie, die Knie
die	Kohle, die Kohlen
	komisch, komischer, am komischsten
	kommen, er kam, sie ist gekommen
der	Kontinent, die Kontinente
die	Kontinentaldrift
die	Kontrolle, die Kontrollen
	kontrollieren, er kontrollierte, sie hat kontrolliert
der	Kopf, die Köpfe
der	Korken, die Korken
der	Körper, die Körper
	korrigieren, er korrigierte, sie hat korrigiert
	kostbar, kostbarer, am kostbarsten
	kosten, er kostete, sie hat gekostet
	kräftig, kräftiger, am kräftigsten
die	Krankheit, die Krankheiten
das	Kraut, die Kräuter
der	Kreis, die Kreise
das	Kreuz, die Kreuze
die	Kreuzung, die Kreuzungen
der	Krieg, die Kriege
das	Krokodil, die Krokodile
der	Künstler, die Künstler
die	Künstlerin, die Künstlerinnen
das	Kunstwerk, die Kunstwerke
der	Kuss, die Küsse

Ll

der	Laden, die Läden
	lahm, lahmer, am lahmsten
der	Laib, die Laibe
der	Laich, die Laiche
	laichen, er laichte, sie hat gelaicht
	lang, länger, am längsten
	langweilig, langweiliger, am langweiligsten
der	Laptop, die Laptops
	lassen, er ließ, sie hat gelassen
	laufen, er lief, sie ist gelaufen
der	Läufer, die Läufer
	laut, lauter, am lautesten
	läuten, er läutete, sie hat geläutet
das	Layout, die Layouts
das	Lehrerporträt, die Lehrerporträts
	lesen, er las, sie hat gelesen
der	Leser, die Leser
die	Leserin, die Leserinnen
die	Leute
das	Lexikon, die Lexika/Lexiken
das	Licht, die Lichter
	lieben, er liebte, sie hat geliebt
	liefern, er lieferte, sie hat geliefert
das	Lineal, die Lineale
die	Linie, die Linien
der	Link, die Links
die	Linse, die Linsen
die	Liste, die Listen
	loben, er lobte, sie hat gelobt
	lösen, er löste, sie hat gelöst
	lustig, lustiger, am lustigsten

Mm

der Magnet, die Magnete
der Mai
der Main
der Mais
malen, er malte, sie hat gemalt
die Mannschaft, die Mannschaften
die Margarine
die Maschine, die Maschinen
das Maß, die Maße
matt, matter, am mattesten
die Maus, die Mäuse
mehr
merkwürdig, merkwürdiger, am merkwürdigsten
das Mikroskop, die Mikroskope
die Milliarde, die Milliarden
die Million, die Millionen
mischen, er mischte, sie hat gemischt
das Mittelalter
modern, moderner, am modernsten
mögen, er mochte, sie hat gemocht
monatlich
der Mond, die Monde
der Monitor, die Monitore/Monitoren
das Moos, die Moose
die Mühe, die Mühen
mühsam, mühsamer, am mühsamsten
die Münze, die Münzen
das Museum, die Museen
die Musik, die Musiken
musizieren, er musizierte, sie hat musiziert
mutig, mutiger, am mutigsten
die Mutter, die Mütter

Nn

nachdenken, er dachte nach, sie hat nachgedacht
der Nachmittag, die Nachmittage
die Nachricht, die Nachrichten
nah, näher, am nächsten
nahezu
das Nahrungsmittel, die Nahrungsmittel
nass, nasser/nässer, am nassesten/nässesten
nehmen, er nahm, sie hat genommen
neu, neuer, am neuesten
neugierig, neugieriger, am neugierigsten
die Neuigkeit, die Neuigkeiten
neun
noch
nördlich, nördlicher, am nördlichsten
notieren, er notierte, sie hat notiert
nummerieren, er nummerierte, sie hat nummeriert
nutzen, er nutzte, sie hat genutzt

Oo

offen, offener, am offensten
ohne
ordnen, er ordnete, sie hat geordnet

Pp

das Paar, die Paare
passieren, es passierte, es ist passiert
das Pfand, die Pfänder
die Pfanne, die Pfannen

der	Pfeffer
	pfeifen, er pfiff, sie hat gepfiffen
die	Pflanze, die Pflanzen
	pflanzen, er pflanzte, sie hat gepflanzt
die	Pflaume, die Pflaumen
	pflegen, er pflegte, sie hat gepflegt
die	Pflicht, die Pflichten
das	Pfund, die Pfunde
die	Pfütze, die Pfützen
die	Philosophie, die Philosophien
der	Pilz, die Pilze
der	Pinsel, die Pinsel
das	Plakat, die Plakate
der	Planet, die Planeten
das	Portmonee, die Portmonees
der	Preis, die Preise
	probieren, er probierte, sie hat probiert
das	Problem, die Probleme
das	Programm, die Programme
	programmieren, er programmierte, sie hat programmiert
die	Puppe, die Puppen

Qq

die	Qualle, die Quallen
die	Quelle, die Quellen

Rr

	radieren, er radierte, sie hat radiert
das	Radio, die Radios
der	Rain, die Raine
das	Rätsel, die Rätsel
	rauben, er raubte, sie hat geraubt
der	Räuber, die Räuber
die	Reihe, die Reihen
die	Reihenfolge, die Reihenfolgen
	reisen, er reiste, sie ist gereist
	rennen, er rannte, sie ist gerannt
	reparieren, er reparierte, sie hat repariert
die	Richtung, die Richtungen
	riesig, riesiger, am riesigsten
	rinnen, er rann, sie ist geronnen
der	Ritter, die Ritter
	rollen, er rollte, sie hat/ist gerollt
die	Rosine, die Rosinen
	rufen, er rief, sie hat gerufen
die	Ruhe
	ruhig, ruhiger, am ruhigsten
	rund
der	Rüssel, die Rüssel

Ss

der	Saal, die Säle
die	Sache, die Sachen
	saftig, saftiger, am saftigsten
	sagen, er sagte, sie hat gesagt
die	Saite, die Saiten
	sammeln, er sammelte, sie hat gesammelt
die	Sammlung, die Sammlungen
	säubern, er säuberte, sie hat gesäubert
der	Scanner, die Scanner
das	Schach
	scharf, schärfer, am schärfsten
der	Schatz, die Schätze
	schauen, er schaute, sie hat geschaut
die	Scheune, die Scheunen
	scheußlich, scheußlicher, am scheuß-lichsten
	schieben, er schob, sie hat geschoben
die	Schiene, die Schienen
das	Schild, die Schilder
	schlagen, er schlug, sie hat geschlagen
der	Schlamm, die Schlämme
die	Schleppe, die Schleppen
	schließen, er schloss, sie hat geschlossen
	schlimm, schlimmer, am schlimmsten

der Schlitten, die Schlitten
das Schloss, die Schlösser
schlüpfen, er schlüpfte, sie ist geschlüpft
der Schluss, die Schlüsse
schmutzig, schmutziger, am schmutzigsten
schnaufen, er schnaufte, sie hat geschnauft
der Schnee
schnell, schneller, am schnellsten
die Schönheit, die Schönheiten
schöpfen, er schöpfte, sie hat geschöpft
schrecklich, schrecklicher, am schrecklichsten
schreiben, er schrieb, sie hat geschrieben
schriftlich
der Schritt, die Schritte
schweben, er schwebte, sie ist geschwebt
schwierig, schwieriger, am schwierigsten
das Schwimmbad, die Schwimmbäder
das Sediment, die Sedimente
die Seele, die Seelen
sehen, er sah, sie hat gesehen
die Sehenswürdigkeit, die Sehenswürdigkeiten
sehr
seitdem
die Sicherheit, die Sicherheiten
da Sieb, die Siebe
das Skateboard, die Skateboards
der Sohn, die Söhne
der Sommer, die Sommer
die Sonne, die Sonnen
sonnig, sonniger, am sonnigsten
die Sorte, die Sorten
sortieren, er sortierte, sie hat sortiert
spannend, spannender, am spannendsten
sparen, er sparte, sie hat gespart
sparsam, sparsamer, am sparsamsten
der Spaß, die Späße
spaßig
der Speer, die Speere
speichern, er speicherte, sie hat gespeichert
die Spende, die Spenden
der Spiegel, die Spiegel
das Spiel, die Spiele
die Spinne, die Spinnen
der Springer, die Springer
der Staat, die Staaten
der Stand, die Stände
stehen, er stand, sie hat gestanden
stehlen, er stahl, sie hat gestohlen
steigen, er stieg, sie ist gestiegen
steuern, er steuerte, sie hat gesteuert
das Stichwort, die Stichworte/Stichwörter
der Stolz
stoßen, er stieß, sie hat gestoßen
die Straße, die Straßen
der Strauß, die Strauße/Sträuße
streng, strenger, am strengsten
der Strom, die Ströme
der Strumpf, die Strümpfe
der Stuhl, die Stühle
stumpf, stumpfer, am stumpfesten
stündlich
der Sturm, die Stürme
subtrahieren, er subtrahierte, sie hat subtrahiert
surfen, er surfte, sie hat/ist gesurft
süß, süßer, am süßesten
die Süßigkeit, die Süßigkeiten
das Sweatshirt, die Sweatshirts

T t

die Tabelle, die Tabellen
täglich
tapfer, tapferer, am tapfersten
die Tapferkeit
die Tasche, die Taschen
die Technik, die Techniken
der Tee, die Tees
der Teich, die Teiche
die Teilung, die Teilungen
telefonieren, er telefonierte, sie hat telefoniert

die	Temperatur, die Temperaturen
der	Termin, die Termine
	teuer, teurer, am teuersten
der	Text, die Texte
das	Theater, die Theater
das	Thema, die Themen
	tief, tiefer, am tiefsten
der	Tiger, die Tiger
der	Tisch, die Tische
der	Ton, die Töne
die	Tonne, die Tonnen
der	Topf, die Töpfe
	trainieren, er trainierte, sie hat trainiert
das	Training, die Trainings
	träumen, er träumte, sie hat geträumt
	traurig, trauriger, am traurigsten
	treffen, er traf, sie hat getroffen
	treffend, treffender, am treffendsten
	treiben, er trieb, sie hat/ist getrieben
der	Tropfen, die Tropfen
	trüb, trüber, am trübsten
das	T-Shirt, die T-Shirts
der	Tümpel, die Tümpel
die	Tür, die Türen

Uu

	üben, er übte, sie hat geübt
	überflüssig, überflüssiger, am überflüssigsten
die	Überschrift, die Überschriften
	überschwemmen, er überschwemmte, sie hat überschwemmt
die	Überschwemmung, die Überschwemmungen
die	Uhr, die Uhren
	unbekannt, unbekannter, am unbekanntesten
	ungenügend
	unglaublich, unglaublicher, am unglaublichsten
das	Unglück, die Unglücke
der	Unterricht

Vv

die	Vase, die Vasen
das	Ventil, die Ventile
die	Venus
	verbrennen, er verbrannte, sie hat/ist verbrannt
der	Verein, die Vereine
	vergessen, er vergaß, sie hat vergessen
	vergesslich, vergesslicher, am vergesslichsten
die	Vergesslichkeit, die Vergesslichkeiten
das	Verhalten
sich	verhalten, er verhielt sich, sie hat sich verhalten
	verhindern, er verhinderte, sie hat verhindert
der	Verkehr
sich	verlieben, er verliebte sich, sie hat sich verliebt
	verlieren, er verlor, sie hat verloren
der	Verlierer, die Verlierer
die	Verliererin, die Verliererinnen
sich	verloben, er verlobte sich, sie hat sich verlobt
der	Verlust, die Verluste
	vermissen, er vermisste, sie hat vermisst
	verschieden
die	Verschmutzung, die Verschmutzungen
	versprechen, er versprach, sie hat versprochen
das	Verständnis
	verteilen, er verteilte, sie hat verteilt
sich	vertragen, er vertrug sich, sie hat sich vertragen
das	Vertrauen
	vertrauen, er vertraute, sie hat vertraut
die	Verwechslung, die Verwechslungen
der	Vetter, die Vetter
das	Video, die Videos
das	Vieh
	viel, mehr, am meisten
	vielleicht
das	Vitamin, die Vitamine

der Vogel, die Vögel
voll, voller, am vollsten
vor
der Vormittag, die Vormittage
vormittags
vorrätig
vorsichtig, vorsichtiger, am vorsichtigsten
vorüber
der Vulkan, die Vulkane

Ww

die Waage, die Waagen
wählen, er wählte, sie hat gewählt
wahr, wahrer, am wahrsten
während
die Wahrheit, die Wahrheiten
wahrscheinlich, wahrscheinlicher, am wahrscheinlichsten
der Wal, die Wale
die Ware, die Waren
warm, wärmer, am wärmsten
das Wasser, die Wässer
der Wasserfall, die Wasserfälle
die Website, die Websites
wehen, er wehte, sie hat geweht
das Weibchen, die Weibchen
weiß
weit, weiter, am weitesten
der Welpe, die Welpen
das Weltall
die Werbung, die Werbungen
die Werkstatt, die Werkstätten
das Wetter
wichtig, wichtiger, am wichtigsten
die Wiege, die Wiegen
wiegen, er wog, sie hat gewogen
Wien
wild, wilder, am wildesten
der Winter, die Winter
wirklich
die Wirklichkeit
der Wissenschaftler, die Wissenschaftler
die Wissenschaftlerin, die Wissenschaftlerinnen
wohnen, er wohnte, sie hat gewohnt
die Wohnung, die Wohnungen
die Wolke, die Wolken
wünschen, er wünschte, sie hat gewünscht
die Wüste, die Wüsten
die Wut

Zz

die Zahl, die Zahlen
der Zahn, die Zähne
das Zeichen, die Zeichen
die Zeichnung, die Zeichnungen
die Zeile, die Zeilen
die Zeitung, die Zeitungen
der Zettel, die Zettel
die Ziege, die Ziegen
der Ziegel, die Ziegel
ziehen, er zog, sie hat/ist gezogen
die Zitrone, die Zitronen
der Zoo, die Zoos
zudecken, er deckte zu, sie hat zugedeckt
die Zukunft
die Zündung, die Zündungen
zurück

Kapitel	Umgang mit Texten und Medien	Mündliches Sprachhandeln
Gemeinsam sind wir stärker (4–23)	Interpretieren: zu Handlungen, Figuren und deren Gedanken Stellung nehmen (3–5/7–10) Vorstellungsbilder entwickeln und miteinander austauschen (7/8) Textabsichten und Textwirkungen vermuten (13/14) Handelnd mit Texten umgehen, z. B. durch Inszenieren (3–5) Szenen vortragen (5) Nutzen von Lesestrategien: textbezogen antizipieren (9–11) genau lesen, Textbelege zitieren (3–5) **Methoden-Training: Texte antizipieren (11)**	Alltägliches Miteinandersprechen: Kontakte mit anderen gestalten unter Berücksichtigung von Konventionen (15/16) Gesprächsrituale weiterentwickeln (15/16) Demokratisches Miteinandersprechen: Konfliktlösungen anstreben, Rituale bewusst einsetzen und weiterentwickeln: Klassenrat (15/16) Szenisches Spielen: eine Rolle gestalten, erproben und verändern (9/10) Über das Sprechen reden: Rede- und Gesprächssituationen planen und reflektieren (15/16) Regeln für das Sprechen und Zuhören situationsgerecht weiterentwickeln (15/16) **Methoden-Training: Probleme im Klassenrat lösen**
In anderen Ländern zu Hause sein (24–41)	Informierendes Lesen: in Texten Informationen finden (28–30) Anweisungen in Texten verstehen und danach handeln (36) Interpretieren: zu Handlungen, Figuren und deren Gedanken Stellung nehmen (26–29), Handelnd mit Texten umgehen: inszenieren (26/27) Nutzen von Medien: sich zu einem Thema nach eigenem Interesse und nach vorgegebenen Aufträgen in verschiedenen Medien orientieren (28–30) Nutzen von Lesestrategien: genau lesen, Textbelege zitieren (30/31) **Methoden-Training: Texte vergleichen (34/35)**	Sachbezogenes Sprechen: Sachverhalte beschreiben, zusammenfassen, vortragen und evtl. den Vortrag durch Medien stützen (30/31) Szenisches Spielen: eine Rolle gestalten, erproben und verändern (26/27)
Dickhäuter zu Wasser und zu Lande (42–59)	Informierendes Lesen: in Texten Informationen finden (42–47, 50–53) Nutzen von Medien: sich zu einem Thema nach eigenem Interesse und nach vorgegebenen Aufträgen in verschiedenen Medien orientieren (44/45/54/55) Nutzen von Lesestrategien: textbezogen antizipieren (49) genau lesen (47) Textbelege zitieren (45) **Methoden-Training: Text ergänzen (50/51)**	Erzählendes, sachbezogenes und appellierendes Sprechen: Sachverhalte beschreiben, zusammenfassen, vortragen und den Vortrag durch Medien stützen (54/55) Konstruktiv Kritik üben (54/55) **Methoden-Training: Vortrag halten (55/56)**
Bauer, Turm und Bücherwurm (60–79)	Nutzen von Lesestrategien: genau lesen, Textbelege zitieren (64/65/68–70) Interpretieren: Vorstellungsbilder entwickeln und miteinander austauschen (64/65) Gedicht vortragen (64/65) Texte miteinander vergleichen (66/67) Zu Handlungen, Figuren und deren Gedanken Stellung nehmen (66–70) Texte den Textsorten zuordnen (64–67) Textabsichten und Textwirkungen vermuten (64/65) Informierendes Lesen: in Texten Informationen finden (68–72) **Methoden-Training: Fragen zum Text (62/63)**	Meinungen und Gefühle zu Gesprächsbeiträgen ausdrücken (64–67) Auf Gesprächsbeiträge anderer eingehen und sie weiterführen (68–70)

Schriftliches Sprachhandeln	Rechtschreiben	Sprache reflektieren
Sachbezogenes und appellierendes Schreiben: eigene Erlebnisse, Gedanken und Gefühle für andere nachvollziehbar aufschreiben (15/16) Sachverhalte in verständlicher Form aufschreiben (15/16) Bitten, Wünsche, Aufforderungen und Vereinbarungen adressatengerecht formulieren (15/16)	Rechtschreibstrategien zum normgerechten Schreiben entwickeln und stabilisieren (22/23) Wichtige Unterscheidungsfähigkeiten entwickeln und weiter reichende Regelungen beachten (ie-Wörter) (22) Arbeitsmethoden eigenaktiven Rechtschreiblernens und -übens anwenden (22/23) **Merkwörter (Ausnahmewörter) mit V-/v-** **Lernwörter-Training (23)**	Reflexion des mündlichen Sprachhandelns: sich über Gesprächserfahrungen verständigen (15/16) Unterschiedliche Reflexion des Umgangs mit Texten: Textsorten und ihre Wirkung erkennen (13/14/16/17) Textabsicht, Textsorte, Textwirkung aus der Sicht des Lesers bzw. der Leserin reflektieren (13/14) Satzteile: Satzgegenstand (Subjekt) – Satzaussage (Prädikat)
Sachbezogenes und appellierendes Schreiben: Sachverhalte in verständlicher Form aufschreiben (36/37) Aufforderungen adressatengerecht formulieren (36/37) Schreibprozess planen: Schreibsituationen klären und beim Schreiben beachten (37) **Methoden-Training: Sachtexte schreiben (37)**	Arbeitsmethoden eigenaktiven Rechtschreiblernens und -übens anwenden (40/41) Nachschlagestrategien anwenden (40) **Merkwörter (Ausnahmewörter) mit Dehnungs-h** **Lernwörter-Training (41)**	Reflexion des mündlichen Sprachhandelns: kommunikative Abläufe nachvollziehen und versprachlichen (26/27) Verstehens- und Verständigungsprobleme erkennen und lösen (26/27) Reflexion des Umgangs mit Texten: Wörter in ihrer inhaltlichen und kommunikativen Bedeutung klären (26/27) Nutzen metasprachlicher Verfahren: Sprachproben auf Satzebene anwenden: ergänzen, weglassen, umstellen, ersetzen (38/39) Satzteile: Satzergänzung (38/39)
Erzählendes, sachbezogenes und appellierendes Schreiben: Sachverhalte in verständlicher Form aufschreiben (44–49)	Wörter mit -ß- (58) Rechtschreibstrategien zum normgerechten Schreiben entwickeln und stabilisieren (58/59) **Merkwörter mit Eu-/-eu-** **Lernwörter-Training (59)**	Nutzen metasprachlicher Verfahren: Sprachproben auf Wort-, Satz- und Textebene anwenden: ersetzen, Klangprobe (56) mit Wortfeldern und Wortfamilien arbeiten und sie für eigenes Sprachhandeln nutzen (57) Reflexion des Umgangs mit Texten und Medien: Wörter in ihrer inhaltlichen und kommunikativen Bedeutung erklären (57)
Alltägliches Schreiben: Schreibanlässe und Ideen aus den Themen des Unterrichts schriftlich umsetzen (63) Erzählendes, sachbezogenes oder appellierendes Schreiben: Plakat erstellen (72) Empfehlungen schreiben (74) Schreibprozess: Planen, Beraten, Überarbeiten Schreibsituationen klären und beim Schreiben beachten (75) Reale und erdachte Ereignisse erzählen, dabei Erzählstrukturen, Erzählzusammenhänge und sprachliche Mittel beachten (76) Formen der Veröffentlichung entwickeln und nutzen (72) **Methoden-Training: Aufforderungstext schreiben (74/75)**	Rechtschreibstrategien zum normgerechten Schreiben entwickeln und stabilisieren (78/79) Arbeitsmethoden eigenaktiven Rechtschreiblernens und -übens anwenden (78/79) Kontrollieren und korrigieren (78) **Merkwörter (Ausnahmewörter) mit aa, ee, oo** **Lernwörter-Training (79)**	Sprachliche und nichtsprachliche Mittel und ihre Wirkung untersuchen (64/65) Sich über Leseerfahrungen verständigen (74/75) Textabsicht, Textsorte, Textwirkung aus der Sicht der Leserin und des Lesers reflektieren (64–67) Zeitform Zukunft kennen lernen (77/78)

Kapitel	Umgang mit Texten und Medien	Mündliches Sprachhandeln
Von rostigen Rittern und listigen Leuten (80–99)	Informierendes Lesen: in Texten Informationen finden (80/81) Interpretieren: zu Handlungen, Figuren und deren Gedanken Stellung nehmen (82/83) Nutzen von Lesestrategien: genaues Lesen (84–87) Nutzen von Lesestrategien: textbezogen antizipieren (91/92) Nutzen von Medien: sich zu einem Thema nach Interessen in verschiedenen Medien orientieren (95/96) **Methoden-Training: Wörter (Schlüsselbegriff) aus dem Kontext erschließen (98/90)**	Erzählendes Sprechen: Erzählideen, Erzählfäden, sprachliche Mittel bewusst einsetzen (84/85) Sachbezogenes Sprechen: Sachverhalte beschreiben, zusammenfassen, vortragen und den Vortrag durch Medien unterstützen (95/96)
Das Unsichtbare sichtbar machen (100–117)	Informierendes Lesen: in Texten Informationen finden (102–107) Zu Handlungen, Figuren und deren Gedanken Stellung nehmen (102/103) Interpretieren: Vorstellungsbilder entwickeln und miteinander austauschen (102/103) Anweisungen in Texten verstehen und danach handeln (106/107) Nutzen von Lesestrategien: Textbelege zitieren (104/105) Über die Bedeutung von Wörtern nachdenken (104/105) Fragen zu einem Text beantworten (104/105) **Methoden-Training: Text gliedern**	Verstehendes Zuhören: das Verstehen durch Rückfragen intensivieren Auf Gesprächsbeiträge eingehen und sie weiterführen (112/113)
Wasser – kostbar, kraftvoll, köstlich (118–135)	Leseanregung zum Thema des Kapitels (118/119) Informierendes Lesen (120/122/123) Interpretieren: Vorstellungsbilder entwickeln und miteinander austauschen (121/128/129) Interpretieren: Texte vergleichen und die Textsorten bestimmen (125) **Methoden-Training: Text rekonstruieren (126/127)**	Demokratisches Miteinandersprechen: eigene Meinung vertreten (121) Sachbezogenes Sprechen: Sachverhalte beschreiben, zusammenfassen, vortragen (122/123) Sachbezogenes Sprechen: andere zum Nachdenken veranlassen (128/129)
Nachrichten Nachrichten Nachrichten (136–153)	Informierendes Lesen: in Texten Informationen finden (136–139) Nutzen von Medien: Machart von Medienbeiträgen erkennen (136/137/140) Medien nutzen als Anreiz zum Sprechen, Schreiben, Lesen, Gestalten eigener Medienbeiträge (140) Sich zu einem Thema nach eigenem Interesse in verschiedenen Medien orientieren (141) Nutzen von Lesestrategien: textbezogenes Antizipieren (142), genaues Lesen (143) Interpretieren: handelnd mit Texten umgehen; Zusammenstellen von Texten und Textsammlungen (146) Vorstellungsbilder entwickeln und miteinander austauschen (150/151) Texte miteinander vergleichen (141/148) **Methoden-Training: Text Satz für Satz erschließen (144/145)**	Erzählendes und sachbezogenes Sprechen: Sachverhalte beschreiben und zusammenfassen, Kritik üben (136/137) Sachbezogenes Sprechen: Sachverhalte zusammenfassen und vortragen (141) Szenisches Spielen: etwas pantomimisch darstellen (151)
Was ist wirklich wirklich? (154–173)	Nutzen von Lesestrategien: Textstellen finden, zitieren (156/157/160/161) genau lesen (156/157) Interpretieren: zu Handlungen, Figuren und deren Gedanken Stellung nehmen.(156/157/162) Handelnd mit Texten umgehen: Inszenieren oder bildliche Darstellung.(163–166/170) Prosatexte, Szenen und Gedichte, auch auswendig, vortragen (163–166) Texte den Textsorten zuordnen, Textabsichten und Textwirkungen vermuten (163–166) Informierendes Lesen: in Texten Informationen finden (156–158/161) **Methoden-Training: Text szenisch umsetzen (163–166)**	Erzählendes Sprechen: sich über Sachverhalte verständigen (157–159/162) Andere zum Nachdenken veranlassen (161) Szenisches Spielen: eine Rolle gestalten, erproben und verändern (163–166), gespielte Szenen beobachten, sie besprechen und weiterentwickeln (163–166), mit verschiedenen Spielformen Erfahrungen sammeln und sie für szenische Gestaltungen nutzen (163–166)

Schriftliches Sprachhandeln	Rechtschreiben	Sprache reflektieren
Erzählendes Schreiben: Textfortgang antizipieren; sich durch Literatur zum Schreiben anregen lassen (91/92), Reale und erdachte Ereignisse aufschreiben, dabei Erzählstrukturen, Erzählzusammenhänge und sprachliche Mittel beachten (93/94) Gestalten mit Medien: mediale Gestaltungsmöglichkeiten und Präsentationen anwenden (95/96) **Methoden-Training Schreiben: Texte schreiben und planen, wie mit einer Straßenkarte für Geschichten (93/94)**	Zeichen der wörtlichen Rede setzen (97/98) Großschreibung von Nomen, Satzanfängen, Anredepronomen (99) **Merkwörter mit Dehnungs-h** **Lernwörter-Training (99)**	Reflexion des schriftlichen Sprachhandelns: über Schreiberfahrungen nachdenken (93/94) Reflexion des Umgangs mit Texten und Medien: Textabsicht, Textsorte, Textwirkung aus der Sicht der Leserin/des Lesers reflektieren (95/96)
Sachbezogenes Schreiben: Sachverhalte in verständlicher Form aufschreiben und gliedern (108) Begründungen formulieren (107) **Methoden-Training: Schreibkarussell**	Rechtschreibstrategien: Wörter verlängern und ableiten, In- und Auslautverhärtung, Umlaute (116) Schreibanlässe und Ideen aus den Themen des Unterrichts schriftlich umsetzen und rechtschriftlich überarbeiten **Merkwörter mit ie** **Lernwörter-Training (117)**	Die vier Fälle erarbeiten und verwenden (114/115) Reflexion des schriftlichen Sprachhandelns: Ableitungen (116)
Poetisches Schreiben: Strukturen poetischer Texte für eigene Texte nutzen (124) Textsorte wählen und verschriftlichen (125) Erzähltext als Zeitungsmeldung umgestalten (128/129) Texte prüfen im Hinblick auf schlüssige Verknüpfungen und inhaltliche Stimmigkeit **Methoden-Training: Texte korrigieren (130/131)**	Selbstständig üben: z. B. Wörterlistendiktat, Wörterbuch nutzen (134/135) Schreibanlässe und Ideen aus den Themen des Unterrichts schriftlich umsetzen und rechtschriftlich überarbeiten **Merkwörter mit ieh** **Lernwörter-Training (135)**	Reflexion des schriftlichen Sprachhandelns: Pronomen (132) Konjunktionen (133)
Erzählendes Schreiben: Text weiterschreiben (142) Schreibprozess: Planen, Schreiben, Überarbeiten,Veröffentlichen: Methoden zur Textarbeit nutzen, Texte in Bezug auf ihre äußere Gestaltung, die Sprache und die orthographische Richtigkeit hin optimieren, sich über Texte beraten (147/148/149) Gestalten mit Medien: Texte am PC schreiben, überarbeiten und gestalten (149) Sachbezogenes Schreiben: Sachverhalte in verständlicher Form aufschreiben (150) – Texte planen, schreiben, überarbeiten, veröffentlichen **Methoden-Training: Texte schreiben (148/149)**	Wörter mit Doppelkonsonanten schreiben (154) Schreibanlässe und Ideen aus den Themen des Unterrichts schriftlich umsetzen und rechtschreiblich überarbeiten **Merkwörter: Fremdwörter** **Lernwörter-Training (153)**	Reflexion des schriftlichen Sprachhandelns: Fachbegriffe erarbeiten und verwenden (143) Reflexion des Umgangs mit Texten und Medien: Textabsicht, Textsorte, Textwirkung aus der Sicht der Leserin bzw. des Lesers reflektieren (147/148) Wörter in ihrer inhaltlichen Bedeutung klären (150/151)
Alltägliches Schreiben: Schreibanlässe und Ideen aus den Themen des Unterrichts schriftlich umsetzen (159/161) Erzählendes, sachbezogenes oder appellierendes Schreiben: eigene Erlebnisse, Gedanken und Gefühle für andere nachvollziehbar aufschreiben (161) Sich durch ein Kunstwerk zum Schreiben anregen lassen (168/169) Dialoge und Szenen schreiben (163–166) Schreibprozess planen, beraten, überarbeiten: Methoden zur Textarbeit nutzen: Entwickeln von Schreibideen, Nutzen von Textformaten – Wörterbörse (169) Schreibsituationen klären und beim Schreiben beachten (159/161) Gestalterische Mittel entwickeln, mit ihnen experimentieren und zum Schreiben nutzen, Texte in ihrer Wirkung erproben, sich über Texte beraten – Texte optimieren (163–166) **Methoden-Training: Wörterbörse (169)**	Arbeitsmethoden eigenaktiven Rechtschreiblernens und -übens anwenden (173) Rechtschreibstrategien zum normgerechten Schreiben entwickeln und stabilisieren (172/173) Schreibanlässe und Ideen aus den Themen des Unterrichts schriftlich umsetzen und rechtschreiblich überarbeiten (163–166) Wörter mit häufig vorkommenden Vor- und Nachsilben schreiben: -ung, -heit, -keit (172) Wichtige Unterscheidungsfähigkeiten entwickeln und weit reichende Regelungen beachten (172) Ausnahmen bei schreibwichtigen Wörtern lernen: **Merkwörter mit ai** **Lernwörter-Training (173)**	Wortarten unterscheiden: Nomen, Verben, Adjektive (170/171/173) Sprachliche und nichtsprachliche Mittel und ihre Wirkung untersuchen (163–166) Über Wörter und ihre Bedeutung sprechen (170/171) Verstehens- und Verständigungsprobleme erkennen und lösen (170/171) Wörter in ihrer inhaltlichen und kommunikativen Bedeutung klären (170/171) Das Zeichensystem Schrift mit anderen sprachlichen Symbolsystemen, z. B. Bildsymbolen, vergleichen (170)

Quellenverzeichnis

4: Knister: Angst, geh weg! Aus: Portmann, Rosi (Hrsg.): Mücke. Mut tut gut. Würzburg: Arena 1994

5: Funke, Cornelia: Die „Wilden Hühner". Aus: Funke, Cornelia: Die wilden Hühner, Hamburg: Dressler Verlag 1993

6–8: Hjertzell, Maja/Kutsch, Angelika (Übersetzerin): Preiselbeersommer mit Oskar. Aus: Hjertzell, Maja/Kutsch, Angelika (Übersetzerin): Preiselbeersommer mit Oskar. Hamburg: Carlsen 2003

9: Manz, Hans: Wunder des Alltags (Manchmal ...). Aus: Gelberg, Hans-Joachim (Hrsg.): Überall und neben dir. Weinheim/Basel: Beltz & Gelberg 1986
Manz, Hans: Wunder des Alltags (Ein Mädchen ...). Aus: Gelberg, Hans-Joachim (Hrsg.): Das achte Weltwunder. 5. Jahrbuch der Kinderliteratur. Weinheim/Basel: Beltz & Gelberg 1979

10–11: Pressler, Mirijam: Nickel Vogelpfeifer. Aus: Pressler, Mirjam: Nickel Vogelpfeifer. Weinheim/Basel: Beltz & Gelberg 1994

12–13: Masannek, Joachim: Die „Wilden Fußballkerle". Aus: Masannek, Joachim: Die Wilden Fußballkerle. Fabi, der schnellste Rechtsaußen der Welt. Leipzig/Frankfurt am Main: Baumhaus 2003

14: Meyer-Dietrich, Inge: Christina – Freunde gibt es überall. Aus: Meyer-Dietrich, Inge: Christina – Freunde gibt es überall. Ravensburg: Maier 2004

24–25: Gehlen, Johanna Christine/Rima, Marco: Wenn Menschen reisen. Aus: Gundlach, Alida (Hrsg.): Pfeif der Angst ein Liedchen. Hamburg: Edition Riesenrad 2001

26–27: Schubiger, Jürg: Das Ausland. Aus: Schubiger, Jürg: Das Ausland. Wuppertal: Hammer 2003

28–29: Aust, Siegfried/Beck, Matthias: Wer wohnt wie? Aus: Aust, Siegfried/Beck, Matthias (Text)/Menzel, Thomas (Bild): Unsere Erde. Eine lebendige Geographie für Kinder. Ravensburg: Maier 3. Auflage 1991

30: Yann, Arthus-Bertrand: Ein Haussa-Dorf in Niger. Aus: Yann, Arthus-Bertrand: Die Erde von oben für Kinder erzählt. München: Knesebeck 2002

31: Lenze, Franz: Der Wettlauf um den höchsten Wolkenkratzer. Aus: Lenze, Franz: Wolkenkratzer – Wie Häuser in den Himmel wachsen. In: Geolino, das Erlebnis-Heft 4 (1999)

32–33: Schwarz, Annelies: Meine Oma lebt in Afrika. Aus: Schwarz, Annelies: Meine Oma lebt in Afrika. Weinheim/Basel: Beltz & Gelberg 1998

34: Eine Legende über Australien. Aus: Das große Spielen und Lernen. Jahrbuch für Kinder. Freiburg: Velber im OZ Verlag 2001 Kängurus. Aus: Das große Spielen und Lernen. Jahrbuch für Kinder. Freiburg: Velber im OZ Verlag 2001

36: Bartels, Antje: Kinderspiele (Philippinen/Indonesien). Aus: Bartels, Antje: Zu Besuch bei Kindern rund um die Welt. Ein Adventskalender. In: Material zu: Die Grundschulzeitschrift 149 (2001)

42: Papstavrou, Vassili/Wilhelmi, Margot (Übersetzerin): Riesen der Meere. Aus: Papstavrou, Vassili/Wilhelmi, Margot (Übersetzerin): Wale und Robben. Die faszinierende Welt der Meeressäuger. Hildesheim: Gerstenberg 2002

43: Frank, Karlhans: Der zart besaitete Elefant. Aus: Gelberg, Hans-Joachim (Hrsg.): Überall und neben dir. Weinheim/Basel: Beltz & Gelberg 1986

44–45: Siege, Nasrin: Als die Elefanten kamen. Aus: Siege, Nasrin: Als die Elefanten kamen. Weinheim/Basel: Beltz & Gelberg 2001

46–47: Gartner, Bettina: Trompeten wie Presslufthämmer. Aus: Gartner, Bettina: Trompeten wie Presslufthämmer. In: DIE ZEIT Nr. 20 vom 6. 5. 2004

48–49: Siegel, Robert: Das Lied der Wale. Aus: Siegel, Robert: Das Lied der Wale. Würzburg: Arena Verlag 1999

50: Cawardine, Mark/Mertiny, Andrea (Übersetzerin): Die Laute des Meeres. Aus: Cawardine, Mark/Mertiny, Andrea (Übersetzerin)/Camm, Martin (Bild): Wale und Delfine. Nürnberg: Tessloff 1993

52: Horáčková, Jana u. a./Šestáková, Ingeborg (Übersetzerin): Weißes Gold. Aus: Horáčková, Jana u. a./Šestáková, Ingeborg (Übersetzerin): Die Geheimnisse der Tierwelt. Erlangen: Müller

53: Landa, Norbert: Was haben Einhörner mit Walen zu tun? Aus: Landa, Norbert/Rosenzweig, Franz (Bild): Wale und Delphine. Bindlach: Loewe 1993

54: Wale. Aus: Meeressäuger. Aus: Deep Blue. Text und Design: 2004, BBC Worldwide, Greenlight Media, London. Übersetzung: Dr. Marion Pausch für bookwise Medienproduktion, München, Gerstenberg Verlag 2004

60: Hilbert, Jörg: Schach-O-Mania. Aus: Hilbert, Jörg: Fritz und Fertig. Schach lernen und trainieren. München: Terzio

61: Klein, Bärbel: Lesezeit

62: Funke, Cornelia: Tintenherz. Aus: Funke, Cornelia: Tintenherz. Hamburg: Dressler 2003

64–65: Goethe, Johann Wolfgang von: Der Zauberlehrling. Aus: Richter, Karl u.a. (Hrsg.): Johann Wolfgang Goethe. Sämtliche Werke nach Epochen seines Schaffens (= Münchner Ausgabe). München: Hanser 1998

66–67: Hänel, Wolfram/Slawski, Wolfgang: Wie der Zauberlehrling die Pommes frites erfand. Aus: Hänel, Wolfram/Slawski, Wolfgang: Wie der Zauberlehrling die Pommes frites erfand. Gossau/Zürich/Salzburg/Hamburg: Nord-Süd 2000

68–70: Rowling, Joanne K.: Harry Potter und der Stein der Weisen. Aus: Rowling, Joanne K.: Harry Potter und der Stein der Weisen. Hamburg: Carlsen 1998

71–72: Spindler, Markus: Wie alles anfing. Aus: Spindler, Markus: Schachlehrbuch für Kinder – Anfänger. Hollfeld: Beyer 1994

80–81: Wann lebten die Ritter?/Kein Ritter ohne Pferd/Wie kleideten sich die Ritter?/Wie rüstete sich ein Ritter? Aus: Frag mich was. Ritter. Bindlach: Loewe 2003

82–83: Kästner, Erich: Wie Eulenspiegel einem Esel das Lesen beibrachte. Aus: Kästner, Erich: Till Eulenspiegel. Hamburg: Dressler 2000

86–87: Funke, Cornelia: Die geraubten Prinzen. Aus: Cornelia Funke erzählt von Bücherfressern, Dachbodengespenstern und anderen Helden. Bindlach: Loewe 2004

88: Hacks, Peter: Ballade vom schweren Leben des Ritters Kauz vom Rabensee. Aus: Der Flohmarkt. Berlin: Eulenspiegel Verlag 2001

90–91: Hilbert, Jörg/Janosa, Felix: Ritter Rost und Prinz Protz (gekürzt). Aus: Hilbert, Jörg/Janosa, Felix; Ritter Rost und Prinz Protz. Musical für Kinder. München: © Terzio, Möllers & Bellinghausen 1999

100: Goethe, Johann Wolfgang von: Türmerlied.

101: Fröhlich, Roswitha: Dort, wo die Welt aufhört. Aus: Fröhlich, Roswitha: Die Erde ist mein Haus. Weinheim/Basel: Beltz & Gelberg 1988

102–103: Venske, Andreas: Der Blick auf eine neue Welt. Aus: Venske, Andreas: Weltgeschichte in Geschichten (Martin Zimmermann Hrsg.): Arena Verlag, Würzburg 2004

103: Wiemer, Rudolf Otto: Fragen an den Mann, der den Himmel durchstieß. Aus: Die Erde ist mein Haus. Weinheim &Basel 1988

104: Heinen, Sonja: Schüler-Sternwarte sendet Live-Bilder. In: Stolberger Nachrichten vom 8. 6. 2004

105: Webcam auf dem Schulhof. Aus: Stolberger Nachrichten vom 8. 6. 2004 (gekürzt) Autorin: Sonja Heinen

106–107: Experimente mit Wasserglas ... Aus: Eckermann, Pelle/Nordquist, Sven: Linsen, Lupen und magische Skope. Hamburg: Oetinger 1991

108: Eckermann, Pelle: Mit dem Mikroskop ins Unsichtbare. Aus: Eckermann, Pelle/Nordquist, Sven: Linsen, Lupen und magische Skope. Hamburg: Oetinger 1991

118: Bongs, Rolf: Hochwasser. Aus: Gelberg, Hans-Joachim (Hrsg.): Überall und neben dir. Weinheim/Basel: Beltz & Gelberg 1986
119: Saint-Exupéry, Antoine de: Der kleine Prinz. Aus: Exupéry. Antoine de Saint: Worte wie Sterne. Freiburg/Basel/Wien: Herder 1999
120: Lange, Elinor/Krenzer, Rolf: Ein Becher Wasser. Aus: Bihler, Elsbeth: Symbole des Lebens – Symbole des Glaubens. Limburg: Lahn 2. Auflage 1996
Wasserträger. Aus: Der Weg des Wassers. Mannheim: Meyers Jugendbibliothek/Brockhaus 1995
Treffpunkte. Aus: Der Weg des Wassers. Mannheim: Meyers Jugendbibliothek/Brockhaus 1995
121: Schwarz, Annelies: Meine Oma lebt in Afrika. Aus: Schwarz, Annelies: Meine Oma lebt in Afrika. Weinheim/Basel: Beltz & Gelberg 1998
122: Holland, Simon/Lofthouse, Anna: Wasserfälle/Canyon/Kraterseen/Gletscher. Aus: Holland, Simon/Lofthouse, Anna: Flüsse und Seen. London: Dorling Kindersley 2003
123: Halley, Ned: Überschwemmung. Aus: Halley, Ned: Das große Buch der Katastrophen. Nürnberg: Tessloff 2000
Holland, Simon/Lofthouse, Anna: Dürre. Aus: Holland, Simon/Lofthouse, Anna: Flüsse und Seen. London: Dorling Kindersley 2003
Platt, Richard: Tsunami. Aus Platt, Richard: Die großen Katastrophen. Bindlach: Loewe 1998
124: Kirsch, Sarah: Ausschnitt. Aus: Kruse, Max: Die schönsten Kindergedichte. Berlin: Aufbau 2. Auflage 2004
125: Guggenmos, Josef: Die Wasserläufer. Aus: Guggenmos, Josef: Oh, Verzeihung sagte die Ameise. Weinheim/Basel: Beltz & Gelberg 1990
Neubauer, Dieter: Die Wasserläufer. Aus: Neubauer, Dieter: Wasser-Spiele. Reinbek bei Hamburg: Rowohlt 2002
126: Neubauer, Dieter: Das Geheimnis der Lotus-Pflanze. Aus: Neubauer, Dieter: Wasser-Spiele. Reinbek bei Hamburg: Rowohlt 2002
128–129: Härtling, Peter: Wölkchen. Aus: Boldt, Renate/Krahl, Gisela (Hrsg.): Rowohlt rotfuchs Lesebuch. Reinbek bei Hamburg 1985
136–137: Der höchste Wolkenkratzer der Welt. Aus: Damit es im Dom auch richtig tickt. Aus: Kölner Stadt-Anzeiger vom 30. 11. 04. Käpt'n Blaubär. Aus: Altenaer Kreisblatt vom 9. 10. 04. Stöbertag in Brügge. Aus: Altenaer Kreisblatt vom 9. 10. 04. Bibi hext wieder/Das erste private Raumschiff. Aus: Kölner Stadt-Anzeiger vom 9./10. 10. 04. Termine. Aus: Altenaer Kreisblatt vom 4. 12. 04
138: Lichtenberger, Joachim/Lichtenberger, Silke/Paturi, Felix: Die Geschichte der Zeitung. Aus: Löwenzahn. Kinder-Lexikon. München: © Terzio, Möllers & Bellinghausen 2000
139: Schaumann-Eickstädt, Marga: Eine freie Reporterin unterwegs. (= Gastbeitrag für Tintenklecks. Das Deutschbuch 4. Klasse)
140: Nachrichten aus der Zeitung (Von Zweifall aus in die weite Welt gesendet). Autorin: Kern, Juliane. Aus: Stolberger Nachrichten
141: Nachrichten im Internet. Quelle: http://www.wdr5.de
142: Guggenmos, Josef: Krimi. Aus: Guggenmos, Josef: Oh, Verzeihung sagte die Ameise. Weinheim/Basel: Beltz & Gelberg 1990
143: Guggenmos, Josef: Sassafras. Aus: Guggenmos, Josef: Ich will dir was verraten. Weinheim/Basel: Beltz & Gelberg 1992
154: Spohn, Jürgen: Tu's doch. Aus: Gelberg, Hans-Joachim: Was für ein Glück. 9. Jahrbuch der Kinderliteratur. Weinheim/Basel: Beltz & Gelberg 1993
155: Schwenk, Hermann: Riesen. Aus: Gelberg, Hans-Joachim: Was für ein Glück. 9. Jahrbuch der Kinderliteratur. Weinheim/Basel: Beltz & Gelberg 1993
156–157: Gaarder, Jostein: Hallo, ist da jemand? Aus: Gaarder, Jostein (Text): Hallo, ist da jemand? München: Deutscher Taschenbuch Verlag 2003
158: Greschik, Stefan: Sokrates. Aus: Geolino, das Erlebnis-Heft 11 (2004)
159: Lemieux, Michèle: Auf der Suche nach meinen Fragen. Aus: Lemieux, Michèle: Gewitternacht. Weinheim/Basel/Berlin: Beltz & Gelberg 2002
160–161: Schneider, Ilona K.: Was ist wirklich wirklich? Aus: Schneider, Ilona K.: „Darüber habe ich auch schon nachgedacht". Donauwörth: Auer 2000
162: Brecht, Bertolt: Der Prinz. Aus: Sailer, Sibylle (Hrsg.): Ich hör dir zu und denk mir was. Würzburg: Arena 2003
170: Grasso, Mario: Zug. Aus: Mario Grasso's Wörterschatz. Weinheim/Basel: Beltz & Gelberg 1998
171: Grasso, Mario: Fragen über Fragen. Aus: Mario Grasso's Wörterschatz. Weinheim/Basel: Beltz & Gelberg 1998
174: Mörike, Eduard: Er ist's. Aus: Kliewer, Heinz-Jürgen (Hrsg.): Die Wundertüte. Stuttgart: Reclam 1989
Bydlinski, Georg: Sommer. Aus: Bydlinski, Georg: Wasserhahn und Wasserhenne. Gedichte und Sprachspielereien. Wien: Dachs 2002
175: Bydlinsky, Georg: Allee im Herbst. Aus: Bydlinski, Georg: Wasserhahn und Wasserhenne. Gedichte und Sprachspielereien. Wien: Dachs 2002
Kaléko, Mascha: Der Winter. Aus: Kruse, Max: Die schönsten Kindergedichte. Berlin: Aufbau 2. Auflage 2004
176: Lindemann, Werner: Das Frühlingserwachen. Aus: Ein Laubfrosch wandert. Edition Holz im Kinderbuchverlag Berlin 1984
177: Kleberger, Ilse: Frühling. Aus: Kliewer, Heinz-Jürgen (Hrsg.): Die Wundertüte. Stuttgart: Reclam 1989
Čapek, Karel: Knospen. Aus: Das Jahr des Gärtners. Leipzig: Insel 1981
178: Goethe, Johann Wolfgang von: Gefunden. Aus: Guggenmos, Josef: Dunkel war's, der Mond schien helle. Verse, Reime und Gedichte. Hildesheim: Gerstenberg 1999
180: Auer, Martin: Was der Sommer wiegt. Aus: Was für ein Glück, Jahrbuch der Kinderliteratur. Weinheim. Beltz & Gelberg 1993
181: Hümpel-Langen, Josée: mohnklatschdeineblütenindentag …
182: Storm, Theodor: Herbst. Aus: Kruse, Max: Die schönsten Kindergedichte. Berlin: Aufbau 2. Auflage 2004
183: Kirsch, Sarah: Zwischen Herbst und Winter. Aus: Kleinschmidt-Bräutigam, Mascha/Kolbe, Margarete (Hrsg.): Gefunden. Frankfurt am Main: Diesterweg 1997
184: Rilke, Rainer Maria: Advent. Aus: Kleinschmidt-Bräutigam, Mascha/Kolbe, Margarete (Hrsg.): Gefunden. Frankfurt am Main: Diesterweg 1997
Entre le bœuf et l'âne gris. aus: Leoni, Ute/Lustig, Margit/Picaut, Heike/Wingert, Jacques (Mitarb.): Viens voir. Frankfurt am Main: Diesterweg 1993
185: Heine, Heinrich: Die Heiligen Drei Könige. Aus: Kliewer, Heinz-Jürgen (Hrsg.): Die Wundertüte. Stuttgart: Reclam 1989
186–187: Hanisch, Hanna: Ein Schneemann für Isabell. Aus: Boldt, Renate/Krahl, Gisela (Hrsg.): Rowohlt rotfuchs Lesebuch. Reinbek bei Hamburg 1985
188: Böll, Heinrich: Für Samay. Aus: Gelberg, Hans-Joachim: Großer Ozean. Weinheim: Beltz & Gelberg 2000
189: Kilian, Susanne: Irgendwann fängt etwas an. Aus: Gelberg, Hans-Joachim (Hrsg.): Überall und neben dir. Weinheim/Basel: Beltz & Gelberg 1986
Maar, Paul: Die Zukunft. Aus: Lenzen, Hans Georg: Großer Ozean. Weinheim: Beltz & Gelberg 2000
218: ie-Rap. Aus: Sennlaub, Gerhard: Von A bis Zett. Wörterbuch für Grundschulkinder. Berlin: Cornelsen 2003

Abbildungsnachweis

8: Coverabb.: Aus: Hjertzell, Maja: Preiselbeersommer mit Oscar. Hamburg: Carlsen 2003

15: Coverabb.: Aus: Meyer-Dietrich, Inge: Christina – Freunde gibt es überall. Ravensburg: Maier 2004

24–25: Illner, Maybrit: „In der Fremde ist jeder ein Fremder". Aus: Gundlach, Alida (Hrsg.): Pfeif der Angst ein Liedchen. Hamburg: Edition Riesenrad 2001

30: Foto Haussa-Dorf. Aus: Yann, Arthus-Bertrand: Die Erde von oben für Kinder erzählt. München: Knesebeck 2002. © Yann, Arthus-Bertrand/Altitude

31: Foto aus: Lenze, Franz: Wolkenkratzer – Wie Häuser in den Himmel wachsen. In: Geolino, das Erlebnis-Heft 4 (1999)

33: Coverabb.: Aus: Schwarz, Annelies: Meine Oma lebt in Afrika. Weinheim/Basel: Beltz & Gelberg 1998

62: Coverabb.: Aus: Funke, Cornelia: Tintenherz. Hamburg: Dressler 2003

66–67: Hänel, Wolfram/Slawski, Wolfgang: Wie der Zauberlehrling die Pommes frites erfand. Gossau/Zürich/Salzburg/Hamburg: Nord-Süd 2000

70: Coverabb.: Aus: Rowling, Joanne K.: Harry Potter und der Stein der Weisen. Hamburg: Carlsen 1998

74: Coverabb.: Aus: Fritz & Fertig. Schach lernen und trainieren. Terzio, Möllers & Bellinghausen. München
Coverabb.: Aus: Osborne, Mary Pope: Im Reich der Mammuts. Bindlach: Loewe Verlag 2001

83: Coverabb.: Aus: Erich Kästner: Till Eulenspiegel. Hamburg: Dressler 2000

87: Coverabb.: Aus: Cornelia Funke erzählt von Bücherfressern, Dachbodengespenstern und anderen Helden. Bindlach: Loewe 2004

90/91: Hilbert, Jörg/Janosa, Felix: Ritter Rost und Prinz Protz. Musical für Kinder. München: Terzio, Möllers & Bellinghausen. München 1999

104: Foto aus: Heinen, Sonja: Schüler-Sternwarte sendet Live-Bilder. In Stollberger Nachrichten vom 8. 6. 2004

105: Fotos: Lange, Dieter/Maubach, Dieter. http://ggsgressenich.bei.t-online.de

107: Coverabb.: Aus: Eckermann, Pelle/Nordquist, Sven: Linsen, Lupen und magische Skope. Hamburg: Oetinger 1991

113: Foto: Gemeinschaftsgrundschule Mechernicht-Satzvey, Am Pantaleonskreuz

122: Foto Wasserfall: Hans-Georg Gersch/
Foto Canyon: Christiane Ziemann/
Foto Gletscher: www.naturfoto-online.de

127: Foto: Erika Altenburg

140: Foto: Juliane Kern. http://www.wdr5.de/lilipuz/klicker/lexikon/klicker.phtml

157: Coverabb.: Aus: Gaarder, Jostein: Hallo, ist da jemand? München: Deutscher Taschenbuch Verlag 2003

168: Magritte, René: Die Beschaffenheit des Menschen 1935. © VG Bild-Kunst, Bonn 2005

170/171: Mario Grasso. Aus: Mario Grasso's Wörterschatz. Weinheim/Basel: Beltz & Gelberg 1998

174/175: Fotos Jahreszeiten: Harald Sprenker

181: Riebe, Xenia Marita

Inhalt

Gemeinsam sind wir stärker 4
Preiselbeersommer mit Oskar 6
Wunder des Alltags 9
Nickel Vogelpfeifer 10
Die Wilden Fußballkerle 12
Christina – Freunde gibt es überall 14
Wir vermuten, wie ein Text weitergeht 15
Der Löwe und die Maus 16
Der Löwe und der Bär 17
Probleme gemeinsam lösen 18
Wir lösen Probleme im Klassenrat 19
Subjekt und Prädikat 20
Wörter mit ie 22
Lernwörter-Training 23

In anderen Ländern zu Hause sein 24
Das Ausland 26
Wer wohnt wie? 28
Ein Haussa-Dorf in Niger 30
Der Wettlauf um den höchsten Wolkenkratzer 31
Meine Oma lebt in Afrika 32
Australische Weitspringer 34
Wir vergleichen zwei Texte zu einem Thema 35
Kinderspiele 36
Wir schreiben einen Sachtext 37
Weitere Ergänzungen 38
Nachschlagen in der Wörterliste 40
Lernwörter-Training 41

Dickhäuter zu Wasser und zu Lande 42
Als die Elefanten kamen 44
Trompeten wie Presslufthämmer 46
Das Lied der Wale 48
Die Laute des Meeres 50
Wir ergänzen ein fehlendes Wort 51
Weißes Gold 52
Was haben Einhörner mit Walen zu tun? 53
Wale 54
Wir halten einen Vortrag 55
Sprachproben 56
Wortfelder 57
Wörter mit ß 58
Lernwörter-Training 59

Bauer, Turm und Bücherwurm 60
Tintenherz 62
Wir stellen uns gegenseitig Fragen zu einem Text 63
Der Zauberlehrling 64
Wie der Zauberlehrling die Pommes frites erfand 66
Harry Potter und der Stein der Weisen 68
Wie alles anfing 71
Zwei starke Frauen im Schach 73
Bücher und Computerspiele 74
Wir schreiben einen Aufforderungstext 75
Zukunft 76
Kontrollieren und korrigieren 78
Lernwörter-Training 79

Von rostigen Rittern und listigen Leuten 80
Wie Eulenspiegel einem Esel das Lesen beibrachte 82
Die Sage vom Dombau 84
Die Sage vom Lousberg 85
Die geraubten Prinzen 86
Ballade 88
Wir klären die Bedeutungsvielfalt eines Schlüsselbegriffs 89
Ritter Rost und Prinz Protz 90
In einer Burg verirrt 92
Wir schreiben einen Erzähltext 93
Eine Infothek 94
Wörtliche Rede 96
Großschreibung 98
Lernwörter-Training 99

Das Unsichtbare sichtbar machen 100
Der Blick auf eine neue Welt 102
Schüler-Sternwarte sendet Live-Bilder ... 104
Experimente 106
Mit dem Mikroskop ins Unsichtbare 108
Wir gliedern einen Text 109
Wie wir sehen 110
Die Brille 112
Schreibkarussell: Wir sammeln unser Wissen 113
Vier Fälle 114
Wörter verlängern und ableiten 116
Lernwörter-Training 117

Wasser – kostbar, kraftvoll, köstlich ... 118
Vom Wasser 120
Meine Oma lebt in Afrika 121
Wasserphänomene 122
Wassergefahren 123
Ausschnitt 124
Die Wasserläufer 125
Das Geheimnis der Lotuspflanze 126
Wir setzen einen Text (wieder) richtig zusammen 127
Wölkchen 128
Thema: Wasser 130
Wir korrigieren unsere Texte 131
Pronomen 132
Konjunktionen 133
Nachschlagen, kontrollieren und korrigieren 134
Lernwörter-Training 135

Nachrichten – Nachrichten – Nachrichten 136
Die Geschichte der Zeitung 138
Eine freie Reporterin unterwegs 139
Nachrichten aus der Zeitung 140
Nachrichten im Internet 141
Krimi 142
Was ist was? 143
Die Maus im Schuh 144
Wir erschließen einen Text Satz für Satz 145
Klassenzeitung 146
In der Redaktion 147
Einen Artikel schreiben 148
Wir schreiben einen Zeitungsartikel 149
Redensarten 150
Doppelte Mitlaute 152
Lernwörter-Training 153

Was ist wirklich wirklich? 154
Hallo, ist da jemand? 156
Sokrates 158
Auf der Suche nach meinen Fragen 159
Was ist wirklich wirklich? 160
Der Prinz 162
Des Kaisers neue Kleider 163
Wir spielen eine Geschichte vor 167
Wirklichkeit und Schein 168
Wir schreiben mit der Wörterbörse 169
Spielen mit Sprache 170
Wortbausteine 172
Lernwörter-Training 173

Jahreszeiten – Lebenszeiten 174
Das Frühlingserwachen 176
Frühling 177
Knospen 177
Gefunden 178
Woher kommt der Muttertag? 179
Was der Sommer wiegt 180
Sommer 181
Herbst 182
Zwischen Herbst und Winter 183
Advent 184
Entre le boeuf et l'âne gris 184
Die Heiligen Drei Könige 185

Ein Schneemann für Isabell 186
Abschied 188

Rechtschreib- und Grammatik-Training 190
Richtig abschreiben 190
Abschreibheft 191
Schleichdiktat 192
Partnerdiktat 193
Nachschlagen in Wörterliste und Lexikon . 194
Erst nachdenken – dann nachschlagen . . 195
Kontrollieren und korrigieren 196
Nomen 198
Zusammengesetzte Nomen 199
Adjektive 200
Verben 201
Wortfamilien 204
Satzschluss-Zeichen 205
Wörtliche Rede 206
Subjekt/Prädikat 208
Weitere Ergänzungen 209
Vier Fälle 210
Wörter mit ä/äu oder e/eu 212
Wörter verlängern und ableiten 213
Doppelte Mitlaute 214
Wörter mit ss oder ß 215
Wörter mit Dehnungs-h 216
Doppelter Selbstlaut 217
Wörter mit ie 218
Fremdwörter 219

Wörterliste 220

Übersicht 230

Quellenverzeichnis 234

Abbildungsnachweis 236

Gedruckt auf umweltbewusst gefertigtem, chlorfrei gebleichtem und alterungsbeständigem Papier.

1. Auflage. 2005

Umschlaggestaltung: Friederike Großekettler
Gesamtherstellung: Ludwig Auer GmbH, Donauwörth
ISBN 3-403-0**3767**-3

Merk-Kleckse

Wörter, die Personen, Dinge, Tiere und Pflanzen bezeichnen, nennt man **Nomen**.

Nomen schreibt man mit einem **großen Anfangsbuchstaben**.

Nomen können einen Artikel haben.

Viele **Nomen** gibt es in der Einzahl und in der Mehrzahl.
Wörter mit den Endungen -ung -heit -keit -nis -schaft sind Nomen.

Wörter, die sagen, was geschieht oder was man tut, heißen **Verben**.

Verben können ihre Form verändern.

Verben zeigen an, ob etwas **jetzt geschieht** (Gegenwart), ob etwas **schon geschehen ist** (Vergangenheit) oder ob etwas **noch geschehen wird** (Zukunft).

Adjektive beschreiben, wie etwas ist.

Zu vielen **Adjektiven** gibt es Wörter, die das **Gegenteil** sagen.

Die meisten **Adjektive** lassen sich **steigern**.